世界能源
未來戰略地圖

世界資源エネルギー入門：主要国の基本戦略と未来地図

NATURAL
RESOURCES AND
ENERGY Basic Strategy of
Major Countries and Future

TAKEO HIRATA

平田竹男 著

張嘉芬 譯

野人

前言

　　自2007年起，我就在早稻田大學開設了開放給全校各系選修的通識課程，教授各國的資源、能源戰略。在這十多年當中，我透過這門課程，介紹了各國能源、資源戰略的變化趨勢。

　　2006年，我剛到早稻田大學任教時，就曾針對「明明大學部需要開設與全球各國資源、能源局勢有關的課程，為什麼沒有開課？」這個問題，和能源知識相關的理工學院、商學院教授展開激辯。過程中我發現：在文組各系，資源、能源戰略是學生了解國際政治、商業最不可或缺的知識；而在理工科系，它更是能讓學生從更宏觀的視野看待事物，必不可少的知識。

　　舉例來說，2022年的世界盃足球賽是在卡達舉辦。回顧歷史，不難發現近幾屆賽事都是由俄羅斯、巴西、南非等能源生產國主辦。對於體育科學系的同學們來說，探討這個現象的背景因素，會是很寶貴的學習機會。

　　因此，當時早稻田大學才會規畫開設全校各系都可選修的共同科目，並決定由我授課——因為我在2002年轉換跑道，進入公益財團法人日本足球協會（JFA）服務之前，曾任職於資源能源廳（日本經濟產業省轄下單位，主管能源政策），擔任石油天然氣課的課長。校方找上我，就是看中我當年曾與伊朗、阿拉伯聯合大公國、科威特等中東國家，以及哈薩克、亞塞拜然等裏海周邊國家，談判過原油開採權的緣故。

　　2007年開課之初，我在上學期開設了一門「能源與地球環境的國家戰略與商業活動」；自2010年起，則是改在上、下學期分別開課，總計兩門課；最近則改以非同步遠距課程的形式，開設了「資源能源與地球環境問題探討」、「縱觀劇變中的全球資源能源趨勢」這兩門課。

　　每次上課，我都要在課程中融入當時的世界局勢變化，淺顯易懂地講授台面下的微妙角力，的確不簡單。不過，每年同學們積極參與課程的反應，都鞭策了我必須好好備課。

　　回顧過去十幾年來同學們在課程當中的反應，我發現剛開始時，不論任何科系，許多學生滿腦子都只想著如何因應地球暖化問題，對援助開發中國家很感興趣，這當然是好事。不過，到了三個月後，課程接近尾聲之際，同

學們開始意識到必須更加重視平衡，認為「太認真因應地球暖化問題，可能會導致日本的產業衰退，並不是件好事」，或是「再不趕快提高能源自給率，日本的未來堪慮」等等。經歷過求職活動洗禮的同學，尤為明顯。

然而，在2021年的課堂上，所有學生都必須思考永續發展的因應之道，因為當時為了迎接該年在格拉斯哥（Glasgow）舉辦的第26屆聯合國氣候變遷綱要公約締約國大會（COP26），全球各國都卯足全力在處理地球暖化問題。

到了2022年，俄羅斯出兵攻打烏克蘭之後，學生在課堂上的反應變得截然不同——想必是因為當時俄羅斯才剛剛進軍烏克蘭，媒體一連多日都在報導相關消息，讓同學們特別容易感受到能源是切身議題的緣故吧？大家似乎確實感受到：國家能源戰略一旦出錯，國家的獨立地位和穩定都會受到威脅。地球暖化固然重要，但確保安全更是首要之務。這一年，我們對於2007年開設這門課程時所設定的目的，有了最切身的體會。

不過，我最好奇的是：既然這個主題這麼重要，但我在日本全國各大專院校的任一個學院、學系，卻幾乎找不到縱觀世界各國能源戰略全貌的課程。

大學生接下來就要踏入社會。對社會人士來說，了解全球資源、能源局勢同樣是不可或缺的知識。我認為這些知識不僅對任職於政治、媒體界的人非常重要，在其他領域服務也一樣重要。

作為一位平民百姓，不論你我喜歡與否，「能源與地球環境」都是我們終其一生要面對的課題。此外，在國際社會上，我更期待日本人在「能源與地球環境」領域當中大顯身手，扮演楷模的角色。

基於以上這些原因，這本書才得以付梓推出。

如果本書能幫助各位更了解資源、能源方面的世界局勢，那將是我無上的喜悅。

目次

序　章　縱觀劇變中的全球資源、能源局勢

第 *1* 章　能源戰略的「3E」基本觀點

第 *2* 章　俄羅斯

第 *3* 章　**德國**

第 **6** 章　歐盟（歐洲）

第 **7** 章　印度

第 *8* 章　東南亞、台灣、韓國、澳洲和巴西

第 *9* 章　中東

第 *10* 章　日本

終章　推動綠色轉型、再生能源，就是在強化國防

縱觀劇變中的
全球資源、能源局勢

1 普丁政府透過能源，擴大俄羅斯對國際社會的影響力

　　為讓各位了解世界能源戰略的現況，在本章當中，我會分幾大主題來介紹，希望能讓各位對瞬息萬變的主要「能源趨勢」有粗略的了解，進而從更宏觀的角度，放眼全球。

　　首先，我要談的是普丁政府的能源戰略。自2000年起，俄羅斯總統普丁便長期盤踞權力大位。這段期間，俄羅斯透過發展能源戰略，持續擴大它對國際社會的影響力。在此，我要以俄烏之間扭曲纏結的關係為基礎，來觀察俄羅斯究竟是如何將其影響力擴展至歐洲、中東和中國。

俄烏關係

　　我們先以能源為主軸，來看看俄羅斯與烏克蘭之間的關係。

　　對於俄羅斯和歐洲而言，烏克蘭是主要能源管線必經的要道。俄羅斯取道烏克蘭、斯洛伐克和捷克等國，將大量天然氣輸送到德國。而這些輸送到德國的俄羅斯天然氣，不僅在德國國內使用，還會從德國再出口到歐洲各國。因此，烏克蘭的地位堪稱舉足輕重。

　　這條取道烏克蘭的管線是在1964年——也就是蘇聯政權時期鋪設，命名為「德魯茲巴輸油管」（Druzhba，意即「友誼」），負責為經濟互助委員會（Comecon，1949～1991年由蘇聯建立的經濟合作組織）等共產陣營的國家供應能源。不過，值得一提的是，1985年時，向來受到嚴格管制的柏林圍牆竟被暫時拆除，只為了把這條管線連接到西德。管線開通後，西德有九成的天然氣都改由德魯茲巴輸油管供應。蘇聯和德國（西德）自東西方陣營的冷戰時期起，就像這樣透過能源外交的形式，建立了深厚的連結。

　　1991年蘇聯解體後，俄羅斯和烏克蘭形成了兩個分治的國家。此後，雙方針對管線問題，展開了一連串複雜的攻防：俄羅斯國營的「俄羅斯天然氣工業公司」（Gazprom）要求烏克蘭交出管線的管理權，遭烏克蘭拒絕。俄羅斯盛怒之下，便決定鋪設一條繞過烏克蘭，取道白俄羅斯和波蘭的管線，以及一條取道黑海的管線。此外，2004年時，烏克蘭的反俄政府上台執政，

俄羅斯遂廢除「兄弟價格」，大幅調漲天然氣價格達五倍之多；另外在2006年和2009年，俄羅斯也都曾突然停止供應天然氣，企圖藉此撼動烏克蘭政權。

　　此外，2011年啟用的從俄羅斯直通德國的北溪（Nord Sream），也是為了繞過烏克蘭所鋪設的高容量輸氣管線。這條管線從俄羅斯西北方的維堡（Vyborg），穿過波羅的海海底，連接德國東北部的盧布明（Lubmin），增加了繞過烏克蘭的輸氣管線的選項。對德國而言，北溪一號啟用後，就不會再面臨途經烏克蘭的輸氣管道因政治問題而被切斷等風險；對俄羅斯來說，則是拿到一條既可排除烏克蘭影響，又能由俄羅斯天然氣工業公司直接管理的輸氣管線，是一條具劃時代意義的管線。

圖表1　俄羅斯的輸氣管線鋪設狀況

全球最長的輸油管線——德魯茲巴輸油管（1964年鋪設）

・在東西方陣營的冷戰情勢下，蘇聯為「經濟互助委員會」會員國供應石油的管線，又稱「友誼油管」。
・此條輸油管線在薩馬拉匯集裏海、西西伯利亞、烏拉的石油之後，經白俄羅斯的莫濟里，往北將石油輸送到波蘭、東德，往南則輸往烏克蘭、斯洛伐克、捷克和匈牙利。

（資料來源）作者根據 United States Department of Energy 編製。

2021年，容量更高的「北溪二號」鋪設完成。不過後來由於受到俄烏戰爭的影響，目前這條管線迄今仍是停用狀態。

回顧歷史，我們會發現：繞過烏克蘭鋪設輸油、氣管線，的確符合俄羅斯與德國的共同利益。但是，這樣的關係在俄羅斯入侵烏克蘭後竟出現了根本性的轉變。

俄歐關係

讓我們以前面介紹過的背景因素為基礎，再來看看歐洲主要國家對俄羅

圖表2　用輸氣管線作為外交手段的案例

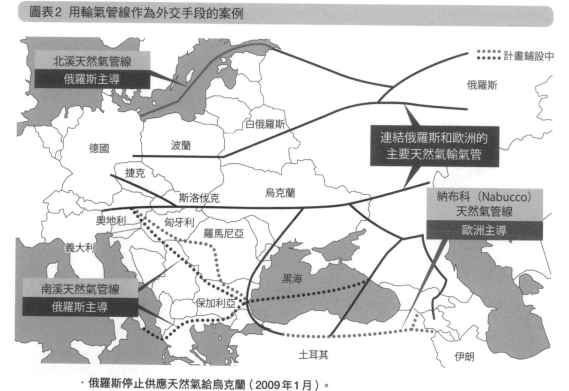

· 俄羅斯停止供應天然氣給烏克蘭（2009年1月）。
· 歐盟自俄羅斯進口的天然氣當中，約有八成的輸氣取道烏克蘭，此部分停止供應。
　→俄羅斯停供300〜350百萬立方公尺/日（m³/d）的天然氣兩週。

（資料來源）作者根據 United States Department of Energy 編製。

圖表3　歐洲各國對俄羅斯原油、天然氣的依存度

國家、地區	原油（%）	天然氣（%）
歐盟成員國（2020年起）	25.7	38.7
歐元區19國（2015年起）	23.0	34.9
比利時	29.9	6.5
保加利亞	0.0	75.2
捷克	48.8	100.0
丹麥	12.2	0.0
德國（截至1990年為西德）	34.0	65.2
愛沙尼亞		46.2
愛爾蘭	0.0	0.0
希臘	17.7	39.0
西班牙	1.8	10.4
法國	8.8	16.8
克羅埃西亞	0.0	0.0
義大利	11.1	43.3
拉脫維亞		100.0
立陶宛	72.6	41.8
盧森堡		27.2
匈牙利	61.0	95.0
馬爾他共和國		0.0
荷蘭	26.5	30.3
奧地利	10.1	0.0
波蘭	72.0	54.9
葡萄牙	0.0	9.7
羅馬尼亞	32.3	44.8
斯洛維尼亞		8.7
斯洛伐克	100.0	85.4
芬蘭	84.0	67.4
瑞典	7.7	12.7
列支敦斯登		47.0
挪威	2.4	30.0
英國	8.5	6.7
北馬其頓		100.0
塞爾維亞	29.8	100.0
土耳其	11.1	33.6
波士尼亞與赫塞哥維納		100.0
摩爾多瓦共和國		100.0
烏克蘭	0.0	0.0
喬治亞	0.0	0.0

（資料來源）Eurostat（2020年）

斯天然氣的依存度：德國65.2%、義大利也達到43.3%、英國6.7%、法國16.8%，而波蘭則是54.9%，保加利亞更有75.2%，可以看出許多歐洲國家都高度仰賴俄羅斯。而在主要大國當中，又以德國對俄羅斯依存度特別高，引人關注。

因此，在俄羅斯出兵進攻烏克蘭之後，德國對「援助烏克蘭」的行動顯得特別消極。比方說，當各國紛紛提供武器等物資來援助烏克蘭時，德國的援烏方案竟然只有捐鋼盔。此舉引發各界撻伐，認為德國當局親俄，德國前總理格哈特・施洛德（Gerhard Schröder）任職於俄羅斯國營企業──俄羅斯石油公司（Rosneft）和俄羅斯天然氣工業公司（Gazprom）一事，也遭到批判性的報導。

和德國呈現鮮明對比的是義大利。義大利和德國一樣，在天然氣方面對俄羅斯的依存度很高。然而，義大利前總理馬力歐・德拉吉（Mario Draghi）明確主張要推動去俄化，並呼籲民眾節約使用天然氣，祭出「要和平，還是要開空調？」的訴求。

俄國與中東的關係

接著，再來看看俄羅斯如何擴大對中東和OPEC（石油輸出國家組織）的影響力。

俄羅斯對OPEC也有相當大的影響力。2016年，俄羅斯串聯未加入OPEC但原油生產量占全球20%的十個國家，與OPEC合作組成了一個名叫「石油輸出國組織及產油盟國」（OPEC+）的組織。這個組織成立的緣起，是因為昔日市占率無與倫比的OPEC，如今在原油生產領域的全球占比跌破五成，降到41.5%（2019年）。結盟之後，整個「OPEC+」占全球原油生產量的60%以上，重新拿回了對全球原油價格的主導權。而在「OPEC+」當中，原油產量最傲視群雄的，就是俄羅斯和沙烏地阿拉伯，故由這兩國扮演領導者的角色。

2022年7月，拜登出訪沙烏地阿拉伯，據報是為了籲請沙國提高石油產量。早期OPEC主導的時代，沙國或許比較容易首肯，但如今已不只是沙國說了算，俄國的意見也是重要指標，所以事情恐怕沒有那麼簡單。

圖表4　成為「OPEC+」一員的俄羅斯

- **OPEC+**
  「OPEC+」是由石油輸出國家組織（OPEC）和非會員的主要產油國所組成，俄羅斯也是其中一員，產量占整個OPEC+約23%。

- **沙烏地阿拉伯表達支持俄羅斯的立場**
  2021年起，美國不斷呼籲OPEC+增產石油，當時沙烏地阿拉伯力挺俄羅斯拒絕增產的立場，以避免OPEC+分裂。2022年5月5日，由沙烏地阿拉伯和俄羅斯主導的OPEC+召開了部長級會議，決定6月的產量將維持微幅增產（沙國和美國的關係變得有些尷尬）。

（資料來源）S&P Global Platts

■OPEC成員國　■非OPEC成員國

俄羅斯
23.81%
10.01百萬桶/每日

沙烏地阿拉伯
23.68%
9.95百萬桶/每日

伊拉克
10.26%
4.31百萬桶/每日

阿拉伯聯合大公國
6.83%
2.87百萬桶/每日

其他OPEC成員國
13.95%
5.86百萬桶/每日

科威特
6.07%
2.55百萬桶/每日

伊朗
5.95%
2.50百萬桶/每日

其他非OPEC成員國
9.45%
3.97百萬桶/每日

俄中關係

更耐人尋味的是，俄羅斯在能源領域方面深化與中國的合作。觀察俄羅斯對中國的原油出口量變化，就會發現數字自2012、13年起快速成長。而在俄羅斯入侵烏克蘭之後，並未積極表態「制裁俄羅斯」的中國，向俄國進口的原油數量，又更向上攀升。

而在天然氣出口方面，俄羅斯透過2019年12月鋪設完成的「西伯利亞力量」（Power of Siberia）天然氣管線，將天然氣從東西伯利亞輸送到中國。俄羅斯甚至還計畫再興建「西伯利亞力量2號」管線，要取道蒙古，把天然氣從西西伯利亞和東西伯利亞出口到中國。

2022年2月4日，俄羅斯總統普丁為出席北京冬奧的開幕式而造訪北京，並與中國國家主席習近平會談。席間普丁表示，每年從俄羅斯遠東地區向中國輸送的天然氣，願再提高100億立方公尺，也就是將全年供氣量擴大到480億立方公尺。這個時機，簡直就像是為了趕在2月24日入侵烏克蘭之

前，特地先簽約似的。在歐洲各國紛紛宣布禁運俄國石油，天然氣方面也急著推動去俄化之際，不得不尋求新客戶的俄羅斯；和在2021年《格拉斯哥氣候協議》（*Glasgow Climate Pact*）通過後，必須設法減少煤炭使用量，又要確保能穩定供給的低價能源，以便支撐經濟成長的中國——這一紙擴大供給的合約，可說是雙方各蒙其利。未來，這些直接串聯俄中兩國的管線，預估將更深化兩國之間的合作。附帶一提，2014年2月6日，中國國家主席習近平為出席索契冬奧的開幕式而造訪索契，並與普丁總統進行會談。隨後，俄羅斯便在2月23日出兵克里米亞。

能源價格變動對俄羅斯的影響

能源價格會因全球經濟成長所導致的供需吃緊或投機炒作而上漲。不過，能源領域還有一個很殘酷的現象，那就是能源價格會因為戰亂、衝突而上揚。有人認為，縱然在這次俄羅斯入侵烏克蘭之後，各國發動禁運等措施，企圖推動去俄化，但能源價格飆漲，還是讓俄羅斯的財政獲得大進補。此外，國際間現在有了由俄國主導的「OPEC＋」存在，原油價格崩跌的機率恐怕很低。

從另一面來看，俄羅斯的經濟極度仰賴化石燃料這條命脈，會因能源價格的變化而波動。1998年12月，油價原本都落在每桶20美元左右，卻突然跌到了將近10元的水準，讓包括俄羅斯在內的產油國財政奄奄一息。不過，普丁政權在2000年上台後，油價便漲破了30美元大關。此後，油價基本上持續走揚，到2008年更是突破了145美元大關。儘管這段期間油價也曾因為金融海嘯而跌破40美元，但隨即又反彈。直到美國掀起「頁岩革命」，進而轉為原油出口國之前，油價長期都處在高檔水準。普丁總統當權逾20年，期間油價持續上揚，再加上俄羅斯大力扶植國營事業，原油出口量增加，使得俄國經濟一路成長，賺進的外匯金額突飛猛進，民眾的生活也隨之富裕了起來。於是擴大油、氣出口的結果，讓普丁總統連在俄國國內，都確立了穩固的政權基礎。

以上為各位說明了俄羅斯如何擴大對歐洲、中東、OPEC和中國的影響力，及其相關背景。希望各位能確實了解俄羅斯的能源戰略——因為這將會

是各位在培養洞悉全球的觀點時，不可或缺的重要知識。再者，其實日本也有與俄羅斯合作，在庫頁島開採天然氣，並從當地進口液化天然氣（LNG）到日本。這都是從能源觀點了解周邊鄰國狀況的重要知識。

2 德國政策大轉彎：從發展再生能源政策、廢核、去煤到去俄化

　　為因應俄羅斯入侵烏克蘭，德國被迫大幅修改能源戰略。

　　以往，德國在發展再生能源、廢核、去煤方面領先全球各國，對日本的影響也很深。不過，德國發展上述能源政策的基礎，在於它擁有進口自俄羅斯的天然氣。俄烏戰爭導致這個基礎全盤瓦解，而德國以往刻意透過政策，提升對俄國能源依存度的策略，面臨一大轉捩點。

德國的再生能源發展政策

　　圖表5是2021年上半年德國的發電量來源占比，再生能源占了47.9％，其中以風力占比最高，其次依序是太陽能、生質能和水力。此外，在《格拉斯哥氣候協議》通過後，歐盟所定義的再生能源當中，還納入了核能與天然氣。而德國的發電量有絕大部分來自於再生能源＋核能＋天然氣，因此在歐盟各國當中，德國堪稱是因應地球暖化問題的領頭羊。

　　德國發展再生能源的推進力，來自於再生能源的躉購制度（FIT）。這項制度，是在電力公司啟動風力或太陽能發電事業之際，就由政府強制決定躉購費率與躉購期間，以利風電、光電業者預估獲利展望。儘管過程中歷經多次修改，但因為這一套躉購制度的加持，帶動了德國的再生能源發電量迅速成長。後來這套制度在2016年達成政策目標而退場，為德國發展再生能源開啟了一大契機。

　　當年梅克爾（Angela Merkel）政府提出「至2030年時，再生能源在德國整體發電量的占比要提升到65％」的目標，接任總理一職的奧拉夫‧蕭茲（Olaf Scholz）上台後，又宣布進一步提高目標，要在2030年將再生能源在整體發

電量當中的占比提高到80％。1991年和2000年德國在擬訂《再生能源法》（*Erneuerbare Energien Gesetz*, EEG）等法令時，是以2020年要達到再生能源占比35％為目標。由於這個目標已順利達成，所以未來德國要如何將2021年約50％的占比，再提高到80％，值得各界密切關注。

近年來，德國太陽能光電的發電量大增，在2010年時就已達到7,400MW（千瓩）。然而在這段過程中，德國對中國製太陽能發電板的依賴度大增，使得德國國內的太陽能發電產業相繼倒閉。2013年，歐盟原本已達成共識，要對中國製的太陽能發電板課徵反傾銷稅，孰料在表決時，德國竟正式投下反對票，罔顧國內太陽能光電業者的生死。未來我們不僅要關注德國在天然氣方面對俄國的依賴，還要留意它在太陽能發電設備方面的親中發展。

圖表5 2021年上半年德國發電量占比

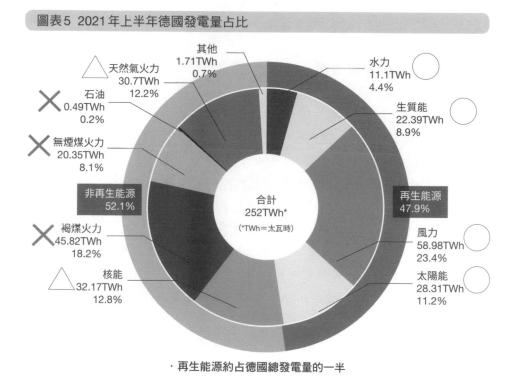

其他
1.71TWh
0.7%

天然氣火力
30.7TWh
12.2%

石油
0.49TWh
0.2%

無煙煤火力
20.35TWh
8.1%

非再生能源
52.1%

褐煤火力
45.82TWh
18.2%

核能
32.17TWh
12.8%

合計
252TWh*
(*TWh＝太瓦時)

水力
11.1TWh
4.4%

生質能
22.39TWh
8.9%

再生能源
47.9%

風力
58.98TWh
23.4%

太陽能
28.31TWh
11.2%

・**再生能源約占德國總發電量的一半**

（資料來源）弗勞恩霍夫協會（Fraunhofer）

德國延役核子反應爐

接下來，我們再來看看德國的廢核政策。2011年的東日本311大地震引發福島第一核電廠事故，德國隨即決定要在2022年之前廢核。剛好北溪天然氣管線也在這一年鋪設完成。當時德國還有17座核子反應爐，其中有14座都已於2021年前除役。不過，後來受到俄羅斯入侵烏克蘭影響，德國在政策上轉向「去俄化」，因此在2022年11月時，決定延役剩下的3座核子反應爐。

德國原已鋪設完成直通俄羅斯的天然氣管線，打算以俄國的天然氣作為能源發展的基礎，如今卻不得不在能源政策上大轉彎，「去俄化」成為了比廢核、去煤更重要的優先課題。

2018年7月，川普（Doanld Trump）總統曾批評：「德國是俄國的俘虜（Germany is a captive of Russia）」。當時俄羅斯併吞了克里米亞，西方陣營莫不苦思該如何面對俄羅斯。德國卻反其道而行，進一步提高了對俄國的依存度，拚命為俄羅斯提供外匯，以此交換自俄國進口的天然氣。如今，我們再回頭看當時川普總統所說的這句話，並非毫無根據。

德國既然決定要在能源戰略上大轉彎，就必須風馳電掣地執行新政策——因為德國冬天使用的暖氣，基本上都是仰賴天然氣運轉，而不是電力。當時距離冬天到來只剩下不到半年，德國必須擺脫對俄羅斯的依賴才行。儘管德國已先決定讓原本要在2022年底前除役的核子反應爐延役，卻引爆了周邊擁核國家的怒火，炮轟德國是投機主義者。為什麼會這樣說呢？因為以往德國運用遍布歐盟各地的國際電網，進口周邊國家用核能、水力發電產生的電力，來充當自家的基本負載（即最低的供電需求），卻在自己國內發起廢核運動，甚至曾在鄰近國家多次號召廢核運動。

法國最是怒不可遏。2022年1月，歐盟將屬於化石燃料的天然氣與核能發電都定義為「綠能」（歐盟永續金融分類標準，即EU Taxonomy）。其實這是高度仰賴天然氣的德國，和高度仰賴核電的法國，達成政治妥協下的產物——在協商過程中，德國的蕭茲政府還曾抨擊：「核電根本不潔淨。」

擴大燃煤發電

此外，德國原本其實已在降低燃煤發電量，作為去煤政策的一環，卻在

此時又擴大運轉燃煤發電，還提高了煤炭的進口數量及國內產量。德國甚至在加爾茲唯勒（Garzweiler）煤礦附近，為了提高煤炭產量而拆除了風力發電設施。這些措施不僅引發了環保人士的抗議，還遭到烏干達總統譴責，說這是「赤裸裸的偽善」。

德國境內原本並沒有液化天然氣接收站，只能依賴來自俄羅斯的管線來進口天然氣。2022年夏季起，德國開始儲存天然氣，並以破紀錄的施工速度，花兩百天的時間，在北海沿岸的威廉港（Wilhelmshaven）興建了一座液化天然氣接收站。此外，德國也與卡達簽訂了液化天然氣採購合約。姑且不論價格高低，至少德國已確保2022～2023年冬季暖氣供應所需的天然氣。他們在緊要關頭時，能以這種驚人的速度發揮應變能力，值得我們懷抱敬意、虛心學習。另一方面，我們也別忘了這是因為德國擁有健全的財政，才得以在緊要關頭發揮如此具有彈性的因應政策。

各國都很關注後續德國將如何在去俄化、廢核、去煤政策之間取得平衡，以及他們如何推動再生能源的發展與加速液化天然氣進口。此外，由於德國曾經歷惡性通貨膨脹，因此他們的能源價格穩定政策也備受矚目。對日本而言，德國的能源戰略相當值得借鏡，故須密切關注。

3 美國的「頁岩革命」

這裡還要談一談美國的頁岩革命。

2017年，美國成了天然氣的淨出口國。這個現象的背後，與美國的頁岩氣（Shale Gas）產量自2007年起逐步增加有關，到了2019年，美國的頁岩氣產量已成長到占全美天然氣產量一半以上規模。而頁岩氣的產量上升，則是由於近年來業界引進資訊技術，運用大數據進行地質分析，以及鑽探技術的進步，帶動了頁岩氣產量迅速成長。此外，頁岩氣的生產成本也逐步降低，從早期原本每桶價格40～70美元才符合成本，如今據說只要30～40美元就能穩定獲利。頁岩革命讓美國從天然氣進口國轉為出口國，並壓低全

球原油價格，堪稱是革命性的大事件。

過去，美國長期進口液化天然氣。但在頁岩革命之後，美國就不再需要進口，甚至還有餘力出口。於是美國便將過去的液化天然氣接收站，轉作出口基地。這樣的液化天然氣出口專案有好幾件，而其中德州的自由港（Freeport）、路易斯安那州的卡麥隆（Cameron）這兩項專案，日本企業也參與甚深。這兩處分別自2019、2020年啟用，都是相當近期的專案。

其實不只天然氣，美國近年在石油方面，也已轉型為出口國——因為美國國內目前已可開採頁岩油。

此外，美國還將原油的採購訂單轉往加拿大，大幅降低了對OPEC會員國的進口依存度。這個舉動還能大幅降低從產油國到美國的這段運送過程中，捲入國際衝突的機率，對於保障美國的國家安全有很大的助益。

美國與中東的關係

2018年10月，一位異議新聞工作者在土耳其伊斯坦堡的沙烏地阿拉伯總領事館內遭到殺害，也就是所謂的「哈紹吉事件」（Jamal Khashoggi）。據媒體報導，沙國王儲穆罕默德疑似涉案，還遭到了起訴。事件爆發後，美國時任總統川普仍與王儲維持密切的關係。不過，2020年上台的拜登總統，認為穆罕默德王子難辭其咎，並於2022年7月出訪沙國，與穆罕默德王子會談時，表達了自己的立場。受到這個舉動的影響，後來拜登因俄國入侵烏克蘭，造成能源價格飆升，而籲請沙國增產石油時，沙國的態度並不積極。

回顧過去，其實早在1945年2月14日，小羅斯福總統（Franklin Delano Roosevelt）就曾與沙烏地阿拉伯的首任國王阿卜杜拉（King Abdullah）會談，承諾將負責保障沙烏地阿拉伯的安全，相對的，沙國則要以合理價格供應石油給美國（以美元付款）。這項協議成為當前國際秩序的一大基礎。不過，近來沙國持續強化與俄、中之間的連結。沙烏地阿拉伯和俄羅斯自2016年更串聯起了「OPEC+」這個組織，並取得了主導權，掌控了全球的原油價格。

此外，沙烏地阿拉伯還有意更深化與中國之間的關係。在歐美各國所主導的人權問題上，中國和阿拉伯各國都是受譴責的對象，也同樣對這些譴責表示反彈——就這一點而言，這些國家的立場被認為相當一致。2022年12月7日到10日，中國國家主席習近平出訪沙國，並於8日舉行「沙一中高峰

會」。會後在雙方所發表的聯合聲明中，兩國達成協議要發展全面戰略夥伴關係，內容包括互不干涉內政、在原油及核電等能源領域合作等。習近平主席還有意擴大原油貿易規模、強化油田探勘、開採合作，以及由中國國營企業參與沙國油田開發等。還有，中國對中東原油進口的依賴程度約為50％，中方也強調推動人民幣計價結算的態度不變。全球最大的產油國，和全球最大的石油消費國之間的合作，備受關注。若中國改以人民幣支付購油款項給沙烏地阿拉伯，將加速「去美元化」的發展。

　　另一方面，美軍在2021年8月時，就已撤出阿富汗。當初美國是在2001年時派兵到阿富汗，推翻了塔利班政權；20年後，美國竟將阿富汗交還塔利班，中國勢力就此崛起。2023年1月，掌握阿富汗實際控制權的塔利

圖表6　美國頁岩氣產量劇增

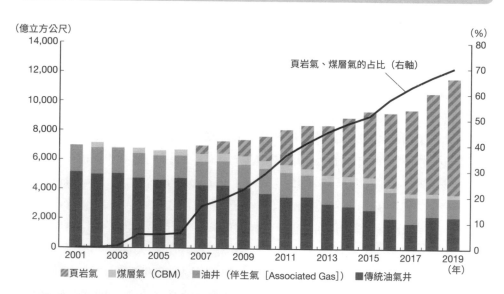

（億立方公尺）

頁岩氣、煤層氣的占比（右軸）

2001　2003　2005　2007　2009　2011　2013　2015　2017　2019（年）

▨頁岩氣　■煤層氣（CBM）　■油井（伴生氣〔Associated Gas〕）　■傳統油氣井

・近年來，每套鑽探設備（rig）可生產的頁岩氣產量劇增。主要是由於業者在地質分析上運用大數據等資訊科技，帶動了生產技術的提升。
・早期估算可否符合開採成本的標準，是每桶價格40～70美元，目前只要30～40美元，就能穩定獲利。

（註）傳統油氣是指從原本就以探採天然氣儲層為目的，鑽探天然氣生產專用井所開採出來的天然氣。
（資料來源）作者根據美國能源資訊管理局（EIA）〈Natural Gas Data〉編製

班臨時政府，已就阿富汗北部的油田開發案與中國的國營企業簽訂了契約。

　　頁岩革命讓美國轉變成能源出口國，更對包括中東政策在內的國家安全政策和外交帶來了極大的影響。稍後在第四章當中，我們會更深入地探討這項議題。

4 日本能源戰略史

培理來航與能源戰略的關係

　　在日本歷史上，1853年的「培理來航」事件廣為人知（美國海軍准將培理〔Matthew C. Perry〕率領四艘船艦到當時實行鎖國的日本，交付美國總統的國書給幕府，要求開國）。後來培理於1854年時，與江戶幕府簽訂了《日美和親條約》，開放下田和函館這兩個港口，終結了日本的鎖國政策，是具有歷史意義的重要條約。

　　培理來航的時空背景，其實是為了確保能源。從培理當年向幕府開出的三大條件，我們就可以明白這一點——第一項條件是要加強美日親善，促進貿易往來；第二個條件，是要保護因船隻遇難而飄流到日本的船員生命、財產；第三條則是要開放一個港口，供美國商船或捕鯨船補給煤炭、木材、水和糧食。

　　培理強調是為了捕鯨船的物資補給，才會希望日本開放港口。但為什麼要捕「鯨」？這個要求的背後，其實和美國需要使用鯨油來當作能源有關。當年美國的工業革命正如火如荼地發展，很多工廠都讓機械設備全天候運轉。為了讓員工能在夜間工作，需要用鯨油來當作照明能源。此外，還有人用鯨油來當作機器的潤滑油、蠟燭和肥皂。

　　由此可知，美國從這時起，就已為了確保能源供應無虞，而跑遍海外各地。而在這大大改變日本歷史的事件背後，是美國在工業革命下不斷成長而懷抱著的「確保能源」企圖。再者，美國要求「為捕鯨船補給煤炭」這件事，也對日本的能源戰略帶來了極大的影響。由於美國捕鯨船要在函館補給煤

炭，北海道白糠町釧路煤田改變了既往的露天開採模式，是日本第一個採行坑內挖掘的煤礦，後來更成為帶動日本整體煤炭生產規模擴大的契機。所以，培理來航其實也和日本的能源戰略有著相當密切的關係。

煤炭：支持日本走向現代化與富國強兵

日本的煤炭消費，是自江戶時代末期開始有人使用在筑豐和唐津等地開採出來的煤炭起算。再加上《日美和親條約》於1854年簽訂，兩國約定美國船隻可於函館補給煤炭，於是日本便開始在北海道開採煤炭。進入明治時代（1868～1912年）以後，鐵路通車更帶動煤炭生產擴及日本全國各地，甚至還將煤炭出口到上海、香港等地。1888年（明治21年）時，日本國內的煤炭產量還僅有200萬噸，到了1902年（明治35年）時，產量已高達1,000萬噸。

這段時期，恰逢官營的煉鋼廠「八幡製鐵所」於1901年投產，自此之後不只輕工業，就連鋼鐵、造船等行業，都以煤炭作為動力來源，持續發展成長。換言之，由於日本的煤炭能自給自足，不只推動了工業發展，還能藉由出口外銷，賺取外匯。綜上所述，日本的現代化發展，其實就是仰賴煤炭的支撐。

很多人常說：日本是缺乏天然資源的島國，但由於民眾勤奮努力才得以成功。這種說法套用在明治時代並不正確。日本自明治維新時期起的現代化，正是因為當時「煤炭」這項主要能源能自給自足，才得以推動──這件事有必要讓更多人知道。

在1904～1905年的日俄戰爭當中，日本的船艦打敗了俄羅斯的波羅的海艦隊。當時的船艦航行是以煤炭為動力來源。可是，走過明治時期，進入大正時期（1912～1926年）之後，日本海軍船艦的主要燃料在1914～1918年的第一次世界大戰期間，就已開始從煤炭轉為重油了。

大正時代初期，在秋田、新潟開採的日本國內原油，年產量約為40萬公秉（kl，1公秉等於1,000公升），尚且足以支應國內的需求。然而，後來民間也逐漸開始把石油用在農用引擎、漁船動力和工廠動力等方面，家庭也把石油運用在煤油暖爐、烹飪用的汽化爐等多種用途上，再加上汽車也開始普及，使得民間的石油消費量增加到每年55萬～60萬公秉，光靠國產原油已無法支應，於是日本便開始進口石油。而這樣發展的結果，使得日本的原油

進口量自1925年起即超越出口量。後來，隨著現代化的發展，原油進口量更是一路攀升有增無減。

　　在資源的分配上，神其實是非常不公平的。在日本邁向現代化的這段歷史當中，神給了日本煤炭，但沒有給石油。

能源政策的失敗與二戰敗戰

　　第二次世界大戰期間，各國開始使用飛機。飛機需要的燃料當然不是煤炭，而是石油。當時石油是各國必須確保的能源，然而，日本自大正時代起，石油就已無法自給自足，於是日本也進入了石油進口90％仰賴美國的時代。

　　1937年發生七七事變後，美國於1939年7月宣布廢止《日美通商航海條約》，並禁止對日本出口石油。此時急著採購石油的日本，儘管已嘗試從印

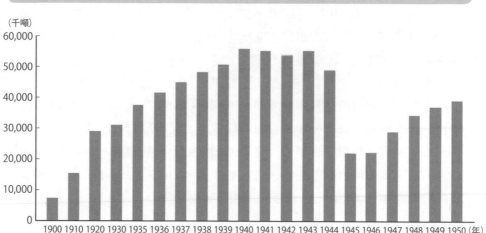

圖表7　日本的煤炭產量，支撐起國家的現代化與富國強兵

・1901年官營的「八幡製鐵所」投產後，除了輕工業之外，煉鋼、造船等產業皆陸續發展，煤炭堪稱是撐起日本現代化的重要元素。日本海軍軍艦的燃料在第一次世界大戰期間開始由煤炭轉為重油。第二次世界大戰期間，石油是各國必須確保的能源，而日本當時在石油方面尚無法自給自足。

（資料來源）https://www.enecho.meti.go.jp/about/whitepaper/2018html/1-1-2.html

尼（宗主國荷蘭於1940年敗給德國）和越南南部調度，但到了1941年時，各國便宣布對日本實施石油禁運措施。緊接著爆發太平洋戰爭，到了1945年時，日本占領的幾處主要油田和煉油廠，包括印尼巨港等，石油產量都因為空襲的影響而銳減。再加上日本的油輪遭美軍潛水艇襲擊損毀，使得日本的石油運補能力也銳減。儘管日本海軍在開戰兩年後，也就是1943年11月時成立了海上護衛總司令部，但想必還是缺乏對海上交通線的防衛能力。雪上加霜的是，盟軍對日本本土的空襲也集中轟炸了石油方面的設施。

綜上所述，日本當時對於石油這項極其重要的能源，進口竟有90％是依賴遠方的美國，又未能在鄰近的東南亞確保石油供給，再加上與美國陷入了敵對關係，成了最致命的關鍵。因此，我們或許可以這樣說：在太平洋戰爭中，「石油無法自給自足」成了決定性的弱點。

這裡要請各位留意：我要表達的並不是「當初只要擬妥能源戰略，戰爭就不會輸，所以能源戰略很重要。」戰爭絕不容合理化。

從明治到大正、昭和時期，日本留下的歷史事實就是從煤炭改為石油的「能源轉型」（EX）以失敗告終，無法及時因應以飛機為主的世界趨勢。日本直到1937年才首度成立整合燃料業務的「商工省燃料局」，也是慢半拍。我們或許可以這樣說：當年日本在能源戰略上，未能及時掌握世界趨勢，洞燭機先並採取行動，才會導致不幸的下場。

而當前的日本，其實在能源方面也無法自給自足。更糟糕的是，日本的鄰國是會不斷發射彈道飛彈的北韓、俄羅斯和中國等國家。從全球化的角度來看，日本沒有與鄰國相連的管線或輸電線，反而擁有多座液化天然氣接收站與核電廠等基礎建設，是個對燃煤依賴程度很高的國家。現在全世界都很關注，日本要如何實踐「在確保國家主權獨立、穩定的同時，又能做到經濟成長與因應地球暖化問題」這項高難度的能源戰略。

5 中國在發展再生能源的同時，也扶植本國能源產業

從煤炭走向再生能源

隨著經濟成長加速，中國的能源消費量也隨之提升。2009年時，中國的初級能源（primary energy，指未經加工轉換，以原形式存在的能量資源，如：風能、太陽能、煤炭、石油等）消費量更超越美國，成為全球之冠。此後，中國的能源消費量仍在持續攀升。

2019年時，煤炭占中國能源消費總量約58％，是中國可以自給自足的能源。不過，《格拉斯哥氣候協議》通過後，中國宣布將在2026～2030年這五年間，開始分階段降低煤炭消費量。可想而知，要執行上述政策轉換需要付出相當大的努力。目前中國當局正緊鑼密鼓著手準備導入再生能源。

稍後在第五章還會再詳加說明，其實在中國的總發電量當中，水力發電占了18％，風力占6％，核能則占5％，太陽能則占3％。在近十年間，原本占比高達八成的火力發電降到了68％，核能則是從1.8％上升到4.8％，水力也在2020年時成長到18％，風力和太陽能發電的占比也年年成長，目前分別占6％及3％。在水力、風力和太陽能發電方面，中國的發電量已躍居全球之冠，相關領域的中國企業更已發展成全球屈指可數的大廠。此外，在核電技術研發方面，中國更已成為全球的核心。

中國強勢扶植再生能源產業

為發展再生能源，中國可說是不遺餘力地扶植發電設備的製造企業。而這也使得許多中國企業在水力、風力和太陽能光電設備的製造領域當中，紛紛躋身全球排名前十大。

尤其在風電領域裡，不只是設備供應商，就連全球市占率排名前八大的發電營運業者當中，就有六家是中國企業。全球水力發電廠的營造工程有七成是由中國企業承包；而全球風力發電設備總產量的50％，也是由中國企業包辦。而在太陽能發電方面，多晶矽（Polysilicon）有58％、矽晶圓有93％、

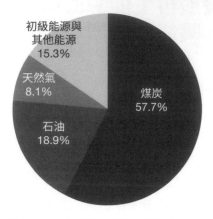

初級能源與
其他能源
15.3%

天然氣
8.1%

石油
18.9%

煤炭
57.7%

（資料來源）日本能源金屬礦物資源機構（JOGMEC）

太陽能電池單元（Cell）75％、太陽能電池模組（module）則有73％來自中國供
應商，是中國企業大顯身手的領域。就某種層面來說，中國在再生能源界的
宰制力，對全球的影響程度恐怕比OPEC來得更高。就現行體制而言，在
《格拉斯哥氣候協議》生效後，全球各國越是加速轉型使用再生能源，這些
中國的相關產業就越能大賺轉型財。

　　中國就像這樣，扶植本國企業，並利用這些企業的活力，在水力、風
力、太陽能和生質能發電領域不斷增加發電設備的產量。

　　中國的電動車產業也發展得風生水起。2022年上半年，中國的比亞迪
（BYD）在全球銷售了64.7萬輛電動車，和銷量第二的特斯拉（Tesla，57.5萬
輛）一起帶動全球電動車產業的發展。在2021年的出口表現方面，比亞迪銷
往歐洲23萬輛，亞洲則賣出了22萬輛。就連在日本車的外銷大本營——東
南亞，比亞迪的銷量也在成長。

　　儘管中國對煤炭的依賴程度之深，的確相當顯著，但他們在再生能源的
運用方面，其實也很穩健地成長。而這樣的發展，不僅讓中國在水力、風力
和太陽能的發電量方面躍居全球第一，連帶也讓本土相關領域的企業受惠，
茁壯成全球屈指可數的大企業。

6 土耳其的地緣政治地位一飛沖天

土耳其是北大西洋公約組織（NATO，簡稱北約）裡的老面孔，但由於它是俄羅斯的邦交國，所以並未參與歐盟等國對俄羅斯所發動的經濟制裁，地位相當特殊。而在俄羅斯入侵烏克蘭後，土耳其作為樞紐，其外交政治的基礎又變得更加穩固。

土耳其在地緣政治上的定位，說穿了就是連結歐洲與亞洲，具有舉足輕重的地位。來自俄羅斯、裏海周邊國家以及中東地區的天然氣，會透過管線經過土耳其，再送到歐洲各國。土耳其匯集了各國的天然瓦斯管線，所以又被稱為土耳其走廊（Turkey Corridor，請參閱圖表9）。

在俄羅斯入侵烏克蘭之後，土耳其的地緣政治地位一飛沖天。歐洲各國要自俄國進口天然氣，很難再取道烏克蘭，而從俄羅斯直通德國的管線也停用。如此一來，歐洲想進口天然氣，基本上就只剩兩個方法——從裏海周邊的亞塞拜然、土庫曼和哈薩克等國家，經土耳其的管線進口；或是從美國和中東等地進口液化天然氣。

土耳其為了供應國內能源所需，早已鋪設來自伊朗的天然氣管線；而伊拉克、阿拉伯聯合大公國（UAE）、埃及和以色列，也都有取道土耳其的管線；由於土耳其北鄰俄羅斯，因此甚至還有國家取道土耳其，從俄羅斯進口天然氣。

回顧過去，以往在沒有管線通往土耳其的時代，裏海周邊國家要出口天然氣，就必須取道俄羅斯，還曾被俄國強索過路費。不過，土耳其走廊建置完成後，裏海周邊各國的天然氣出口到歐洲就不需要再經過俄羅斯。因此對他們來說，土耳其的存在極其重要。

此外，對那些急於推動去俄化的歐洲國家來說，土耳其的重要性更是舉足輕重。目前從土耳其延伸到歐洲的天然氣管線愈來愈完備，例如納布科管線是通往奧地利的輸氣管線，跨亞得里亞海天然氣管道（TAP）、土耳其—希臘—義大利管道（ITGI）則是通往義大利。這些從土耳其連接義大利、奧地利、巴爾幹半島國家與希臘等國的輸氣管線，是有助於去俄化、去煤的新能

源戰略，備受各國重視。

　　義大利自2020年12月起，開始從土耳其進口天然氣。我想他們當初並沒有預料到俄羅斯會進攻烏克蘭，不過，多虧這條管線搶在俄烏戰爭爆發前鋪設完成，義大利才因此更容易推動去俄化的大計畫。再者，由於納布科管線通過羅馬尼亞、保加利亞、匈牙利、奧地利，還連接到德國，因此，包括希臘和塞爾維亞等國都多虧有了這條取道土耳其進口的路線，才得以推動去煤和去俄化。

　　綜上所述，其實在全球的能源戰略上，土耳其的存在意義已變得相當舉足輕重。如今，匯集多條輸氣管線的土耳其走廊，產能已達可與烏克蘭路線匹敵的規模。受到俄羅斯入侵烏克蘭的影響，想必今後土耳其走廊會再拉高產能，成為更重量級的要角。土耳其後續在俄羅斯、NATO相關事務上的動向，值得我們持續關注。

圖表9　土耳其走廊（Turkey Corridor）

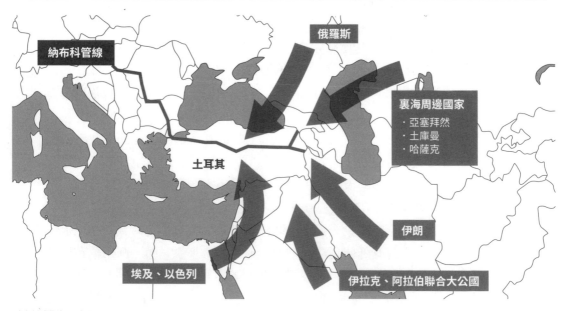

（資料來源）日本能源金屬礦物資源機構（JOGMEC）

7 綠色轉型浪潮下的能源戰略
——學習能源與地球環境的意義

思考日本能源戰略之際

讀到這裡，各位有什麼想法呢？我在撰寫本書時，已經預設要讓讀者即使只讀序章，就能感受到能源戰略的重要，以及學習這些知識的魅力。

就地緣政治學而言，日本所處的位置周邊不見得都是友善的國家，能源也無法自給自足。我們要以這些事實為基礎，好好地思考日本的能源戰略。但若只顧慮能源安全，而忽略了能源經濟效率，將對民眾生活、以及各產業的國際競爭力造成嚴重的影響，甚至連民眾的工作機會都保不住。

接著，我們再把焦點轉向因應地球暖化問題。在先進國家當中，日本對煤炭的依存度偏高，我們有必要思考該如何改善。儘管日本政府已經規畫要在2030年之前擴大使用再生能源，並增設核電廠，但在此之前，年輕世代的讀者還必須思考更根本的議題——「日本能源戰略」才行。

在思考這些議題時，全球各國的能源戰略值得我們借鏡。天然資源豐富的國家，擁有值得我們學習的政策；而天然資源相對匱乏的部分國家，也靠著努力提高能源自給率，以確保國家獨立、穩定。

如果各位能掌握全球各國的能源戰略，並記住日本的能源戰略，進而以此為基礎，開始反思自己所居住的地區、任職的公司，以及自己的生活方式，那將是我無上的喜悅。

透過學習其他國家，培養正確的危機意識

其實身在日本，有一項特別不利的條件：那就是我們對能源問題很難有切身的感受。

我來分享一個自己在日本駐巴西大使館服務時的故事。當時巴西經常停電，所以我們都以「某個時刻必定會停電」為前提，認為每個地方都需要備妥備用電源。巴西在雨季時會發生「颮」（squall，大型雷雨帶），不知為什麼，每次颮過去之後一定會停電。還有，早期我在美國留學時，住處雖不至於供

電不穩，但在美國國內旅遊，基本上各地供電都不穩定。

　　圖表10是全球主要國家的年平均停電次數。從圖中可以看出，日本的停電次數非常少。日本人往往認為停電應該是很偶發的狀況，但放眼全世界，其實並非如此。停電次數會變少，背後的原因其實是因為日本的電力公司具備一流的穩定供電能力，並不是自然而然的結果。還有，在偏鄉、山地也都能供電，是日本的一大特色。不過，我們付出的代價是昂貴的維護成本，以及高額的電費。

　　2011年，日本發生了311大地震。因此，很多人都開始對核電廠抱持疑問。此外，應該也有很多人對於SDGs等永續社會、再生能源議題感興趣。然而，對於石油、天然氣、煤炭等議題，很多人似乎都不認為這是切身相關的議題？

　　再者，即使我們討論能源經濟效率，對於搭乘電車、公車或自行車上學、通勤的民眾而言，就算汽油價格上漲，他們恐怕還是很難切身感受到「生活很苦」。不過，在很多國家，汽油、柴油價格上漲，是和政治直接相關的議題。比方說，法國的馬克宏（Emmanuel Macron）總統雖然在2022年連任成功，但「油價大漲」這件事，在選戰中成了箭靶。美國政壇上也有同樣

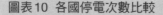

圖表10　各國停電次數比較

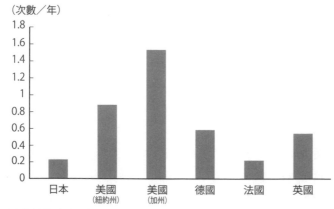

．日本很少停電。
．國民通常以電車通勤，他國則是開車移動。
．油價會直接影響他國政治。
．311大地震帶來對於核電的反思。

（資料來源）東京電力公司

的問題。景氣明明不好，卻出現通貨膨脹，使得整體經濟朝「打擊通膨」的方向發展。而造成通膨的主因之一，就是油價飆漲，直接影響了民眾在「使用暖氣」上的花費。而在印尼和印度，同樣因為油價飆漲會嚴重打擊民眾生計，所以兩國的總統、總理都將能源問題視為首要考量的問題之一。

還有，談到能源自給率，我們其實很少有機會具體地切身感受自給率究竟有多低。除非陷入相當危險的狀態，否則民眾恐怕很難理解這件事。目前德國就面臨了前所未有的能源危機。各位，我們要從德國的經驗中學習，讓我們不必身陷危機也能秉持危機感，認真地思考因應之道。

給綠色轉型（GX）世代

各國設定在2030、2050年達成為因應地球暖化問題所制定的目標。到時候各位幾歲了呢？屆時，日本乃至於這個世界，應該都是由各位讀者的世代主導吧？

能源是民眾生活與產業活動的基礎，更是重要基礎建設，這一點毋須贅述。就「民眾生活」的層面而言，照明、空調、汽車、家電產品、浴廁、網路、學校、便利商店、銀行、醫院、鐵路、機場、紅綠燈、通訊、演唱會、體育等，樣樣都需要能源；至於在產業活動方面，所有業界的供應鏈、採購、運送、製造、銷售，甚至是國防和軍事方面，能源都是不可或缺的基礎建設，支撐上述產業活動的運作。

如今，為提升國民生活水準，維持、強化企業的國際競爭力，大家都需要確保平價能源穩定供給無虞。

因此，時下當道的趨勢正是綠色轉型（Green Transformation，簡稱GX）。所謂綠色轉型，是指在各產業的各個價值鏈當中，都以永續社會為目標，致力減碳，朝淨零碳排邁進，以期轉型為全新的社會經濟結構。

比方說，企業並不是只要建置太陽能發電廠，就會立即達到碳中和（carbon neutrality，指排放到大氣中的溫室氣體，和自大氣中抵銷掉的溫室氣體量相等）。在太陽能發電板的製程中，究竟排放了多少二氧化碳？而在運送、安裝的過程中，又排放了多少二氧化碳？當太陽能板過了使用年限，需要報廢時，還會排放多少二氧化碳？這些都需要納入考慮。

各位是接下來要進入社會的世代，不論在哪一家企業任職，都會在綠色

轉型的浪潮下前進，更是肩負綠色轉型核心任務的世代。就這個角度而言，我說各位是「綠色轉型世代」也不為過。

　　各位在2030年、2050年會成為什麼樣的人？在思考人生之際，若能意識到自己將置身在綠色轉型的浪潮之中，那麼必定會成為各位的一大利器。希望各位務必持續關注綠色轉型領域，當個綠色轉型界的模範國民。我很期待綠色轉型世代的各位，會活出什麼樣的人生。

第 1 章

能源戰略的「3E」基本觀點

1 如何構思國家的資源、能源戰略

在前一章當中，我想各位應該已經了解全球各國在資源、能源戰略方面的動態現況。接著在本章當中，我要說明該如何構思一個國家的資源、能源戰略。此刻正值俄羅斯入侵烏克蘭，是大家最容易感受到能源戰略究竟有多重要的時期。期盼親身見證俄烏戰爭慘況的各位，能好好認真地學會。

思考能源戰略的三大重點

世界上有些國家的資源、能源很豐富，也有些國家不盡然。有些國家絕大多數的能源都仰賴同一個國家供給，害怕不知何時會被切斷；也有些國家祭出各項因應之道，包括提升能源自給率、分散進口來源國等；此外，有些國家境內有許多輸油、輸氣等管線通過，有些國家則被繞過；還有部分國家運用新科技，提高國內能源生產量，讓自己從能源進口國轉為出口國。

世界各國就像這樣，面對各自的能源局勢。而在先天的條件之外，還是

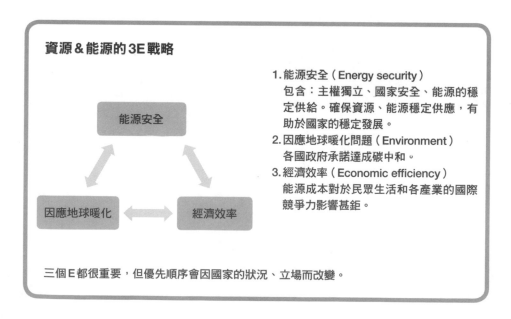

資源 & 能源的 3E 戰略

能源安全

因應地球暖化　　經濟效率

1. 能源安全（Energy security）
   包含：主權獨立、國家安全、能源的穩定供給。確保資源、能源穩定供應，有助於國家的穩定發展。
2. 因應地球暖化問題（Environment）
   各國政府承諾達成碳中和。
3. 經濟效率（Economic efficiency）
   能源成本對於民眾生活和各產業的國際競爭力影響甚鉅。

三個 E 都很重要，但優先順序會因國家的狀況、立場而改變。

有人為可以改變的事，比方說資源匱乏的國家可以決定要從何處進口哪些資源，進口多少，以及產業如何發展，要打造出什麼樣的國家等等。

　　在本章當中，我會說明構思一個國家的資源、能源戰略時，有哪些基本觀點可用。日本的資源能源廳在構思能源政策時，重視的是「資源能源的3E」，也就是「能源安全」（Energy security）、「經濟效率」（Economic efficiency），以及「因應地球暖化問題」（Environment）這三大要點。

　　就中長期而言，若能同時達到這三大要點，當然最理想。不過，這三大要點的比重，也會依當時的狀況而有所變化。

　　比方說，俄羅斯入侵烏克蘭之後，對鄰近幾個歐洲國家而言，推動去俄化——也就是能源安全，即可能成為緊要的課題。對那些主權獨立、穩定發展受到戰爭威脅的國家而言，能源安全必須是最優先處理的事項。

　　而對於在國內就可開採到豐富能源，還有餘力出口的國家而言，「因應地球暖化問題」就是優先順序上的第一位了。

　　此外，受到俄羅斯入侵烏克蘭後的禁運措施等因素影響，石油和天然氣價格飆升，帶動全球各國電價、油價大漲，民眾生活左支右絀⋯⋯到了這個地步，有些國家應該會把能源經濟效率的比重調到最高了吧？

　　要以這三個E當中的哪一個要點為優先，固然非常重要，但三者之間的

在不同情境下，哪個 E 對國家最重要？

1・因應地球暖化問題	1・能源經濟效率	1・國家主權獨立、國家安全、穩定供給
2・能源經濟效率	2・因應地球暖化問題	2・能源經濟效率
or	or	or
3・國家主權獨立、國家安全、穩定供給	3・國家主權獨立、國家安全、穩定供給	3・因應地球暖化問題

在《格拉斯哥氣候協議》與俄烏戰爭爆發，以及能源價格飆漲的背景下。

平衡，更是一大關鍵。雖說確保能源供應事關國家安全，但國家絕不能容忍能源價格漫天喊價——因為我們無法一刀兩斷地切割經濟效率的問題。同樣的，我們也不能為了因應地球暖化問題，就接受能源價格無止境地飆升。

因此，本書會以俄羅斯、德國、美國、中國、歐洲、印度、東南亞、澳洲、中東和日本等各國的能源局勢為基礎，從3E觀點來進行分析。希望各位讀過本書之後，不論是要構思短期規畫也好、中長期規畫也罷，都能學會策略性地思考3E的優先順序和比重平衡。

2 能源戰略中的「3E」

讓我們回到能源戰略基本觀點的「3E」，分別看看每個E的具體內容。

首先要探討的是能源安全。「能源安全」一詞會因我們所處的狀況，包括國家穩定發展、國家主權獨立、國家安全、資源穩定供給、自給率等因素，而有各種不同的解讀。其中的關鍵，在於要記住這一點：確保穩定的資源、能源供給，有助於國家的穩定發展。

接著再看能源的經濟效率。這個觀點是要探討「如何以最低的成本取得能源」。在能源領域達到經濟效率的國家，民眾的生活比較容易趨於穩定，各產業也能爭取到更高的國際競爭力。

最後一項是「因應地球暖化問題」，這是指「以達成碳中和為目標」。

當我們在構思能源戰略之際，這三個「E」缺一不可。

比方說，假如有一個國家能在境內開採到煤炭，故選擇只仰賴煤炭來支應國內的能源需求。這樣做就可不必仰賴其他國家，又能以低價供應能源，在能源安全、經濟效率方面是很理想，但在因應地球暖化問題方面，就會有問題了。

反之，假如這個國家因為找到既低價、碳排量又少的能源，所以決定100％仰賴他國。這時，它在經濟效率和因應地球暖化問題上的表現就會很出色，但它所仰賴的這個國家，隨時可能會有突然停供能源之虞，因此在能源安全方面的表現並不理想。

因此，我們還需要有這樣的認知：這三個「E」的優先順序，會因國家的狀況或立場而改變。

德國的案例

最簡單易懂的案例，就是能源戰略因為俄羅斯入侵烏克蘭而大受撼動的德國。德國原本積極推動去煤、廢核，是全球因應地球暖化問題的先鋒。而當時德國向俄羅斯採購的天然氣價格便宜、供給穩定，所以在能源的經濟效率上也沒有問題。然而，由於俄羅斯入侵烏克蘭，德國很難繼續使用俄羅斯供應的天然氣，因此在國家主權獨立和安全上，受到極大的考驗。換言之，德國在能源安全方面，其實早就存在著過度依賴俄國的問題。

既然如此，德國就必須大幅調整能源政策才行——因為「去俄化」的優先順序，如今變得比去煤、廢核更前面，所以德國改弦易轍，換上了優先考慮能源安全的政策。

想必日後德國會在確保能源安全的同時，再重新朝因應地球暖化問題、追求能源經濟效率的方向邁進。在這段過程當中，我認為也有很多值得我們日本人學習的地方。因此，稍後我會針對德國的能源政策，做一番詳細的解說。

綜上所述，能源戰略裡的「3E」，每個項目都很重要。不過，它們的優先順序，有時會隨著國家在地緣政治上所面臨的狀況而變動。

受到《格拉斯哥氣候協議》的影響，在2021年之前，因應地球暖化問題是全球的主流趨勢；可是在俄烏戰爭爆發後，趨勢竟轉往截然不同的方向發展。在德國，民眾開始聚焦關注國家主權獨立的重要性，更重新確認了能源安全的重要性。此外，全球面臨能源價格飆漲，各國無不挖空心思，設法確保能源的經濟效率。

義大利的案例

義大利前總理德拉吉所推動的政策，也很值得參考。俄烏戰爭爆發後，義大利自2022年5月起，便禁止學校及公共場館的空調設定溫度低於攝氏25度。換言之，義大利政府規定這些場所不能將冷氣溫度調得太低。

其實，在義大利所進口的天然氣當中，原本也有43.3%是仰賴俄羅斯。

然而，俄烏戰爭爆發後，他們也必須調整政策方向，推動去俄化。義大利與德國的不同之處，在於他們與非洲之間有輸氣管線相連，故可改從阿爾及利亞等非洲國家進口天然氣。但畢竟進口來源無法說改就改，所以在確定替代方案之前，需要政府出面呼籲民眾配合節約用電。

時任義大利總理德拉吉的說詞，是「要和平，還是要開空調？」義大利民眾認為，與其要受到俄羅斯的威脅，還不如忍一忍，少開一點冷氣。於是義大利各地紛紛響應省電。

考量到俄烏戰爭的局勢，3E的優先順序在短期內勢必會出現變化。不過，為了守護無可取代的地球，中長期還是要推動因應地球暖化的措施，讓3E同時達成才行。

此外，還有一件很重要的事：我們應該要保護地球環境，還是維持國家主權獨立，這兩者之間並不必然是權衡取捨的關係，因為發展太陽能發電或風力發電，可以減少化石燃料的進口，進而提升能源自給率。換言之，發展再生能源有助於強化國家安全──有時3E會像這樣相互連動，逐步共同邁向目標。

不論如何，由於俄烏戰爭爆發，短期內各國或許還是會以能源安全為優先考量。然而，終極目標還是要朝3E同時達成的方向邁進。

3 能源安全（Energy security）

在本節當中，我會針對能源安全方面詳加說明。

各國的能源自給率

全世界能開採到資源的地點嚴重不均。就「資源」這件事而言，我們必須很遺憾地說，神是不公平、不平等的。因此，很多國家都必須仰賴自國外進口。而這也意味著：萬一俄羅斯、中東等出口國發生問題，進口國就會暴露在能源安全的危機之下。為了避免陷入這樣的窘境，「提高國家能源自給

率」便顯得愈來愈重要。

　　觀察七大工業國組織（G7）的能源自給率，會發現美國、加拿大都逾100％，是淨出口國；而英國則是75％，法國有55％，自給率維持在差強人意的水準。至於德國則僅35％，義大利只有偏低的25％，日本甚至比其他國家更差，只有11％，在G7當中敬陪末座（編注：台灣能源自給率約為2％）。

　　此外，中國的能源自給率維持在80％，至於俄國、中東產油國當然都有逾100％的水準。其他先進國家則有挪威、澳洲超過100％。這些國家當然不需要考慮能源安全的問題。他們要考慮的，反而是如何利用這些出口量能，對其他國家發揮影響力。

　　比方說從能源進口國轉為出口國的美國，就在俄羅斯入侵烏克蘭之後，擴大對歐洲的能源出口，提升美國在歐洲的存在感。

圖表1-1　G7各國的初級能源自給率與對俄依存度

國名	初級能源自給率（2020年）	對俄依存度（俄國在能源進口量當中的占比）（2020年）※日本的數值為財務省貿易統計2021年速報值		
		石油	天然氣	煤炭
日本	11%（石油：0% 天然氣：3% 煤炭：0%）	4%（占比第5）	9%（占比第5）	11%（占比第3）
美國	106%（石油：103% 天然氣：110% 煤炭：115%）	1%	0%	0%
加拿大	179%（石油：276% 天然氣：13% 煤炭：232%）	0%	0%	1.9%
英國	75%（石油：101% 天然氣：53% 煤炭：20%）	11%（占比第3）	5%（占比第4）	36%（占比第1）
法國	55%（石油：1% 天然氣：0% 煤炭：5%）	0%	27%（占比第2）	29%（占比第2）
德國	35%（石油：3% 天然氣：5% 煤炭：54%）	34%（占比第1）	43%（占比第1）	48%（占比第1）
義大利	25%（石油：13% 天然氣：6% 煤炭：0%）	11%（占比第4）	31%（占比第1）	56%（占比第1）

（資料來源）World Energy Balance 2020（自給率）、BP統計、EIA、Oil Information、Cedigaz統計、Coal Information（依存度）

能源安全與戰爭的關係

至於像日本這些能源自給率偏低的國家，則面臨了相當程度的風險。

日本曾經歷過石油危機。所謂的石油危機，就是原油供需吃緊，導致價格飆漲，引發全球經濟動盪的事件。1973年的第一次石油危機，是第四次以巴戰爭所引起；1979年起的第二次石油危機，則是伊朗革命影響下的產物。這些石油危機其實都深受「中東產油國團結減產，推升價格」的因素影響。稍後我會在第9章做更詳細的說明。

就能源運輸安全而言，確保海上交通線的暢通至關重要。所謂的海上交通線（Sea Line of Communication，簡稱SLOC），就是萬一國家面臨存亡危機，或爆發戰事時，必須預先確保的海上聯絡交通路線。如圖表1-2所示，日本的能源運輸目前是取道荷莫茲海峽（Strait of Hormuz）、麻六甲海峽，其他時候也會選擇巽他海峽（Selat Sunda）或龍目海峽（Lombok Strait）路線。石油和天然氣都是取道如此狹窄的路線來運送。附帶一提，像這種狹窄的要衝，又有「咽喉點」（choke points）之稱。就能源安全的角度而言，各國都必須隨時關注這類交通要衝。

圖表1-2 能源運輸安全網

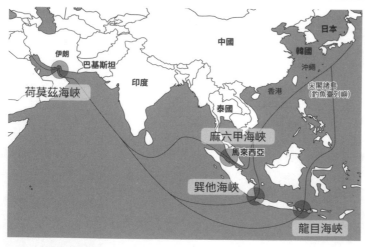

（資料來源）作者編製

● 海上交通線
‧萬一國家面對存亡危機，或爆發戰事時，必須預先確保的海上聯絡交通路線。
‧日本目前仰賴的是來自中東的石油，因此就能源安全的觀點而言，確保海上交通線便成為最優先的課題。

● 咽喉點
係指在物資運送上頻繁使用的狹窄海峽，也常用於輸送原油或液化天然氣等大量能源，故確保咽喉點的安全無虞，或確保其他不仰賴咽喉點的運送路線，是能源安全上相當重要的議題。

圖表1-3　咽喉點風險

咽喉點占比(%)

	2000年代	2015年	2018年
法國	71.8	65.5	62.7
德國	45.0	58.4	55.8
英國	12.7	8.5	11.1
美國	48.3	42.5	29.3
中國	142.5	149.6	151.2
日本	177.3	167.6	180.2
韓國	163.6	175.8	171.4

· 咽喉點：重要航線集中的地點

（資料來源）根據國際能源總署（IEA）〈Oil information 2020 data base〉、中國進口統計資料編製。

還有，伊拉克在1990年8月入侵科威特，引發波斯灣戰爭。兩國一度造成多達430萬桶的石油供給中斷。科威特要花三年時間才能恢復生產原油，伊拉克在1990年時，平均原油年產量已逾200萬桶，卻因受到經濟制裁而減至50萬桶。波斯灣戰爭開打前，美國西德州原油（WTI，西德州地區出產的高品質原油，硫磺含量低，可提煉出更多汽油）的價格是每桶21美元，該年10月已漲到40美元，使得日本和石油危機時一樣，在經濟上吃足了苦頭。

能源進口國的苦惱

前面說明了能源供應因戰火而中斷，以及海上交通線安全受威脅時的情況。不過，其實還有一種情況，那就是產油或產氣國刻意停供。

舉例來說，俄羅斯就曾在2009年1月1日時，停止向烏克蘭供應天然氣。冰天雪地下，天然氣竟無預警停供，烏克蘭舉國上下一片混亂。

另外，2022年4月，俄羅斯的國營企業「俄羅斯天然氣工業公司」也停止向波蘭和保加利亞供應天然氣。這是在波蘭和保加利亞拒絕以盧布（俄羅斯貨幣）支付天然氣採購價金後，俄國所祭出的措施。

　　由此可以看出，天然氣早已成為俄羅斯在政治、經濟上的武器。被「斷氣」的國家，民眾生活和百工百業都會受到重創。尤其是那些對俄羅斯依賴程度偏高的國家，更是如此。

　　那麼日本的情況又如何呢？在原油進口方面，目前日本對中東的依存度高達88％。因此，當中東爆發衝突時，政情一定會比現在更混亂。所以，日本經濟必須早日擺脫對原油的依賴。

　　分析日本的天然氣進口來源國，可知對中東的依存度是21％，對澳洲、馬來西亞則約為50％，所以在安全上的風險尚低。不過，從圖表1-4的圓餅圖中可知，占比12％的卡達位於中東，俄羅斯則占8％，阿拉伯聯合大公國占6％。我認為，在探討日本能源安全問題時，要確實地站在「迄今日本對中東的天然氣依存度仍有21％，俄羅斯則為8％」這個基礎上才行。

　　此外，日本的煤炭絕大多數都是自澳洲、印尼進口。儘管來自俄羅斯的

圖表1-4　日本的原油、天然氣進口來源國

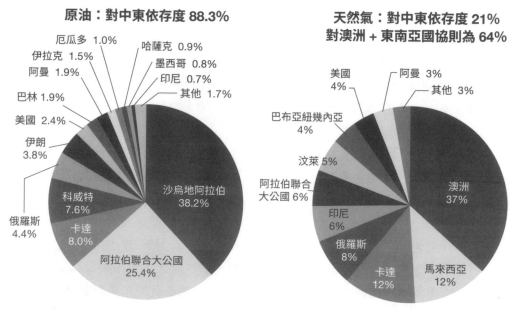

（資料來源）經濟產業省「資源、能源統計年報」2018年資料、財務省「日本貿易統計」（2018年資料）

占比達11％，但基本上還是可放心的比例。不過，在能源安全面上較穩定的煤炭，預估未來會由於因應地球暖化問題的關係而減少進口，在能源結構中的占比也會隨之降低。

　　能源價格的飆漲，還是造成能源進口國和出口國之間貧富差距擴大的主因之一。進口國必須進口那些飆漲的原油或天然氣，而出口國卻因為出口漲了價的原油或天然氣而大發利市。

　　結果進口國的貿易收支惡化，貨幣也貶值。倘若貨幣價值只是微幅波動，那當然沒有問題。不過，我在1990年代住在巴西時，當時的全年通膨率可是高達4,000％。當年巴西還是石油進口國，國內的經濟環境也還不夠成熟，在能源價格飆漲的情況下，推出補貼油價、發放補助等措施，導致政府財政逐漸惡化，貨幣價值暴跌。後來，巴西成功研發出深海鑽探技術，如今已成為石油出口國。

　　最後，我要說明的是已向北大西洋公約組織提出入會申請的瑞典和芬蘭（編注：瑞典於2024年3月、芬蘭於2023年4月正式加入）。這兩國一直以來，都在各種面向上受到俄羅斯的欺凌——他們和烏克蘭一樣，都曾被俄羅斯「斷氣」；透過俄羅斯輸電網送到這兩國的電力，也都曾被蓄意停供。

　　不過，挪威的能源自給率有71％，芬蘭則有55％，對俄羅斯的依存度正逐漸下降。這個趨勢背後的原因，是他們包括核能在內的再生能源占比已逐步上升。就兩國的總發電量來看，2016年核電在瑞典占34％，在芬蘭則占19％。此外，水力、風力、生質能等再生能源，也有所成長。以歐洲的標準而言，（2022年7月6日後）核能和天然氣也都算是再生能源，所以瑞典的發

瑞典、芬蘭能源自給率與初級能源供應結構（2016年）

國名	能源自給率	核能	水力	風力、生質能等	石油
瑞典	71%	34%	11%	25%	24%
芬蘭	55%	19%	4%	33%	25%

（資料來源）日本能源經濟研究所

瑞典、芬蘭再生能源占總發電量的比率（2020 年）

瑞典				芬蘭		
水力	44.16%			水力	23.00%	
核能	30.08%			核能	33.78%	
風力	16.93%			風力	11.51%	
生質能	4.72%			生質能	15.95%	
垃圾	2.11%	總計		垃圾	1.29%	總計
太陽能	0.64%	98.64%		太陽能	0.37%	85.90%
煤炭	1.10%			煤炭	7.96%	
天然氣	0.07%			天然氣	5.37%	
石油	0.21%			石油	0.39%	

（資料來源）國際能源總署（IEA）

電量幾乎都是來自再生能源；而同樣以歐洲標準來看，芬蘭的再生能源占比也超過了80％。

因此，再生能源的占比上升，其實就代表化石燃料的占比下降，同時更意味著對其他國家的能源依存度降低。所以，挪威和芬蘭敢申請加入NATO，就是已經做好盤算——即使俄國祭出各種打壓手段，他們的能源安全都不會有問題。

4 能源的經濟效率
（Economic efficiency）

　　接著，讓我們更詳細地來看看長期支撐民眾生活與百工百業發展的能源經濟效率議題。

　　「能源」是一項重要的基礎建設，更是「民眾生活」與「產業活動」的基礎。因此，能否以便宜的價格取得能源，至關重要。當能源取得成本增加時，民眾生活就會變得很拮据，企業也無法維持國際競爭力。因此，政府需以合理價格取得能源，確保能源的經濟效率。

　　再者，能源價格也可能成為各國最大的政治問題。實際上，一般認為當能源價格上漲時，各國執政黨的支持率就會崩跌。當暖氣費或電費隨著能源價格飆漲而上揚，民眾生活變拮据，就會怨聲載道，對各國執政團隊和政府機關便形成很大的壓力——這就是能源價格影響支持率的機制。

　　在2022年的法國總統大選當中，雖然馬克宏成功連任，但選戰中最大的爭論焦點，其實就是能源價格——因為汽、柴油的價格飆漲，連帶使得物價漲聲四起。這樣的現象不只發生在日本，美國總統拜登也因為油價大漲而飽受批評，英國也有同樣的狀況。

　　因此現在各國總統、首相都緊盯著汽、柴油價格，或是暖氣必需的天然氣價格、電價來執政。這表示各國民眾對能源價格的關注程度，可說是非常高。

　　從經濟學的角度來解讀，能源價格飆漲會帶動物價的飆漲，換言之，平民百姓的生活會因為通貨膨脹而變得很拮据。倘若政府為了抑制通貨膨脹而採取金融緊縮措施，景氣就會急凍。如此一來，通膨或許會獲得紓解，卻也會導致失業率上升。不論是通貨膨脹，或是失業率惡化，都是造成政府支持率下跌的重要因素。因此，是各國政府都想極力避免能源價格飆漲。

　　如今，全球各國都為了上述這些問題而傷透腦筋，紛紛調高能源經濟效率在政策上的優先順位。當然這只是短期的情況，就中長期而言，國家還是必須追求3E同步達成才行——這件事是不變的。

5 因應地球暖化問題
（**Environment**）

> **COP26（第26屆聯合國氣候峰會）**
>
> · 2021年10月31日至11月13日，在英國的格拉斯哥舉辦了「第26屆聯合國氣候變遷綱要公約締約國大會」（COP26，簡稱第26屆聯合國氣候峰會）。
> · 決議事項
>   1. 於2022年底前，重新提出2030年目標。
>   2. 制定碳權的國際交易機制。
>   3. 落實執行對開發中國家每年1,000億美元的援助。
>
> 此外，荷蘭也承諾，不再以官方資金挹注新的海外化石燃料投資案。

接下來，我們要來仔細探討「因應地球暖化問題」這個項目。

2021年11月在格拉斯哥召開的COP26，是全球第一個承諾將逐步削減燃煤火力發電的歷史性會議。這個重要的國際協議，被稱為《格拉斯哥氣候協議》。附帶一提，「COP」是「締約國會議」（Conference of the parties）的簡稱，意指由《聯合國氣候變遷綱要公約》締約國出席參與的會議，而「COP26」的意思，就是第26次締約國會議。以往COP有幾次特別重要的會議，包括1997年在京都召開的COP3，通過了《京都議定書》；還有2015年在巴黎召開的COP21，通過了《巴黎協定》。

主要國家的初級能源消費量

一般認為，二氧化碳的排放量約與初級能源的消費量成正比。因此，在圖表1-5當中，我試著將全球主要國家的初級能源消費量，由高至低依序排列出來。

讓我們逐項仔細地來看看。

首先，全球二氧化碳排放量第一的中國，以及第三名的印度，煤炭的消費量占比相當高。第二名的美國則使用了大量的石油和天然氣，至於第四名

的俄羅斯，則是以天然氣占最大宗。

　　日本的排碳量為全球第五名，初級能源則是以石油的消費量最多，天然氣和煤炭居次；而排名第六的加拿大，也是以石油、天然氣居多，但水力消費量占比之多，也是一大特色。排名第七的德國，雖然同樣是以石油、天然氣和煤炭居多，但再生能源的占比相當高。第八名的巴西，在石油消費方面的占比極高，但水力看來也不遑多讓。至於第九名的韓國，則是以石油、天然氣、煤炭等化石燃料的消費量占比為大宗。

　　法國的能源消費，則是以核能占比偏高為特色；英國是以石油、天然氣為大宗，再生能源也多；義大利則是以石油、天然氣的消費量居多。

　　這裡各位只要掌握幾個重點即可：中國、印度是以煤炭居多，法國則是

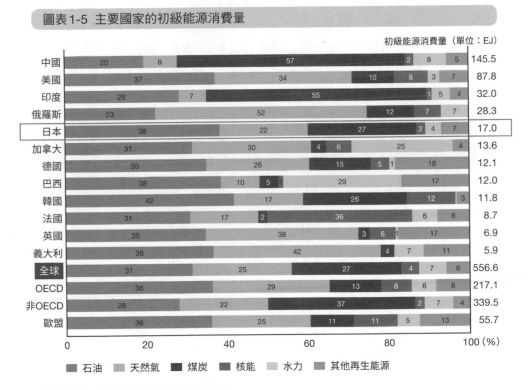

圖表1-5　主要國家的初級能源消費量

（註）合計數字可能因四捨五入而有些微落差。
　1EJ（1艾焦耳＝1018J）約相當於2,850萬公秉原油所產生的熱能
　（資料來源）BP統計（2021年）

以核能為大宗,而德國、巴西和英國,則是再生能源的消費量較多(編注:台灣是石油最多,煤炭居次)。

再來看看全球的消費量趨勢:儘管目前還是以石油、天然氣和煤炭居多,但以先進國家色彩濃厚的OECD(經濟合作暨發展組織),和較偏開發中國家的非OECD各國相比,前者的特色是石油與天然氣消費量偏多,後者則是以煤炭消費居多。

各國的二氧化碳排放量

圖表1-6將主要國家的二氧化碳排放量由多至少依序排列後,我們就能看出碳排量多寡順序分別是中國、美國、印度、俄羅斯、日本、德國、韓國、伊朗、加拿大、印尼。中國的碳排量之多,令他國瞠乎其後。美國的碳排量相當於中國的一半,印度則相當於美國的一半,日本則是印度碳排量的一半。由於中國和美國的碳排量多,因此這兩個國家是否加入相關的國際公約,意義非凡。實際上,當初《格拉斯哥氣候協議》在討論階段時,中國就表示反對,美國的川普總統則是說過不會加入,所以過程中其實歷經了難以達成共識的局面。

圖表1-6 各國二氧化碳排放量(2018年)

順位	國名	排放量(億噸)
1	中國	95.708
2	美國	49.211
3	印度	23.078
4	俄羅斯	15.870
5	日本	10.807
6	德國	6.961
7	韓國	6.058
8	伊朗	5.796
9	加拿大	5.652
10	印尼	5.429

(資料來源)日本外務省

圖表 1-7　全球二氧化碳排放量變化

10億噸（Gt）

開採、燃燒化石燃料、生產混凝土，
以及運用森林與其他各類土地所排放的二氧化碳量

中東、非洲碳排量上升

中南美碳排量上升

亞洲碳排量急速上升

經濟轉型中國家（前蘇聯等）碳排量上升

OECD 會員國（1990 年）為主要排放國

（資料來源）日本環境省「IPCC第五次評價報告書」WGIII Figure TS.2

　　圖表1-7是全球的二氧化碳排放量變化。從圖中可知，碳排量自1950年代左右開始急劇上升。雖然OECD會員國、前蘇聯等的碳排量都有增長，但關鍵還是在於亞洲碳排量的急速上升。尤其中國與印度的碳排量大，各界紛紛要求兩國提出因應措施。

　　綜上所述，全球各國的碳排量、碳排來源不盡相同，但在《格拉斯哥氣候協議》生效後，各國勢必需要應對地球暖化問題——尤其是降低燃煤火力發電量的政策，該如何與能源經濟效率、能源安全取得平衡，將成為各國能源戰略當中備受矚目的焦點。

日本如何因應地球暖化問題

　　在因應地球暖化問題方面，日本於2021年公布了《第六次能源基本計畫》，目標要在2050年達到碳中和，2030年則要比2013年的碳排量減少

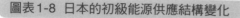

圖表1-8 日本的初級能源供應結構變化

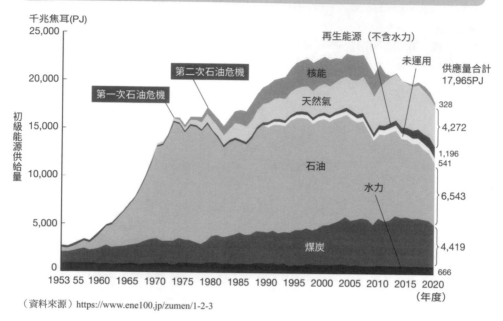

（資料來源）https://www.ene100.jp/zumen/1-2-3

40％，甚至還要挑戰50％。因此，日本必須降低石油、煤炭的消費量才行。

　　圖表1-8是日本在初級能源供應結構方面的變化趨勢。石油占比受到兩次石油危機的影響，已呈現降低走勢，但還有很大的改善空間；而煤炭雖然也已過了高點，但仍維持一定占比。另一方面，天然氣占比逐步上升；而核能則在311大地震後幾乎歸零。水力供給量儘管不多，但維持一定占比；再生能源雖有成長，但僅呈現緩步增加的趨勢。

　　各位接下來要面對的這個時代，再生能源的占比想必是與日俱增，石油會減少，而煤炭說不定會退場。姑且先不論2030年如何，我希望各位能試著思考一下到了2050年時，能源結構將如何發展。

　　光是考慮日本的狀況，恐怕很難找到答案。因此，我想先帶各位看看其他國家的案例，再請各位想一想。再者，從地緣政治的觀點來看，日本既是俄羅斯的鄰國，也與中國相鄰，還算是北韓的鄰邦。我們要以這些條件為基礎，從「3E」這個能源戰略的觀點，來思考國家的能源政策與環保政策。

6 國際間針對地球暖化問題，達成因應共識的歷程

　　為了面對「減碳」這個全球共同的問題，國際間長期以來都在推動相關措施。從1992年、1997年、2015年到2021年，儘管凝聚共識需要時間，但各國仍持續努力促成。

　　1992年6月，聯合國環境與發展會議（UNCED，又稱地球高峰會）在里約熱內盧舉行。當時我在日本駐巴西大使館任職，所以也在這場地球高峰會的大會祕書處服務。我記得當時為了隨行服務環境大臣、竹下登前總理和海部俊樹前總理，還要在當地接待宮澤喜一總理，我們做了諸多準備，但後來總理因另有國會行程，無法出席，全球各國都深感失望。

　　在這場會議當中，各國制定了《氣候變遷綱要公約》和《生物多樣性公約》。而「永續發展」一詞，正是從這個會議開始才廣為使用。現在我對地球環保議題懷抱關懷，起點其實就是因為當年我以祕書處成員身分，參與了這場因應地球暖化問題的重大會議。

　　1997年12月通過的《京都議定書》，則訂出要在2008～2012年間，讓溫室氣體較1990年時減少約5%。我還記得當時的減碳義務，還只管制先進國家。我以經濟產業省資金協力課課長的身分，向首相官邸建議應多加運用「政府開發援助」（ODA）計畫（編注：已開發國家為開發中國家提供優惠貸款，協助用於經濟發展及提高人民生活的基礎建設），協助開發中國家因應環保問題，後來形成了一份重大的協議。

　　又過了幾年光陰，到了2015年時，各國又協議通過了《巴黎協定》這份重大的綱要協定。《巴黎協定》和只列管先進國家義務的《京都議定書》不同，主張先進國家與開發中國家應承擔「共同但具差異性的責任」，所以開發中國家也會被要求減少碳排。

　　《巴黎協定》當中還訂定出了努力目標，就是要將全球平均氣溫升幅控制在「比工業革命前高2℃以內」，最好能努力限制在「比工業革命前高1.5℃以內」。這是一個要求所有成員國都必須減少碳排的協定，當然也包括開發

中國家在內。

　　不過，當年美國總統歐巴馬（Barack Obama）雖然參與並贊同的這項協定，到了川普總統上台後，便不再參與，中國、印度對這份協定的態度也很模稜兩可，只能任由時間不斷流逝。

　　接著到2021年，全球才盼到了《格拉斯哥氣候協議》出爐。協議內容除了重申氣溫升幅要努力控制在1.5℃之內，更具體地揭示了「階段性減少燃煤火力發電」的方向。如前所述，印度和中國的燃煤火力發電占比相當高，因此，為了與這兩國達成共識，在協議上的文字描述，各國最後選擇用「階段性減少燃煤火力發電」來呈現。當然，先進國家也必須承諾遵守這項協議。儘管協定上並沒有寫出「淘汰煤炭火力發電」，但能載明「階段性減少燃煤火力發電」，已可視為是向前邁進了一步。

《京都議定書》→《巴黎協定》→《格拉斯哥氣候協議》

・《京都議定書》（COP3，1997年）
　自2008～2012年，溫室氣體排放量要比1990年減少約5%。
　碳排減量義務僅列管先進國家。

・《巴黎協定》（COP21，2015年）
　將全球平均氣溫升幅，控制在「比工業革命前高2℃以內」，最好能努力限制在「比工業革命前高1.5℃以內」。

・《格拉斯哥氣候協議》（COP26，2021年）
　達成《巴黎協定》的規則書（Rule Book）。
　努力追求氣溫升幅控制在1.5℃以內。
　階段性減少燃媒火力發電。

7　地球暖化因應領域的相關詞彙

碳中和與碳權交易

在討論如何因應地球暖化問題之道時，「碳中和」是很常出現的詞彙，是指讓包括二氧化碳在內的溫室氣體排放量，與透過植林和森林管理等方式吸收掉的溫室氣體數量達成平衡，藉以讓溫室氣體的總排放量實質歸零。這是在《巴黎協定》中通過的概念。目前全球有逾120個國家、地區，都提出了要在2050年達到碳中和的目標。

接著要請各位記住的，是「碳權交易」（又稱為「碳排放交易」）這個詞彙。它還有「碳抵換」（carbon offset）、總量管制與交易（Cap and Trade）、碳權（carbon credit）等不同的說法。所謂的碳權交易，就是溫室氣體排放減量未達標準的國家或企業，向尚有碳排額度的國家、企業購買排放額度，以達到減排標準的一套制度。

圖表1-9　碳中和

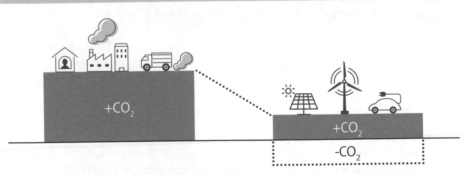

· 讓包括二氧化碳在內的溫室氣體排放量，與透過植林和森林管理等方式吸收掉的溫室氣體數量達成平衡，藉以讓溫室氣體的總排放量實質歸零。
· 各國在2015年《巴黎協定》中同意，為解決氣候變遷這個全球性的課題，應致力達成碳中和。
· 逾120個國家、地區提出「2050年實現碳中和」的目標。

（資料來源）日本環境省等

ESG 投資與 SDGs

接下來，我要介紹兩個推動地球暖化問題因應措施的相關名詞。

首先是「ESG投資」。以往我們在計算企業價值時，只會看它的財務資訊——換言之，就是只會看企業有沒有獲利、成本結構如何，以及借貸餘額有多少。今後，我們還需要從環境保護（Environmental）、社會責任（Social Responsibility）和公司治理（Governance）的觀點，仔細觀察企業的非財務資訊，例如企業的經營是否環保？具備多少公共性？是不是公開透明的企業？……等等。近年來，在股東會上，有愈來愈多股東檢視企業在上述這幾個領域投入了多少資金，尤其更是嚴格檢視企業如何因應環保問題，故請各位務必牢記「ESG投資」一詞。

第二個要介紹的是「SDGs」。我想應該很多人都聽過這個詞彙，它是聯合國在2015年9月通過的「永續發展目標」，也就是「Sustainable Development Goals」的簡稱，由17項核心目標和169個細項目標所組成，並承諾將「不棄任何人於不顧」（leave no one behind）。

而在SDGs的第7項目標當中，提到了「可負擔的潔淨能源」。詳情請容我省略，不過，它確實地涵括了「確保平價、可信任的能源」、「提高再生能源占比」，以及「能源效率加倍」等面向。SDGs不僅是要追求減少能源消費和溫室氣體減量，還在貧窮、性別、健康和教育等更廣泛、更具本質意義的事物上，揭示了邁向永續社會所需的行動準則。

ESG 投資與 SDGs

· ESG 投資
  投資人不僅評估傳統的財務資訊，還考量環境保護（Environmental）、社會責任（Social Responsibility）和公司治理（Governance）因素後，才進行投資。

· SDGs（Sustainable Development Goals）
  即聯合國於2015年9月通過的「永續發展目標」。
  由17項核心目標（goal）和169個細項目標（target）所組成，並承諾將「不棄任何人於不顧」（leave no one behind）。

兩種落差

最後要談的是「兩種落差」。

一種是世代落差。人類排放的二氧化碳，部分會被植物等所吸收，而剩餘部分就會累積在大氣中，形成地球暖化。遺憾的是，二氧化碳增加所造成的危害將來會讓現在十幾歲、二十幾歲的年輕世代傷透腦筋。持續為因應地球暖化問題而大聲疾呼的瑞典環保活動家格蕾塔‧童貝里（Greta Thunberg），就把這個世代落差當作她呼籲重視環保的理由。

另一種則是經濟落差。據說全球最富裕的10％民眾所排放的溫室氣體，就占了全球總排放量的49％。可是，排放量較少的開發中國家，受豪雨、海平面上升等暖化現象影響的程度卻比先進國家更嚴重的案例，比比皆是。

各界主張應積極因應地球暖化問題的背景因素之中，還包括了世代落差和經濟落差，這件事各位也應該要知道。

8 電動車

在經濟發展的過程中，能源是一項不可或缺的要素。因此，如何確保更多能源固然重要，減量使用的重要性也不遑多讓。相較於早期，日本的工業界推動了一波又一波的節能，使得能源消費量逐步降低，卻仍能擴大發展工業。而在交通運輸和家用領域，節能還有很大的進步空間。倘若全國需要的能源總量會因為推動節能而減少，那麼節能就將成為提升能源經濟效率、改善能源安全，以及因應地球暖化問題的解方之一。

因此在本節當中，我想聚焦探討的是「電動車」。

儘管汽車的耗能表現已比早期改善，但開車還是要消耗許多能源。再者，日本的汽車擁有數量已較1975年增加了四倍。儘管近來有些人選擇使用共享汽車機制，不再持有汽車，但汽車數量還是非常多。因此，汽車的動力究竟是要從汽油改為電力，還是要改用氫能，是我們在推動節能的過程中不容忽視的重點。

再者，在燃油車領域當中，日本和德國是全球市占率遙遙領先的工業大

國。日本汽車製造業的產值為62兆日圓，占GDP的10％；汽車製造業在整體製造業當中的占比為18.8％，從業人數542萬人（截至2018年），堪稱是撐起日本經濟發展的基幹產業。

不過，這樣的榮景畢竟是由汽、柴油車所撐起。日後電動車將成為主流，日本還能保住這樣的地位嗎？電動車零件的數量遠比汽油少，一旦燃油車減產，下游企業也會大受影響。對於各位的世代而言，這將成為一個非常重要的問題，需仔細關注它的趨勢發展。

汽車同樣也是德國的基幹產業，占GDP的5％、外銷的11％，更創造了82萬個工作機會。未來德國三大車廠——BMW、賓士（Mercedes-Benz）、福斯（Volkswagen）將在電動車領域祭出什麼樣的因應之道，值得我們特別關注。

有資料顯示，預估2035年時，電動車產業的全球市場將會比2020年成長11倍，增加到2,418萬輛。而歐盟和美國加州皆已針對包括油電混合車在內的燃油車擬訂方向，規畫要在2035年實質禁止銷售新車。所謂的油電混合車，就是搭配使用汽油和電力的車款。這意味著日本的強項——油電混合車也將遭禁。

因此，全球車市並沒有先從燃油車過渡到油電混合車，而是要直接大轉彎，切換為電動車。在電動車市場上，美國的特斯拉大步成長，中國車廠的表現也很強勢，所以日本和德國車廠未來將如何因應，各界都非常關注。

電動車的普及，是2050年要達到碳中和的重要方法之一。電動車在行駛時，的確不會排放二氧化碳，但發電仍會有二氧化碳排放。不過，即使納入這個考量，電動車的碳排量，據說還是能降到燃油車的三分之一。各位是未來世代，而接下來的世代，各產業都會面臨被迫調整產業結構的命運。

在本章當中，我先說明了能源戰略的基本觀點，也就是「能源安全」（Energy security）、「經濟效率」（Economic efficiency），以及「因應地球暖化問題」（Environment）這三個E。從短期來看，它們的優先順序會有些許變動；但就長期而言，最理想的狀態，就是三者同時達成。

自下一章起，我會用「3E」這一組濾鏡，來檢視各國的能源戰略。如此一來，我們應該就更能清楚地了解目前各國所處的現況。

第 2 章

俄羅斯

**以能源作為武器，
操弄全球各國的超級資源大國**

圖表2-1 俄羅斯：與多國相鄰的大國

1 俄羅斯的地緣政治

從地緣政治觀點來看俄羅斯

首先，我們先從地緣政治的觀點來認識俄羅斯。

俄羅斯雄踞歐亞大陸北方的廣大區域，是全球面積最大的獨立國家，北臨北極海、巴倫支海、白海、喀拉海（Kara Sea）、拉普捷夫海（Laptev Sea）、東西伯利亞海，西接波羅的海、黑海、亞速海，東鄰白令海、鄂霍次克海、日本海及太平洋，國境更與許多國家接壤。俄國地勢南高北低，最高處位在高加索山脈的厄爾布魯士山（海拔5,642公尺，Mount Elbrus），烏拉山脈（The Urals）則是歐洲與亞洲的天然邊界。

俄羅斯在蘇聯時期對東歐各國極具影響力，不過近年來則是透過能源供給，加深了與西側歐洲各國之間的連結。此外，俄國與裏海周邊國家、土耳其以及中國不僅領土相鄰，還有管線相通，關係深厚。

從東西向俯瞰俄羅斯，會發現它長期以來，都是以烏拉山脈西側（歐洲、俄羅斯）為發展核心。當地有包括窩瓦河（Volga River）流域在內的穀倉地區，還有具備豐富煤礦資源的工業區。不過，談到能源議題，烏拉山脈以東（亞洲、俄羅斯）的存在地位也不容小覷——因為西伯利亞本來就有相當豐富的石油和天然氣資源。這些資源不僅透過管線出口到歐洲，近年來，對中出口也不斷攀升，深化了兩國之間的關係。俄羅斯在遠東地區與中國有綿長的國境相鄰；除此之外，也與哈薩克、蒙古的國境相鄰，這兩國也和中國有些許國境接壤。

接著，我們再看看俄羅斯北方。俄羅斯與北美、歐洲隔著北極相望，沿海各州及庫頁島則與日本、朝鮮半島相鄰；再往南走，裏海周邊則有五個天然資源豐富的國家——哈薩克、土庫曼、伊朗、亞塞拜然和俄羅斯，五國皆面對裏海。哈薩克是石油蘊藏量非常豐富的國家，土庫曼是天然氣的一大產地。此外，中東大國伊朗則是隔著裏海與俄羅斯相望的鄰國。

國土遼闊的蘇維埃聯邦

　　如上所述，俄羅斯的國土非常遼闊，全國各地都有相當豐富的天然資源。再者，它在東西南北面各與許多國家相鄰，是影響力舉足輕重的世界強國。我們在前面講到現在的俄國幅員廣闊，但回顧過去，1922～1991年之間立足於此的蘇維埃社會主義共和國聯盟（簡稱蘇聯）所擁有的國土更是遼闊。

　　這裡我想簡單回顧一下蘇聯的歷史。這是一個從1922～1991年間存在於歐亞大陸北方的社會主義國家，由15個社會主義共和國組成，包括：俄羅斯、白俄羅斯、烏克蘭、摩爾多瓦、喬治亞、亞美尼亞、亞塞拜然、哈薩克、烏茲別克、土庫曼、吉爾吉斯、塔吉克、愛沙尼亞、拉脫維亞和立陶宛。1991年蘇聯解體後，除了波羅的海三國外的12個國家共同組成了「獨立國家國協」（CIS）。

以烏拉山脈西側為發展核心的俄羅斯

　　2021年時，俄羅斯的人口有1.434億人。就人口金字塔來看，年長者的人口偏少，呈現葫蘆型，或者更該說是兩個陀螺相疊的形狀。人口近八成都居住在莫斯科、聖彼得堡等烏拉山脈以西，不過這主要是受到氣候方面的影響──因為烏拉山脈西側冬天氣溫約為零下10度，但烏拉山脈以東有時甚至會低於零下40度，相當寒冷。所以，俄羅斯的主要產業也都聚集在烏拉山脈以西。2021年，俄羅斯的GDP緊追在韓國之後，躋身全球第11名。不過，就俄羅斯各類貨物的出口總額來看，化石燃料占整體的58%，故基本上是高度仰賴能源的「金雞獨立式」經濟。

　　2018年，世界盃足球賽在俄羅斯舉辦。12處比賽場館當中，就有11處位在烏拉山脈以西的烏拉地區，剩下的一處，安排在被波蘭和立陶宛包圍的飛地──加里寧格勒。決賽、準決賽則在莫斯科和聖彼得堡舉辦，兩者都位在烏拉山脈以西。俄羅斯的主要活動就像這樣，大部分都安排在烏拉山脈以西。

2 在全球能源市場扮演舉足輕重的角色

化石能源生產及出口，排名全球前二

俄羅斯的石油和天然氣產量豐富，全球少見。2020年，全球石油產量總計為4,141百萬公噸（MT），第一名的美國產量為706百萬公噸，占全球總產量的17％；俄羅斯以512百萬公噸居次，和以511百萬噸產量排名第三的沙烏地阿拉伯水準相當。排名前三的國家，和第四名的加拿大（255百萬公噸）有很大的一段落差。

2020年全球的天然氣產量為4,014bcm（billion cubic meters，10億立方公尺）。其中美國產量為949bcm，俄羅斯為722bcm，這兩強遙遙領先第三名伊朗。

這裡要說明的，是產量漸增的俄羅斯石油、天然氣。俄羅斯的油田和天然氣田，是以烏拉山、窩瓦河一帶為傳統重鎮，而黑海和裏海也包括在這個區域之中。此外，西西伯利亞地區的秋明（Tyumen）油田素負盛名，在該地區的地位舉足輕重。還有，面北海的帝曼－伯朝拉地區（Timan-Pechora）也有許多油田和天然氣田分布；再加上東西伯利亞地區的伊爾庫次克（Irkutsk）、貝加爾湖（Lake Baikal）周邊也有天然氣田；甚至在靠近日本的庫頁島，也有天然氣田和油田。

接著，我們來看看全球石油出口量的占比。2020年，全球的石油出口量為2,042百萬公噸，出口最多的是沙烏地阿拉伯（17.6％，352百萬公噸），第二名是俄羅斯（13.1％，269百萬公噸），第三名則是伊拉克（9.5％，195百萬公噸），第四名是加拿大（7.5％，154百萬公噸），第五名是阿拉伯聯合大公國（7.2％，148百萬公噸）。俄羅斯位居第二，僅次於沙烏地阿拉伯。

再來，我們要看的是天然氣的全球出口量占比。第一名是俄羅斯，出口230bcm天然氣，全球占比22.6％。第二名是卡達（12.5％，127bcm），第三名挪威（10.9％，111bcm），第四名澳洲（10.1％，103bcm），僅約俄羅斯的一半。

綜上所述，我想各位應該可以明白：俄羅斯在地球上，是石油、天然氣的一大出口國。

圖表2-2　全球化石能源生產及出口概況

全球10大石油生產國（2020年）

排序	國家	占比(%)
1	美國	17
2	俄羅斯	12.40
3	沙烏地阿拉伯	12.30
4	加拿大	6.2
5	伊拉克	4.9
6	中國	4.7
7	阿拉伯聯合大公國	4.2
8	巴西	3.7
9	科威特	3.2
10	伊朗	3.1
	其他	28.3

全球10大天然氣生產國（2020年）

排序	國家	占比(%)
1	美國	23.6
2	俄羅斯	18
3	伊朗	5.9
4	中國	4.8
5	加拿大	4.6
6	卡達	4.2
7	澳洲	3.7
8	挪威	2.9
9	沙烏地阿拉伯	2.5
10	阿爾及利亞	2.3
	其他	27.5

全球10大石油出口國（2020年）

排序	國家	占比(%)
1	沙烏地阿拉伯	17.6
2	俄羅斯	13.1
3	伊拉克	9.5
4	加拿大	7.5
5	阿拉伯聯合大公國	7.2
6	科威特	5.0
7	奈及利亞	4.8
8	哈薩克	3.4
9	安哥拉	3.1
10	墨西哥	2.9
	其他	25.9

全球10大天然氣出口國（2020年）

排序	國家	占比(%)
1	俄羅斯	22.6
2	卡達	12.5
3	挪威	10.9
4	澳洲	10.1
5	美國	7.57
6	土庫曼	5.51
7	加拿大	4.62
8	阿爾及利亞	4.03
9	奈及利亞	2.65
10	馬來西亞	2.16
	其他	17.3

（資料來源）Key World Energy Statistics

石油大多出口至中國

俄羅斯如此龐大的能源出口量，究竟都送到哪裡去了呢？就讓我們一起來看看。首先是石油的部分，根據2020年的數字顯示，排名第一是中國的31％，俄羅斯有近三成的石油出口量，都流向了中國；緊接著是歐洲，出口到荷蘭占11％，德國占10.6％，波蘭占7％。至於出口到日本的占比，則為2％。即使是改從日本的角度來看，俄羅斯石油在日本石油進口的總量當中，占比也僅4％，可見石油貿易對日、俄兩國而言，地位並不太顯著。

以區域來看，俄羅斯出口石油的對象，大致是亞洲、大洋洲占一半，另一半則是歐洲，而最大的出口對象則是中國。

天然氣出口以歐洲為大宗

接下來要看的，是俄羅斯的天然氣出口對象。由於管線鋪設完善，所以俄國的天然氣出口以輸往歐洲為大宗。在俄國的天然氣出口量當中，歐洲約占了九成，包括德國16％、義大利12％、白俄羅斯8％、法國8％、土耳其6％、荷蘭5％、奧地利5％、波蘭4％、英國4％，以及匈牙利3％。其中以輸德的占比16％最高，主要是透過「北溪天然氣管道」這一條直通俄、德兩國的管線出口。

至於在對亞洲的天然氣出口方面，對中國出口占了5％，對日本出口則占了4％。不過，在對中國出口方面，除了既有的「西伯利亞力量」管線，和源自庫頁島的管線之外，預計將再新增一條「西伯利亞力量2號」管線。因此，俄羅斯出口到中國的天然氣占比，想必還會再往上升。

歐盟的天然氣進口來源改為美國

歐盟的天然氣進口來源國，依序是俄羅斯、挪威、阿爾及利亞、美國和卡達。其中俄羅斯的占比高達46.8％，依賴程度相當深。此外，還有一點很耐人尋味的是：從能源進口國轉為出口國的美國，竟然占了6.3％。目前歐盟自卡達進口的天然氣，僅占4.3％，不過在俄烏戰爭爆發後，向俄國的進口的占比將會下降，而向美國、卡達進口的占比則會增加（編注：根據歐盟統計局〔Eurostat〕2024年2月發布的報告，歐盟自俄羅斯進口的天然氣占比從2021年第四季度的33％，下降到2023年第四季度的13％。2023年第四季度占比最高為美國的22％）。

圖表2-3　俄羅斯的石油、天然氣出口對象國

**俄羅斯石油出口對象國
（2020年）**

地區	國家	占比
歐洲（OECD會員國）	荷蘭	11%
	德國	11%
	波蘭	7%
	芬蘭	4%
	斯洛伐克	2%
	義大利	2%
	立陶宛	2%
	匈牙利	2%
	其他	8%
北美	美國	0.7%
亞洲、大洋洲	中國	31%
	韓國	6%
	日本	2%
	其他	3%
歐洲（非OECD會員國）、 歐亞經濟聯盟（EAEU）	白俄羅斯	6%
	其他	3%
其他		0.3%

**俄羅斯天然氣出口對象國
（2020年）**

地區	國家	占比
歐洲（OECD會員國）	德國	16%
	義大利	12%
	法國	8%
	土耳其	6%
	荷蘭	5%
	奧地利	5%
	波蘭	4%
	英國	4%
	匈牙利	3%
	其他	10%
亞洲、大洋洲	中國	5%
	日本	4%
	其他	3%
歐洲（非OECD會員國）、 歐亞經濟聯盟（EAEU）	白俄羅斯	8%
	哈薩克	5%
	其他	5%

（資料來源）美國能源資訊管理局（EIA）

煤炭出口排名前三

　　俄羅斯不僅擁有豐富的石油和天然氣，在煤炭方面也是資源大國。2019年底，全球的煤炭蘊藏量有1兆696億噸，而俄羅斯的蘊藏量（1,622億噸）排名第二，僅次於排名第一的美國（2,495億噸）。產地主要分布在西西伯利亞地區、庫茲巴斯（Kuzbass）的克麥羅沃（Kemerovo）、東西伯利亞地區、哈卡斯共和國（Khakasiya）、薩哈共和國（Sakha）、圖瓦共和國（Tyva）等。至於遠東地區則有伯力（Khabarovsk）、阿穆爾州（Amurskaya oblast）等地，在開發出口煤炭的同時，也規畫並執行了交通運輸基礎建設的強化措施。

以煤炭出口量來看，俄羅斯自2014年起，由於受到盧布匯率震盪，以及2016年起的國際煤炭價格飆漲，甚至後來價格持續高檔等因素的加持，出口量順利成長。到了2020年時，印尼的煤炭出口量高居全球之冠（3.96億公噸），第二名則是澳洲（3.9億公噸），而俄羅斯則是第三名（1.88億公噸）。不過，由於澳洲目前與它的最大出口對象──中國的關係惡化，故一般認為，這個排名應該還會有變數（編注：根據國際能源總署2023年12月公布的報告，全球煤炭出口量前三名排名未變）。

無論如何，我想這件事一定錯不了：俄羅斯作為煤炭出口國，地位也堪稱舉足輕重。

俄羅斯的各類初級能源供給量

圖表2-4是俄羅斯在1990～2019年間，各類初級能源供給量變化趨勢。從圖表中可以看出，目前是以天然氣的占比最高；石油雖已不如1990年前後的水準，但仍維持一定程度的比例。另外，煤炭在1990年代的占比尚有五成，但近來已逐步下滑，占比退居第二，排在天然氣之後。

圖表2-4　俄羅斯的各類初級能源供給量（1990～2019年）

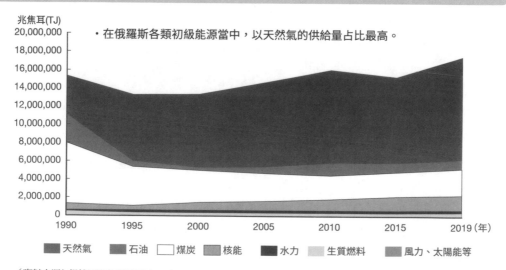

（資料來源）根據國際能源總署（IEA）World Energy Balance資料編製，https://www.iea.org/countries/russia

　　此外，占比不斷攀升的還有核能，目前已超越石油。水力雖然占比不高，但極具發展潛力。其他像是生質燃料、風力和太陽能等，占比都不高。

　　以上介紹的是俄羅斯在能源市場當中的定位。想必各位讀完之後，一定可以明白俄羅斯究竟是何等的能源、資源大國。

3 普丁政府透過國營企業，擴大在國際上的影響力

　　普丁政府透過操作能源戰略，逐步擴大俄羅斯在國際上的影響力。而執行這些業務的團隊就是「俄羅斯石油公司」和「俄羅斯天然氣工業公司」這兩家國營企業。

　　扶植國營企業讓俄羅斯的石油、天然氣在產量、出口量和產量方面都有所增長，成功奠定了能源戰略的基礎。

　　上述戰略的開端，要從普丁政府在2000年時成功推動並引進西方技術開始說起。這項政策促使俄國積極與外資合作，比方說英國石油（BP）公司得以擴大發展在俄業務，在庫頁島則是與荷蘭殼牌公司（Shell）、美國埃克森美孚（Exxon Mobil）合作等。

普丁強勢介入國內兩大能源企業，操作能源戰略

- 普丁推動並引進西方技術，扶植強大的國營企業「俄羅斯石油公司」和「俄羅斯天然氣工業公司」透過更新設備，提升油田探採技術水準，讓生產、出口和產量得以更進一步提升。
- 擴充現有通往歐洲的管線，同時也讓避開烏克蘭的輸送路線更多元、完善。此外，與中國等國家之間也已鋪設管線。
- 除了出口量成長之外，地緣政治上的衝突等因素導致能源價格飆漲，讓普丁總統賺進了大筆外匯，為政權奠定了穩固的基礎，更加速了俄羅斯經濟的成長腳步。

另一方面，俄羅斯也積極扶植國內有力的國營企業——也就是「俄羅斯天然氣工業公司」以及「俄羅斯石油公司」。這些國營企業，如今已成為普丁政府的武器。

俄羅斯天然氣工業公司

這裡要為各位介紹一下「俄羅斯天然氣工業」這家公司。它是俄羅斯最大的企業，也是全球最大的天然氣公司。這家公司源自1989年，由蘇聯時期的天然氣工業部改組後成立。1993年經俄羅斯聯邦的內閣拍板通過民營化，才轉型為企業經營的俄羅斯天然氣工業公司，實際上俄羅斯政府還握有超過38％的股權。俄國開採的天然氣，從上游到下游的所有工序都由它獨家管理。

早就有意在俄羅斯天然氣工業公司推動經營改革的普丁總統，於2001年5月派出了自己的心腹——時任俄羅斯能源部次長鮑里索維奇·米勒（Borisovich Miller）擔任董事長。當時新官上任的米勒董事長僅三十多歲，而且在俄羅斯的天然氣產業界幾可說是沒沒無聞。然而，普丁總統透過安插親信擔任天然氣工業公司的新董座，強化了他對該公司的影響力。後來，俄羅斯天然氣工業公司於2005年收購了西伯利亞石油公司（Sibneft）；到了2006年，俄羅斯天然氣工業公司更從俄國政府手上，爭取到了天然氣的獨家出口權。

就這樣，俄羅斯天然氣工業公司在龐大的天然氣產業當中，生產了近九成的市場需求，還握有俄國國內的主要天然氣管線，發展成從生產、流通，甚至到出口業務一手包辦的國營獨占企業。它在天然氣方面的產值，占俄羅斯全國的88％，全球則占23％。旗下自有管線總長15萬2千公里，員工總人數多達30萬人，是一家相當龐大的企業。

在蘇聯解體後，俄羅斯天然氣工業公司不僅國內業務蒸蒸日上，就連對前蘇聯以外的國家，包括歐洲、亞洲等，都大力拓展出口業務，茁壯成一家跨國企業。此外，機具設備的汰舊換新，以及作業技術水準飛躍成長，不僅使得俄羅斯天然氣工業公司的產量增加，技術創新更讓他們在既有產氣區發現新的天然氣蘊藏，進入良性循環。再加上開採成本降低與天然氣價格飆漲，使得一些以往開採不敷成本的地點，如今也能產氣供應。

　　再就天然氣的可開採年限來看，通常在持續開採之下，蘊藏量會隨著開採年數遞減。不過，俄羅斯的天然氣蘊藏量在普丁執政後的 2000 年代，竟持續增加，可開採年限約 60 年，大幅高於全球平均，表示後續還可以持續開採好一段時間。

　　還有，在天然氣的運送方式上，俄羅斯天然氣工業公司除了擴充原有的天然氣管線之外，還讓繞過烏克蘭的管線更多元、充實，甚至和中國之間也有管線相通。換言之，他們先串接了通往歐洲和亞洲的市場，並確保通往具有成長力道之市場的路線暢通。

俄羅斯石油公司

　　接下來要介紹的，是「俄羅斯石油」這家國營石油公司。它不僅是俄羅斯最大，更是全球最大的國營石油公司。這家公司在包括庫頁島、西伯利亞在內的俄國北部、俄國東部，還有包括車臣在內南俄地區生產石油和天然氣。2007 年時，俄羅斯石油公司取得了俄國民間石油企業尤科斯（Yukos）的資產；後又於 2012 年收購了石油巨擘——英國石油公司旗下企業的部分持股。就這樣，俄羅斯石油公司透過併購，在可採蘊藏量和日產量方面已坐上全球石油公司的龍頭寶座。以往更一度傳出它要與俄羅斯天然氣工業公司整併的規畫，不過後來並沒有實現。

　　另外，自 2004 年起，俄羅斯石油公司就由一位據說是普丁親信的人物——謝欽（Ivanovich Sechin）擔任董事長。近年來，儘管俄羅斯的確透過石油和天然氣強化了他們與國際社會之間的連結，但我們也可以由此看到俄國透過國營企業，強力介入操作的痕跡。

　　這裡我想再談一件事，那就是德國前總理施若德。

　　施若德（Gerhard Fritz Kurt Schröder）是德國的第七任總理，任期自 1998 ～ 2005 年，目前仍隸屬於執政的社會民主黨（SPD）。他在卸下總理一職後，旋即於 2006 年進入俄羅斯天然氣工業公司的子公司——北溪公司（Nord Stream AG）擔任董事；後來又於 2017 年出任俄羅斯石油公司董事。到了 2022 年，又宣布他將接任俄羅斯天然氣工業公司董事。堂堂德國前總理，竟接下俄羅斯國營天然氣和石油公司的經營幹部職務，引發輿論譁然。

　　因此，在俄烏戰爭爆發後，各界紛紛聚焦檢視德國與俄羅斯關係的密切

程度。德國打算透過從俄羅斯出發，繞過烏克蘭送氣的管線，大幅提升天然氣進口量的動作，和在能源方面過度倚賴俄羅斯的情況，備受關注，各界認為背後就是因為有這位企業經營高層的前總理存在，因此大力譴責德國。最後，施若德在2022年5月請辭俄羅斯石油公司監察人會的常務監察人一職，也婉拒了俄羅斯天然氣工業公司的董事一職。

每當衝突發生，俄國經濟就進補

我們來看看石油價格與區域衝突之間的關係。

普丁政府於2000年執政，當時原油價格平均每桶為20～30美元。不過，後來油價翻漲，到2008年，南奧塞提亞（South Ossetia）爆發衝突時，油價已來到每桶96美元；2014年克里米亞危機爆發後，油價又漲到114美元；2022年爆發俄烏戰爭，油價更勁飆至120美元……每當國際間爆發衝突，油價就應聲飆漲，俄羅斯的收入也隨之增加。

在能源領域當中，有一個相當殘酷的事實——只要國際上爆發衝突，能源價格就會上漲，能源生產國就會變得更加富裕。因此，儘管西方各國因為俄國入侵烏克蘭而祭出經濟制裁，美國總統拜登更宣布提供烏克蘭330億美元的援助，各國也紛紛響應。然而，只要石油、天然氣價格一上漲，俄羅斯就會賺進大把外匯收入，金額甚至遠高於西方各國對烏克蘭的援助——這是不容否認的現實。所以，我們也必須留意經濟制裁有推動能源價格上揚的可能性。

石油價格與戰爭衝突的連動關係

2000年 普丁政府執政：20～30美元／每桶
2008年 南奧塞提亞衝突：96美元／每桶
2014年 克里米亞危機：114美元／每桶
2022年 俄烏戰爭：120美元／每桶

同時，天然氣也與石油價格連動。

綜上所述，普丁政府不僅在策略性擴大本國能源產量及出口上大獲成功，還因為巧妙利用區域衝突所帶動的能源飆漲，為政權建立了穩固的根基，更在國際上站穩了腳步。

俄羅斯民眾生活水準提升

俄羅斯經濟只仰賴能源產業。比較石油價格和俄羅斯的人均 GDP 變化趨勢，根本不必動用相關分析，就能看出兩者的曲線非常相似——和當年原油每桶 20 美元時的人均 GDP 相比，如今人均 GDP 已翻漲五倍之多。

此外，普丁總統在上任之初，就把過去以 12％、20％、30％ 累進課徵的所得稅，改為一律固定徵收 13％，許多民眾都大表歡迎。結果，包括瑞士的滑雪場在內，全球的高級度假勝地都湧入許多俄羅斯人，顯見俄國民眾的生活相當寬裕，而這也成了普丁政府廣受民眾愛戴的根據。

以往，普丁還與梅德維傑夫（Dmitri Medvedev）輪流擔任總統和總理。但在 2020 年修憲後，普丁已可連選連任至 2036 年。就這樣，普丁政府的能源戰略奏效，成功地提升了俄國對國際社會的影響力，更為普丁政權在國內的執政，奠定了穩固的基礎。

4 俄羅斯與烏克蘭的天然氣管線衝突

蘇聯解體後的管線管理權

接著，我們來看看 1991 年蘇聯解體後，俄羅斯與烏克蘭在天然氣方面有過哪些交鋒。其實在蘇聯解體前，俄羅斯和烏克蘭是同一個國家，共同發展天然氣事業。不過，蘇聯解體後，天然氣事業分拆成兩個部分——俄羅斯負責生產、出口，烏克蘭負責管理管線。問題便自此爆發。

俄羅斯國營的天然氣工業公司要求烏克蘭交出管線的管理權，卻遭到拒絕。俄國當局盛怒之下，便開始著手規畫不取道烏克蘭的管線：一條路線是經白俄羅斯、波蘭，另一條則是取道黑海。

接著在 2004 年時，烏克蘭民眾不滿由時任總統庫奇馬（Leonid Danylovych

Kuchma）和總理亞努科維奇（Viktor Fedorovych Yanukovych）領導的親俄政權，掀起一場橘色革命（Orange Revolution）後，改由親歐美派的尤申科（Viktor Yushchenko）上台執政。在此之前，俄羅斯都是以「兄弟價」供應天然氣給烏克蘭，雙方維持合作關係；既然換了親歐美派上台，俄國就打算「明算帳」。於是原本在2005年時每度平均44美元的價格，到2009年時已翻漲五倍，衝上232美元。

此外，俄國於2006年時，還曾一度停止供應天然氣給烏克蘭——這是因為俄羅斯天然氣工業公司再次向烏克蘭當局要求讓出管線管理權，烏克蘭政府悍然拒絕的緣故。俄羅斯取道烏克蘭對外出口的天然氣數量便因而銳減，例如對匈牙利的出口量減少了40％，對法國、義大利則減少了25％。

就這樣，俄羅斯與烏克蘭在天然氣管線管理權方面的交鋒，成了兩國關係惡化的關鍵事件。

趁隆冬停止對烏克蘭供氣

2009年元旦，俄烏之間發生了一件大事——俄國停止向烏克蘭輸送天然氣。追根究柢，引爆這個事件的背景因素是在2008年10月2日時，普丁總統和烏克蘭前總理尤莉亞・提摩申科（Yulia Tymoshenko）就供應烏克蘭的天然氣價格達成共識，雙方約定要在三年內分階段調漲。

然而，到了2008年年底，仍只有「三年內分階段調漲」一事拍板確定，價格的實際金額卻遲遲無法定案。於是俄羅斯便自2009年1月1日起，停止向烏克蘭供應天然氣。1月3日，俄國以輸出的天然氣遭盜截為由，強力譴責烏克蘭；1月6日，俄國將經烏克蘭輸往歐洲的天然氣，大幅縮減80％；1月7日，俄國完全停止向烏克蘭供應天然氣，連帶使得出口到歐洲天然氣全面停擺；1月11日，烏克蘭同意歐盟的國際監督團隊入境；到了1月13日，俄國重啟天然氣輸出，但烏克蘭卻阻斷了送氣。

1月18日，普丁總統與提摩申科總理協商後，原則同意供應天然氣給烏克蘭，具體內容是一份長達十年的合約。1月19日，俄羅斯天然氣工業公司和烏克蘭國營天然氣公司（Naftogaz）正式簽訂了天然氣供應合約。接著在1月20日，俄國重啟送氣，歐洲方面也確認順利接收。

俄烏之間不僅在天然氣的送氣、斷氣上一再交鋒，後來烏克蘭甚至阻斷

俄國送出來的天然氣，使得日後兩國關係的發展蒙上了極大陰影。目前，烏克蘭並未直接自俄羅斯進口天然氣。因此，在俄烏戰爭開打後，烏克蘭仍能確保國內的能源供應。

5 俄羅斯鋪設天然氣管線的歷史

俄羅斯的天然氣管線鋪設史

接下來，我們來回顧俄羅斯開發天然氣和鋪設天然氣管線的歷史。

蘇聯最早鋪設的天然氣管線，和我們現今的認識很不一樣。早期蘇聯是在橫跨現在烏克蘭和波蘭的加利西亞（Galicia）地區開採出了天然氣，因此就從當地輸送到基輔（Kiev），再從基輔輸送到莫斯科。換言之，當時的俄羅斯是需要進口天然氣的。如今，從俄羅斯透過輸氣管線出口天然氣到烏克蘭，已是一種常識，但在1950年代，進出口的方向其實完全相反。1960年代時，蘇聯也曾在相當於今日亞塞拜然等地的高加索地區開發天然氣田，再從當地將天然氣運回俄羅斯。

蘇聯的石油產業被史達林定位為軍事上的重要產業，他認為領導者應該掌控石油產業，因此便將之納入治安、情報機構（後來的KGB）管轄。1953年史達林過世後，接下蘇聯領袖大位的赫魯雪夫（Nikita Khrushchev），改變了既往以石油為主軸的政策，在天然氣的發展方面著力甚深，並於1956年的共產黨黨員大會上，公布了一份野心勃勃的天然氣開發計畫。這場黨員大會最為人所知的故事，就是赫魯雪夫公開批評了史達林。接著蘇聯便於1960年代時，開始在西西伯利亞開發石油和天然氣資源。儘管地質學者已發現當地蘊藏龐大的油田和天然氣田，但要在冰天雪地之中開發天然氣田，難度相當高。後來好不容易開採成功，並於1966年鋪設管線，讓當地的天然氣得以翻越烏拉山脈，輸送到烏拉地區的工業地帶。而蘇聯的天然氣產量更是飛躍成長，從1955年的90億度，到1970年已達1,980億度。這一波天然氣開發的成功經驗，讓蘇聯在賺取外匯、政治和軍事方面，都獲得了龐大的能量。而在天然氣出口方面，數量也與日俱增，西西伯利亞所產的天然氣，當時就

已輸送到歐洲。

如今，俄羅斯的天然氣輸歐，是透過幾條不同的管線輸送到德國；其一是從俄羅斯直通德國，再者則是取道烏克蘭，還有一條蘇聯時期建立的路線，會經過亞塞拜然等地，再穿過土耳其。

目前，俄國也在鋪設通往中國東、西兩側的兩條管線，用來出口東西伯利亞開採的石油和天然氣。

其實自 2018 年起，俄國的液化天然氣（LNG）出口也連年成長，不過，LNG 僅占總出口量的不到一成，透過管線出口的天然氣則占了九成以上。

德魯茲巴輸油管

德魯茲巴輸油管於 1964 年興建，迄今仍是全球最長的輸油管線。這條

圖表2-5 俄羅斯輸氣管線鋪設狀況

全球最長的輸油管線——德魯茲巴輸油管（1964年鋪設）

· 在東西方陣營的冷戰情勢下，蘇聯為「經濟互助委員會」會員國供應石油的管線，又有「友誼油管」之稱。
· 此條輸油管線在薩馬拉匯集裏海、西西伯利亞、烏拉的石油之後，經白俄羅斯的莫濟里，往北將石油輸送到波蘭、東德，往南則輸往烏克蘭、斯洛伐克、捷克和匈牙利。

（資料來源）作者根據 United States Department of Energy 編製。

管線先將西西伯利亞、烏拉和哈薩克開採的石油匯集到蘇聯的薩馬拉，再經白俄羅斯的莫濟里向北輸往波蘭、前東德，或向南連通烏克蘭、斯洛伐克、捷克與匈牙利。附帶一提，「德魯茲巴」（Druzhba）在俄文當中的意思是「友誼」、「友情」。蘇聯就是透過這一條管線，為當年東歐各國在東西方冷戰期間組成的「經濟互助委員會」成員國供應石油。

　　其實，德魯茲巴輸油管原本是只串聯蘇聯與奧地利的管線。後來蘇聯為了讓天然氣可以供應西德使用，即使是在東西方的冷戰情勢下，仍延展了德魯茲巴輸油管。此外，在1968年時，蘇聯於鋪設石油輸油管之際，又同時鋪設了天然氣輸氣管，以便從蘇聯經捷克、斯洛伐克，將天然氣輸往永久中立國奧地利。這也開啟了東方陣營國家供應天然氣給西方陣營的契機。

6 繞過烏克蘭的天然氣管線

多條管線取道土耳其

　　2005年開通的藍溪天然氣管線（Blue Stream），是用來將西西伯利亞開採到的天然氣輸送到土耳其的一條管線。此外，中亞、高加索和中東的天然氣，也是經土耳其輸往歐洲（圖表2-6）。

　　2020年開通的土耳其溪（TurkStream），則是跨黑海串聯俄羅斯阿納帕（Anapa）與土耳其基伊科伊（kıyıköy）的兩條海底管線。一條是供土耳其國內，另一條則是為了歐洲而鋪設。至於2021年開通的巴爾幹溪（Balkan Stream）管線，則是將土耳其溪管線再延伸至保加利亞、塞爾維亞與匈牙利。

　　還有，串聯亞塞拜然和土耳其的「塔納普天然氣管線」（TANAP），也在2019年開通。有了它，俄羅斯就可以繞過烏克蘭，把西西伯利亞的天然氣輸往歐洲。

直接連通俄羅斯和德國的管線

　　2011年，直接連通俄羅斯與德國的北溪天然氣管線正式開通，也就是一般所謂的北溪1號。這是一條從俄羅斯穿越波羅的海，一路往德國延伸的

海底天然氣管線。從俄國西北部的維堡（Vyborg），直通德國東北部城市——格賴夫斯瓦爾德（Greifswald）近郊的盧布明市。俄德雙方於2005年簽訂鋪設協議，至2011年開通管線。工程由大型德商企業巴斯夫（BASF）與俄羅斯天然氣工業公司密切合作進行；至於北溪管線的管理權，則由曾要求烏克蘭交出管線管理權，卻被悍然拒絕的俄羅斯天然氣工業公司取得。

不僅如此，俄羅斯為了將輸送到德國的天然氣再輸送到其他國家，還從德國西北部的不來梅近郊，鋪設了連通北溪管線到英國的「NEL管線」，以及從捷克國界附近的奧爾貝爾恩豪（Olbernhau）送氣到東歐各國的「OPAL管

圖表2-6 取道土耳其的管線

2005年藍溪天然氣管線開通，2020年土耳其溪啟用

● 土耳其：目標成為將天然氣輸往南歐的能源走廊。
● 2005年藍溪天然氣管線開通
　．由西西伯利亞的天然氣田輸往土耳其。
● 2020年土耳其溪天然氣管線啟用
　．跨黑海串聯俄羅斯阿納帕與土耳其基伊科伊的海底管線。
　．一條為土耳其國內輸氣，一條供歐洲使用。
● 2021年巴爾幹溪天然氣管線開通
　．將土耳其溪再延伸至保加利亞、塞爾維亞與匈牙利。
● 2019年，串聯亞塞拜然和土耳其的「塔納普天然氣管線」開通。

（資料來源）JOGMEC等

線」。綜上所述，俄羅斯可不經烏克蘭就輸氣到德國，再從德國輸往英國、東歐，繞過烏克蘭輸送天然氣的管線網相當完善。

自2017年起，北溪1號的供氣量已高於應有產能，顯見俄羅斯對德國的天然氣供應居功厥偉，而從德國再輸往英國、捷克或東歐的天然氣供應，也發展得風生水起。因此，也引發了「是否需要另一條管線」的討論。

於是到了2017年4月，俄羅斯天然氣工業公司與法國的蘇伊士集團等五家歐洲能源巨擘，就興建北溪2號一案正式簽約。德國的梅克爾（Angela Merkel）政府主打去煤、廢核政策，使得「穩定供應天然氣」成為不可或缺的重要能源。所以，德國政府也對這個專案著力甚深。

北溪2號已於2021年完工。不過，由於俄羅斯在2022年入侵烏克蘭，所以這條管線目前雖已開通，卻未實際使用。

圖表2-7 北溪1號與北溪2號管線

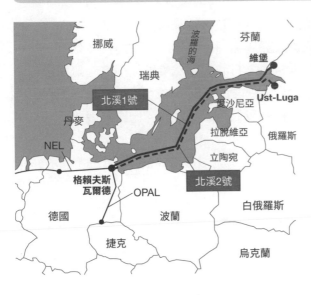

2011年北溪管線開通

● 從俄羅斯穿越波羅的海，一路往德國的海底天然氣管線。
● 從俄國西北部的維堡，直通德國東北部格賴夫斯瓦爾德近郊的盧布明市。
● 2005年德俄兩國簽署協議→2011年正式開通。
　・大型德商企業巴斯夫與俄羅斯天然氣工業公司密切合作。
　・共同參與南俄羅斯（Yuzhno-Russkoye）的天然氣田開發。
● 北溪管線交由俄羅斯天然氣工業公司管理。
● 透過北溪管線出口天然氣到其他地區。
　・NEL管線→德國西北部不來梅近郊→英國
　・OPAL管線→捷克邊境奧爾貝爾恩豪→東歐各國

（資料來源）作者根據美國能源部（United States Department of Energy）資料編製

以上這些都是繞過烏克蘭的天然氣管線。對俄羅斯而言,都是因為有了這些管線,才能讓取道烏克蘭對外輸出的天然氣量從1990年的85%,下降到2018年的41%。

7 因俄烏戰爭開打,全球重新調整對俄依存度

在本節當中,我們要來看看歐洲主要國家及日本對俄羅斯能源的依賴程度有多深。不過,由於接下來的這些依存度數值來自多份統計資料,所以,請您將文中出現的各種數字當作約略值來看待即可。

德國的對俄依存度

2020年德國的天然氣進口當中有55.2%來自俄羅斯,30.6%來自挪威,荷蘭則占12.7%。顯然德國對俄羅斯的依賴程度,遠高於其他國家。

這個現象的背後因素在於德國的能源自給率僅35%。再更進一步觀察,就會發現德國只有煤炭的自給率達54%,石油和天然氣則幾乎完全無法自給,這一點和日本很像。在石油方面,德國對俄羅斯的依存度達34%,天然氣則有43%,而煤炭則是48%——我想我們可以這樣說:德國對俄羅斯的能源依存度特別高。

如今俄烏戰爭爆發,究竟德國會如何降低對俄羅斯的依存度?各界都在關注。

英國、法國和義大利的對俄依存度

那麼,歐盟其他的主要國家例如英國、法國和義大利等,對俄羅斯的能源依賴程度又是如何呢?

英國的能源自給率是75%,至於對俄國的依賴程度,在石油方面是11%,天然氣則為5%,依賴程度並不深。煤炭的依存度雖然達36%,但英國後續會朝因應地球環境問題的方向逐步降低,所以應該是不需要太在意。

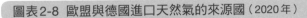

圖表2-8　歐盟與德國進口天然氣的來源國（2020年）

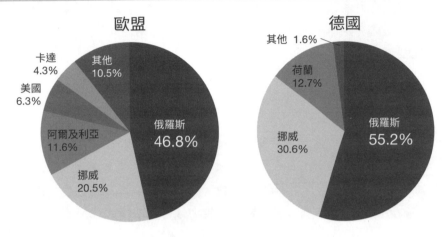

・歐盟的天然氣進口來源國，俄羅斯占比為46.8%。
尤其德國自俄進口的占比最高，達55.2%。

（資料來源）BP統計

　　法國的能源自給率為55％，而在對俄國的依存度方面，石油掛零，天然氣27％，煤炭則有29％。

　　接下來是義大利。義國的能源自給率為25％，對俄依存度為石油11％，天然氣31％，煤炭56％，可說是有相當程度的依賴。不過，義大利與非洲之間有管線相通，所以就替代方案而言，可說是較得天獨厚的國家；而德國與非洲之間並沒有管線相連，也缺乏可接收液化天然氣的港口，因此要降低對俄國的能源依存度，難度比較高。

G7各國對俄羅斯的依存度

　　觀察G7各國在初級能源上對俄羅斯的依存度，會發現日本的能源自給率僅11％，屬於偏低水準。就國家整體而言，這個數字的確是一大問題。不過，在日本對俄羅斯的能源依存度方面，石油、天然氣和煤炭分別是4％、9％、11％，其實並不算太高。然而，在天然氣的議題上，由於日本企業參

與了鄰近日本的庫頁島、北海等地的天然氣田開發案，因此在俄烏戰爭開打後，日本政府與俄羅斯之間的互動，備受各界關注。

至於美國、加拿大則是能源出口國，已達到自給自足的水準，對俄國的依賴程度幾近於零。

然而，如前所述，德國對俄羅斯的能源依賴程度相當高。因此，當G7因俄烏戰爭爆發而對俄羅斯祭出石油、天然氣的出口禁令時，不見得每個G7國家都能槍口一致對外。

俄羅斯出兵烏克蘭之後，美國和英國為了對俄國實施經濟制裁，針對俄國的經濟命脈——石油和天然氣提出了出口禁令。美、英兩國的能源自給率相當高，並未依賴俄國的石油或天然氣，因此禁運很容易說出口；而法國對俄羅斯的依賴程度也不高，所以輕而易舉地就投下了贊成票。

圖表2-9　G7各國的初級能源自給率與對俄依存度

國名	初級能源自給率 （2020年）	對俄依存度 （俄國在能源進口量當中的占比）（2020年） ※日本的數值為財務省貿易統計2021年速報值		
		石油	天然氣	煤炭
日本	11% （石油：0% 天然氣：3% 煤炭：0%）	4% （占比第5）	9% （占比第5）	11% （占比第3）
美國	106% （石油：103% 天然氣：110% 煤炭：115%）	1%	0%	0%
加拿大	179% （石油：276% 天然氣：13% 煤炭：232%）	0%	0%	1.9%
英國	75% （石油：101% 天然氣：53% 煤炭：20%）	11% （占比第3）	5% （占比第4）	36% （占比第1）
法國	55% （石油：1% 天然氣：0% 煤炭：5%）	0%	27% （占比第2）	29% （占比第2）
德國	35% （石油：3% 天然氣：5% 煤炭：54%）	34% （占比第1）	43% （占比第1）	48% （占比第1）
義大利	25% （石油：13% 天然氣：6% 煤炭：0%）	11% （占比第4）	31% （占比第1）	56% （占比第1）

（資料來源）World Energy Balance 2020（自給率）、BP統計、EIA、Oil Information、Cedigaz統計、Coal Information（依存度）

　　另一方面，德國對俄羅斯的能源依存度相當高，在G7、甚至是在歐洲，立場都與眾不同。因此，G7和歐盟內部對於俄烏戰爭的議題很難達成共識。

　　各國自俄羅斯進口的能源數量，在多份統計資料（歐盟統計局、國際能源署、英國石油公司）上所呈現的數字都略有差異。這應該是由於對「再出口」（Re-export）能源的計算方式不同，所造成的落差，請大家著重注意大方向的趨勢即可。

8 俄中持續深化連結

西伯利亞的實力愈來愈不容小覷

　　此外，還有一個備受關注的現象，那就是俄羅斯與中國在能源領域急速靠攏。

　　圖表2-10是俄中之間兩條天然氣管線的分布狀況。這兩條管線的名稱分別是「西伯利亞力量1號」（年輸氣量最高可達610億立方公尺）和「西伯利亞力量2號」（年輸氣量最高可達500億立方公尺）。「西伯利亞力量」一如其名，是從全球罕見優質天然氣田──俄羅斯的西伯利亞，直接通往全球頂尖的資源消費地──中國的北京、上海。中國經濟借重「西伯利亞力量」，作為堅實的發展基礎。目前「西伯利亞力量1號」已開通，從西伯利亞通往北京；「西伯利亞力量2號」預計將於2024年經蒙古連通到中國境內，並延伸到上海（編注：目前「西伯利亞力量2號」推遲開工，仍未確定動工時間）。

　　附帶一提，「西伯利亞力量一號」是從恰揚達（Chayanda）天然氣田（俄羅連斯克地區〔Lensky District〕）、科維克塔天然氣凝結油氣田（俄羅斯伊爾庫次克州北部〔Irkutsk Oblast〕，日加洛沃區〔Zhigalovsky District〕和卡扎欽斯科－連斯基區〔Kazachinsko-Lensky District〕）通往東部布拉戈維申斯克（Blagoveshchensk）的管線，並直接南下，經吉林省通往北京。

　　而「西伯利亞力量2號」則是從東、西西伯利亞的天然氣田出發，穿過蒙古的正中央之後，一路通往北京，還規畫要延伸到上海。這是俄羅斯考量俄烏戰爭爆發後，兩條北溪管線都停止運作，預估對中國的天然氣出口量會

圖表2-10　西伯利亞力量1號與西伯利亞力量2號

・預計2024年開工建設，延伸至上海。
・「西伯利亞力量2號」是取道蒙古的新管線構想。

（資料來源）作者根據俄羅斯天然氣工業公司資料編製。

增加，才看準時機大興土木。此外，從庫頁島經俄國本土的德卡斯特里（De-Kastri），連通到中國的管線，目前也正在興建中。

　　觀察俄羅斯對中國的石油出口量，可發現不僅呈現成長趨勢，近年成長率更是不斷攀升。單就2002～2017年這一段期間來看，2002年的出口只有些微成長，但此後持續增加，到2017年已占俄國石油出口總量的31%。再者，從2014～2017年，俄國石油對中國的出口量更是翻倍，可見年增率也在加速成長。

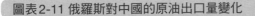

圖表2-11 俄羅斯對中國的原油出口量變化

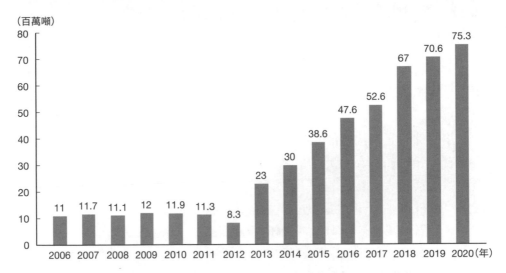

（百萬噸）

· 俄羅斯對中國的原油出口呈現增加趨勢。

（資料來源）日本經濟產業省

俄羅斯之於中國

那麼，如果從中國的立場來看，俄羅斯究竟扮演著什麼樣的角色呢？中國進口石油主要以兩個國家為大宗——沙烏地阿拉伯和俄羅斯。截至2021年為止，沙烏地阿拉伯都還是以些微差距奪冠，俄羅斯則屈居亞軍。不過，在俄羅斯入侵烏克蘭之後，中國向俄羅斯進口的原油數量在2022年5月就較去年同期增加55％，6月增加9.5％，7月增加7.6％，8月則增加27.7％，俄羅斯就此超車沙烏地阿拉伯，登上冠軍寶座。

近年來，俄中在石油貿易領域持續深化連結。俄烏戰爭爆發後，已可看出兩者的關係又顯得更加緊密，預估今後俄中之間的石油貿易規模還會再擴大——我認為這一點後續還需要密切關注。

9 天然氣比石油更不具調整彈性

歐洲各國都在力圖擺脫對俄國產能源的依賴，不過，對俄國、歐洲雙方來說，轉換石油和天然氣的供給對象的難易度，在以下三件事情上有極大差異。

第一件事是備用產能（spare capacity）的差異。當爆發戰事時，具「產量調節者」（swing producer）地位的沙烏地阿拉伯、中東產油國等國家，可隨時發動增產原油，而這樣的備用產能在全球約為每日300萬桶。因此，即使俄羅斯停供石油，其他產油國仍能供應全球所需。

天然氣領域並沒有像原油這樣的產量調節者。除了俄羅斯以外，供給端根本沒有稱得上是產量調節者的國家。而歐洲的天然氣儲備存量並不充裕，所以唯獨俄羅斯有餘力能透過管線供應天然氣給歐洲。

第二件事是運輸基礎建設上的差異。目前全球各國輸送原油的基礎建設已臻成熟。再者，原油是可耐常溫常壓的液體，主要是透過海運大量運送。雖然出口到歐洲的石油另有輸油管線這個運輸選項，但一般還是以海運為大宗。萬一來自俄羅斯的管線停止供油，可切換海運來因應。

而天然氣在運輸上的特點，就是比較制式，只能運用特定基礎建設——不是管線輸送（氣體），就是選擇海運（以零下162℃液化）。因此，縱然俄羅斯有充足的備用產能，現階段還是只能將天然氣出口到有管線通連的地方。另外，天然氣液化專案需投入鉅額資金，所以要爭取到長期的採購訂單後才開工鋪設管線，也要籌措鋪設所需要資金。再者，管線鋪設工程還要加上進出口用的基地——也就是港口的興建，故需要相當長的工期。

第三件事是俄羅斯國內的產地分散。俄羅斯的輸油管線串聯東、西，因此在歐洲祭出出口禁令之後，俄國仍能將以往長年來出口給歐洲的西西伯利亞原油，改輸出到亞太市場——實際上他們也已經開始這麼做了。油的種類或許有些不同，但在技術上，俄國的確可以把歐洲不買的這些原油往東送，銷售給亞太市場。

然而，天然氣就沒有貫串東西的輸氣管線了。原本出口給歐洲的天然

氣，是由西西伯利亞天然氣田供應；而出口給中國的天然氣，則由東西伯利亞輸出，兩者是從不同產地出口。要增加對中國的天然氣供應，來取代萎縮的歐洲市場，就必須鋪設一條串聯西西伯利亞和中國的管線。所以，要用中國來填補在歐洲失去的天然氣市場，其實並沒有那麼容易。

綜上所述，石油和天然氣的狀況大不相同。天然氣的出口禁令對歐洲、對俄羅斯，在經濟上都有實質的衝擊，也需要花一些時間調整。

10 OPEC 與俄羅斯的合作日趨密切

OPEC+的誕生

在「俄羅斯透過能源提升國際影響力」這個面向上，我希望各位要特別留意的，是「OPEC ＋」這個組織。「OPEC ＋」是在2016年時，由OPEC的13個會員國，以及未加盟OPEC的10個產油國（俄羅斯、墨西哥、亞塞拜然、哈薩克等）所組成。這個組織設有調節石油供需的架構，並對價格握有影響力。

在OPEC ＋成員國當中，俄羅斯占全球產油量的23.82％，與沙烏地阿拉伯並列龍頭地位。換言之，OPEC ＋的出現，讓俄羅斯得以與OPEC聯手，主導全球石油供給。

至於沙烏地阿拉伯，則是在面對美國拜登總統發出的增產呼籲時，選擇維持與俄羅斯同進退的態度。沙烏地阿拉伯顯然是要透過支持OPEC ＋成員國（俄羅斯）的行動，來避免OPEC ＋分裂。2022年5月5日，OPEC ＋召開了部長級會議以響應美方的增產呼籲，會議中訂定出了六月份的產量，但增幅依然相當有限，僅維持在小幅增產的水準。

一般認為，沙烏地阿拉伯會出現這樣的舉動，是因為美、沙兩國的關係，在沙烏地阿拉伯知名記者哈紹吉遭殺害身亡的事件爆發後，一直維持相當尷尬的狀態所致。

俄烏衝突導致的能源價格漲勢，恐將持續一段時間

這裡還要請各位務必牢記一件事：G7對俄羅斯所祭出的原油出口禁令，衝擊之大，可能更勝1970年代曾發生過的兩次石油危機。

第一次石油危機發生在1973年10月到1974年3月。當時是因為第四次以阿戰爭爆發，促使阿拉伯石油輸出國組織（OPEC）發動了一次短期的出口禁令。

第二次石油危機則是發生在1979～1980年間。起因是由於伊朗革命爆發，新政府將石油公司收歸國有後，與各方交惡，導致產量銳減，原油供給不足所致。這次的石油危機，也沒有持續太久。

然而，俄烏衝突帶來的這一波能源問題，其短缺數量和影響規模都相當龐大，影響期間還可能持續好一段時間。況且以往的能源危機，是能源出口國主動停止輸出；而這次是能源進口國同步停止輸入——這個差異，也要請各位記住。

11 俄羅斯的再生能源與核能

比中國、印度更遲的2060年目標

在本章最後，我要介紹俄羅斯如何因應地球暖化問題。

俄羅斯是飽受天寒地凍之苦的國家，甚至還有俄羅斯朋友跟我說「暖化到底有什麼不好？」不過，俄羅斯還是出席了2021年11月在格拉斯哥舉辦的氣候峰會。

會中，俄羅斯公布了一份要在2050年前，以「降低溫室氣體排放」為前提的社會經濟發展策略，內容是要在2050年之前，讓溫室氣體的排放量扣除森林等的吸收量之後，淨排放量較2019年減少約60％，並規畫於2060年達到碳中和。其實放眼其他各國所提出的目標，最遲也是在2050年就要達成碳中和，但俄國卻將目標設定在更久遠的2060年，因而備受關注。

至於在具體作為方面，俄國則是提出了針對「導入高效能技術」、「綠

色專案」（Green Projects）和「碳定價」（Carbon Pricing）的融資等方案。

再生能源的發展現況：得天獨厚的水力發電

　　一般認為，俄羅斯國內有很多地區極具潛力，適合發展風力或太陽能發電等再生能源。就風力發電而言，要找高50公尺、平均風速逾每秒8公尺的合適地點，其實從北極海沿岸到遠東地區的庫頁島、堪察加半島都是。

　　在太陽能方面，俄羅斯南部就有很多日照量充足的地點。其實，俄國不只有氣候溫暖的西南部黑海沿岸適合發展太陽能，在遠東地區和西伯利亞南部，適合發展太陽光電的區域面積更是廣闊。

　　此外，在遠東地區的阿穆爾河（Amur River）流域，和西伯利亞的貝加爾湖周邊，都有豐富的水力資源，可運用於水力發電。截至2018年1月，水力發電約占俄國發電總裝置容量約20%，其中遠東地區占四成，西伯利亞地區更是直逼五成。以2020年全球的水力發電量和占比來看，俄羅斯也高居全球第五名。

　　接下來再談談俄羅斯的核能開發。俄羅斯是擁核國，在第二次世界大戰後，很早就開始發展核能發電，且於1954年就在莫斯科西南部的奧布寧斯克（Obninsk）以可供實際使用的規模，啟動了全球第一個核電廠。到了2007年，俄羅斯聯邦原子能署改制為國營核能企業「俄羅斯國家核能公司」（Rosatom）後，更造就了一個更積極推動核開發的團隊。以2017年底時的核電廠運作狀況來看，據傳俄羅斯共有9座現役核電廠，31座核子反應爐，核子反應爐的裝置容量高達2,794萬千瓦，高居全球第五名。

　　在後續的核能政策方面，俄羅斯政府已於2017年通過了直至2035年的電力設施計畫；在這份計畫當中，俄羅斯將以2035年為目標，完成17座發電量120萬千瓦級的核子反應爐建置、商轉。此外，考量未來遠東地區的電力供應，俄國還規畫興建浮動式海上核能發電廠。

　　俄羅斯也很積極推動核能設備的出口。目前俄國在海外的電廠興建案，就有古丹庫蘭（Kudankulam，位於印度）、阿庫尤（Akkuyu，土耳其）、奧斯特羅韋茨（Astravyets，白俄羅斯）、保克什（Paks，匈牙利）等多個計畫正在進行中。

　　以上說明的是俄羅斯的再生能源與核能發電現況。相信透過這些內容，您應該可以了解：俄羅斯對於策略性地推動非化石燃料的能源開發方面，也

表現得相當積極。

　　在本章當中，我們探討了俄羅斯的能源戰略。如上所述，俄羅斯運用廣大國土中蘊藏的豐富資源，大幅提高出口，成功地帶動了經濟成長，也讓民眾生活得以安穩，更對海外各國握有舉足輕重的影響力。對俄羅斯而言，能源早已成了一項非軍事的武器。

第 3 章

德國

再生能源先進國家，
為擺脫俄羅斯而動搖能源戰略

1 德國的基本資料

首先，讓我們來看一下德國的基本資料。德國的正式名稱是德意志聯邦共和國，首都位於柏林，人口約 8,440 萬人（2022 年），面積則有 35.7 萬平方公里。

回顧歷史，1945 年 5 月 8 日第二次世界大戰的歐洲戰場就是在德國的無條件投降下落幕。同年 7 月，各國在柏林郊外的波茨坦協商出《波茨坦協定》（*Potsdam Agreement*）。根據協定內容，英、美、法、蘇聯等四個戰勝國將分別占領德國各地，也包括首都柏林在內。

後來，英、美、法三國與蘇聯對立，蘇聯於 1948 年 6 月 24 日封鎖了由英、美、法管理的西柏林與西德之間的陸路聯通（編注：西柏林實際上被東德包圍，為西德的外飛地）。美國為對抗這個舉動，自同年 6 月 26 日起實施「柏林空運」，成功以空運為西柏林市民供應生活物資。後來蘇聯於 1949 年 5 月 12 日解除了封鎖，「封鎖柏林」以失敗收場。

受到這場決定性的對立影響，隸屬於自由主義陣營的德意志聯邦共和國（以下簡稱西德）在 1949 年 9 月成立，而隸屬於社會主義陣營的德意志民主共和國（以下簡稱東德），也在 1949 年 10 月成立。

此後，東柏林的人口不斷流向西柏林，於是蘇聯和東德便於 1961 年 8 月 13 日上午零時發動突襲，包圍西柏林，更於西柏林邊境附近的東德境內，拉起了有刺鐵絲網，並在日後築起了一道巨大的「柏林圍牆」。

1989 年 11 月 9 日，柏林圍牆倒塌；1990 年，東西德又重新統一。因此，德國重新統一迄今，其實才過了三十多年而已。

儘管德國還在為統一付出代價，但它仍是歐洲大陸在政治、經濟上的主要國家之一，在文化、科技方面更是有輝煌的歷史。就名目 GDP 來看，德國的全球排名第四，緊追在排名第三的日本之後（編注：德國在 2023 年取代日本成為世界第三大經濟體），是全球少數幾個先進工業大國之一。此外，德國不僅製造業實力強大，在貿易上也是一個極具影響力的國家。

德國的能源戰略仰賴俄羅斯的天然瓦斯進口，電力方面則巧妙地運用歐

洲廣域輸電網，祭出去煤、廢核政策等，都是相當別出心裁的做法。

　　再者，要了解德國的能源戰略，就要先明白它的氣候特徵。德國冬天不太會積雪，但特別天寒地凍。歐洲主要的足球聯賽當中，就只有德國甲級足球聯賽會因為天氣寒冷而放寒假。

2 概觀德國能源情勢

俄國與東西德冷戰下的天然氣外交

　　接著，讓我們來看看俄羅斯與德國在天然氣外交上的歷史。

　　1968年，蘇聯與奧地利之間的輸氣管線開通。緊接著在1969年，德國便由德國社會民主黨（SPD）領軍的布朗德（Willy Brandt）政府上台執政。

　　布朗德政府積極推動「東方外交」，期盼與共產陣營各國建立更密切的關係。1970年，蘇聯與西德簽訂了第一份天然氣出口合約。西德政府在資金

蘇聯在東西方冷戰局勢下，為德國供應天然氣

- ·1968年，在鋪設石油管線的同時，一併鋪設天然氣管線。
- ·蘇聯向永久中立國奧地利供應天然氣（取道當時的捷克斯洛伐克）。
  - →開啟了東方陣營國家為西方陣營國家供應天然氣的契機
- ·1969年，西德社會民主黨（SPD）的布朗德政府上台執政。
- ·推動「東方外交」，期能與共產陣營各國建立更密切的關係。
- ·1970年，蘇聯與西德簽訂了第一份天然氣出口合約。
- ·西德政府提供相當於天然氣管線和機具器材價格85%的融資額度，其中一半由政府提供信用保證。
- ·1973年，蘇聯開始為東、西德供應天然氣。
- ·1985年，蘇聯供應給西柏林市的天然瓦斯，占該市天然氣供應量的九成。
- ·在西柏林市鋪設管線之際，曾一度拆除柏林圍牆。

在東西方冷戰局勢下，德蘇雙方仍積極推動天然氣外交。

方面大方地承諾會提供相當於天然氣管線和機具器材價格85％的融資額度，其中一半由政府提供信用保證。

因此自1973年起，蘇聯就開始為東、西德供應天然氣。到了1985年，西柏林市的天然瓦斯供應量已有九成是由蘇聯負責。

值得一提的是，當年在西柏林市鋪設管線之際，為推動這項工程，就連存在地位絕不容挑戰的「柏林圍牆」，都曾暫時拆除。

就這樣，儘管在東西方冷戰的局勢下，蘇聯仍積極推動與西德之間的天然氣外交。

德國對其他國家的能源依賴

再來看看各類能源在德國初級能源供應量當中的占比：石油35％、天然氣26％、煤炭15％、核能5％、水力1％，再生能源則占18％。石油、天然氣的占比很高，其次則是再生能源和煤炭。

圖表3-1是德國的初級能源消費量與進口依存度。在消費量方面以石油和天然氣占絕對多數，緊接著則是再生能源。

德國的石油、天然氣和煤炭基本上都仰賴進口，就連核能都是進口，而再生能源則是國產。因此，德國的能源自給率約有三成。

德國的石油進口來源，有三成來自俄羅斯，11％來自挪威，11％來自英國，另外還有6％來自美國。此外，德國也從利比亞、奈及利亞和哈薩克進口石油。自中東進口石油的比例偏低，是德國的一大特色，但也顯見它對俄羅斯的依存度日趨升高。

接著再看看天然氣進口來源國的分布：俄羅斯55％、挪威30％、荷蘭12％，都是透過管線進口，尤其對俄羅斯的依賴度特別高。

至於煤炭的進口來源國占比，則有近半數來自俄羅斯，美國占兩成。

由上述內容可知，德國在化石能源──石油、天然氣和煤炭的進口方面，對俄羅斯的依存度已經極高。

德國的天然氣出口

德國目前是透過管線進口天然氣，但令人驚訝的是，這些天然氣竟有一半都不在德國使用，而是出口到其他國家──德國會進口天然氣，再轉售他

圖表3-1 初級能源消費量與進口依存度（2020年）

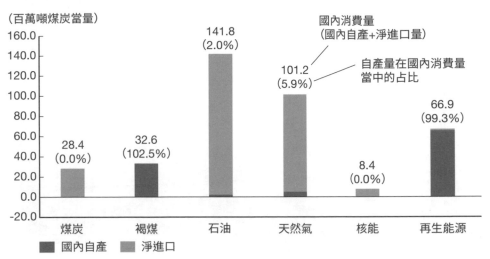

（百萬噸煤炭當量）

國內消費量
（國內自產+淨進口量）

自產量在國內消費量
當中的占比

	煤炭	褐煤	石油	天然氣	核能	再生能源
	28.4 (0.0%)	32.6 (102.5%)	141.8 (2.0%)	101.2 (5.9%)	8.4 (0.0%)	66.9 (99.3%)

■ 國內自產　　■ 淨進口

（資料來源）https://www.de-info.net/kiso/atomdata16.html

圖表3-2 德國的石油與天然氣進口來源國

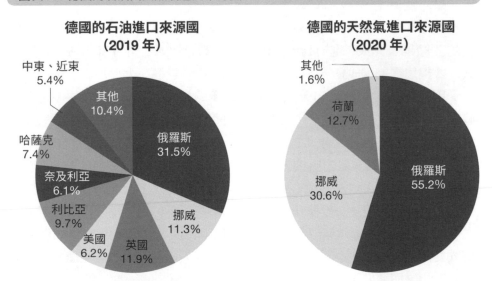

德國的石油進口來源國
（2019年）

中東、近東 5.4%
其他 10.4%
俄羅斯 31.5%
哈薩克 7.4%
奈及利亞 6.1%
利比亞 9.7%
美國 6.2%
英國 11.9%
挪威 11.3%

德國的天然氣進口來源國
（2020年）

其他 1.6%
荷蘭 12.7%
俄羅斯 55.2%
挪威 30.6%

在石油、天然氣的進口方面，德國對俄羅斯的依存度特別高。

（資料來源）聯邦經濟與能源部、Zahlen und Fakten Energiedaten

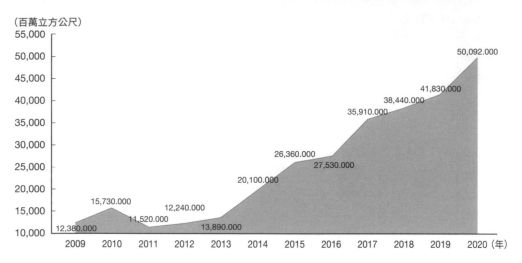

圖表3-3 德國的天然氣出口量

（百萬立方公尺）

（資料來源）www.ceicdata.com、石油輸出國組織

國，是一個猶如貿易公司的國家。

　　近十年來，德國的天然氣出口量一路攀升。多條與德國相連的天然氣新管線陸續鋪設完成，進口高於國內消費量的天然氣，再轉售他國的商業模式，才得以在德國成立。

　　附帶一提，德國國內天然氣用量最多的是「工業」，其次依序是「家庭」、「商業」和「發電」。其實用於「發電」的天然氣，過去曾一度減少，近來又逐漸回升。這個現象的背景因素，是因為德國在看到2011年日本發生311大地震之後擬訂出廢核方針，並且停掉8座核子反應爐的運作。也就是說，核電減少，但天然氣的消費量卻增加了。再加上德國政府提倡去煤，煤炭也要減量，更進一步推升了天然氣的消費量。

　　而「家庭」的天然氣消費量偏多，則是因為冬天民眾使用暖氣的緣故。德國對冷氣的需求並不高，因此冬、夏兩季對天然氣的需求落差極大，季節性變動相當顯著。

德國的天然氣管線

　　而被德國寄予厚望的，是從俄羅斯出發直通德國的兩條天然氣管線——北溪1號與北溪2號。這兩條管線在天然氣採購上扮演核心要角。

　　北溪1號於2011年開通，北溪2號則於2021年開通。不過，受到俄烏戰爭的影響，目前北溪2號處於停用狀態。

　　北溪天然氣管線指的是從俄羅斯穿過波羅的海海底，直接連通德國的兩條管線，串聯俄國西北部的維堡，以及德國東北部格賴夫斯瓦爾德近郊的盧布明市。在啟動管線鋪設前，德、俄之間於2005年簽署協定，使得德商巴斯夫與俄羅斯天然氣工業公司得以加強合作，德國還得以參與南俄羅斯的天然氣田開發。

　　圖表3-4上所呈現的天然氣管線，都是由俄羅斯天然氣工業公司負責管理。儘管烏克蘭曾一度拒絕由俄羅斯天然氣工業公司管理取道該國的管線，

圖表3-4　北溪1號與北溪2號管線

2011年北溪管線開通

● 從俄羅斯穿越波羅的海，一路往德國的海底天然氣管線。

● 從俄國西北部的維堡，直通德國東北部格賴夫斯瓦爾德近郊的盧布明市。

● 2005年德俄兩國簽署協議→2011年正式開通。
　・大型德商企業巴斯夫與俄羅斯天然氣工業公司密切合作。
　・共同參與南俄羅斯（Yuzhno-Russkoye）的天然氣田開發。

● 北溪管線交由俄羅斯天然氣工業公司管理。

● 透過北溪管線出口天然氣到其他地區。
　・NEL管線→德國西北部不來梅近郊→英國
　・OPAL管線→捷克邊境奧爾貝爾恩豪→東歐各國。

（資料來源）作者根據美國能源部（United States Department of Energy）資料編製

引發諸多問題，不過目前就北溪管線而言，所有工程安排都是由俄羅斯天然氣工業公司主導。

透過北溪管線輸送到德國的天然氣，還會再轉送到其他地區。例如NEL管線就是從德國不來梅輸往英國，OPAL管線則是經德國輸往捷克等東歐國家，或將天然氣送往英國。

其中一大關鍵是液化天然氣接收站的興建。日本液化天然氣接收站相當多，反觀德國，截至2022年2月，境內竟然連一座液化天然氣接收站都沒有。因此，德國的天然氣都是仰賴管線進口，是一大弱點。

2022年，受到俄烏戰爭爆發的影響，德國又重啟液化天然氣接收站的興建案，宣布預計在德國北部的兩處地點興建接收站，還規畫興建三座浮動式天然氣接收站（FSRU）。「浮動式天然氣接收站」是考量在陸地上興建天然氣接收站耗時較長，故改派船隻到近海等待液化天然氣船，卸收天然氣。至於為什麼要在外海作業，是因為大型液化天然氣船在水面下的船體高度相當高，故便於水深較深的地點卸收天然氣。它的運作機制很簡單，就是在外海

德國液化天然氣進口接收基地

● 2022年2月之前　　德國國內沒有液化天然氣接收站，
　　　　　　　　　　所有進口天然氣皆仰賴管線。

● 2022年3月　　　　重新啟動液化天然氣接收站興建案（預計將於北部兩處興建），
　　　　　　　　　　同時規畫興建三座浮動式天然氣接收站。
　　　　　　　　　　2022～2023年冬天前供應75億立方公尺，
　　　　　　　　　　2024年夏天前供應約270億立方公尺。

● 2026年　　　　　　預計啟動液化天然氣接收站運轉。

● 德國的問題
　・天然氣仰賴俄羅斯（2020年天然氣進口有約55%來自俄羅斯）
　・萬一俄羅斯停止對德出口天然氣
　・萬一歐盟禁止會員國從俄羅斯進口天然氣
　・一旦無法自俄羅斯進口天然氣，很可能會陷入嚴重的能源短缺

● 能源供給短缺時的因應之道
　・增加天然氣儲存量
　　→天然氣儲存量240億立方公尺（相當於全歐盟的25%）
　・進口液化天然氣

卸收液化天然氣，經氣化之後再輸送到陸地上。

德國自2022年到2023年冬天，預估可透過這種方式進口75億立方公尺的天然氣；到2024年夏天前，更可望取得270億立方公尺的供應量。如果浮動式天然氣接收站趕不及在夏天前建置完成，德國人過冬所需的天然氣會嚴重短缺（編注：德國政府已於2022年底正式啟用首個浮動式天然氣接收站，2023年不致出現能源短缺窘境）。不過，這就是歐洲的現實。目前預估液化天然氣接收站要到2026年才能正式商轉，所以浮動式天然氣接收站的建置，已是當務之急。

德國短期能源情勢預估

我們再複習一次：2020年時，德國對俄羅斯的天然氣依存度高達55％。萬一日後因為某些因素而無法自俄國進口天然氣時，將出現相當嚴重的能源短缺——這是德國的一大弱點。在德國，暖氣的主要使用能源是天然氣，因此能源短缺的問題，在冬季的影響層面會更大。

俄烏戰爭爆發後，德國竭力降低天然氣的進口，便暴露出了上述這個弱點。因此，當前德國已根據以下兩項方針，推動相關措施。

①展望未來，增加儲備量。

只要預先備妥一至兩年的需求量，就算出現突發狀況，也不必太過驚慌。目前德國的天然氣儲備量有240億立方公尺，相當於歐盟全年消費量約25％。因此，德國目前正在朝「提升儲備量」的方向運作。

②建置港口等液化天然氣進口所需的基礎設施，以拓增進口途徑。

德國目前只有對外連通的天然氣管線，談「從中東進口天然氣」太不切實際。不過，若改以液化天然氣形式進口，就有可能從美國、中東進口。到時候，以卡達的液化天然氣船前往德國為例，為能順利通過蘇伊士運河，蘇伊士型油輪（Suezmax，於載運貨物的狀態下，能通過蘇伊士運河的最大船舶尺寸）的重要性便顯得更加重要。

以上很簡略地介紹了德國當前的能源情勢。

以往，德國是以能源需求高度依賴俄羅斯為前提，大力推動廢核、去煤和再生能源。如今卻由於俄烏戰爭爆發，迫使德國進入必須考慮後續能源供應的重大轉型期。俄烏戰事凸顯了德國在能源供給上的弱點，德國卻沒有為此做好充足的準備。就讓我們近距離地觀察德國的能源政策重大轉向，並掌握能源戰略上的重點。

3 德國的脫碳之路

本節我們要探討的是不遺餘力推動再生能源、享譽國際社會的德國，在脫碳（decarbonize）政策上走過的來時路。

德國的發電量占比

圖表 3-5 是德國在 2021 年上半年的發電量占比。右側畫「○」號的是再生能源，左側畫「×」號的是化石燃料，至於畫「△」的，則是在《格拉斯哥氣候協議》生效後，歐盟認定屬於再生能源的天然氣發電與核能發電。讓我們從畫「○」的項目開始看起：風力發電占 23％、太陽能占 11％、生質能占 9％，水力則占 4％。風力發電一馬當先，太陽能占比次高——這就是德國再生能源發展的現況。接著再看看畫「×」的項目：無煙煤火力與褐煤火力共占 26％，石油僅占極少數。至於畫「△」的天然氣與核能，則都是約 12％。

綜上所述，畫「○」的再生能源占德國發電量的近半數，若再加上歐盟認定為再生能源的天然氣與核能，就可達到總發電量的四分之三，可見德國已達到相當程度的減碳水準。

德國的脫碳政策

接下來，讓我們再看看德國的脫碳政策。這裡要先提醒各位：以下說明的內容都是在俄烏戰爭爆發前訂定的政策。

首先，自 2005 年前，梅克爾政府維持了長達 21 年的穩定執政，其間推

圖表3-5　2021年上半年德國發電量占比

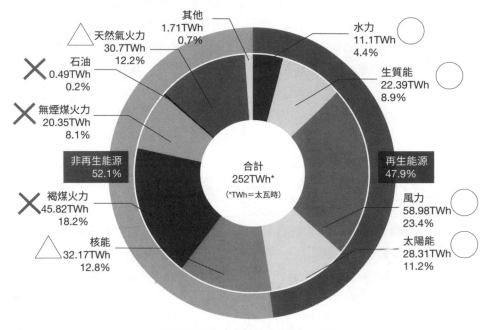

・再生能源約占德國總發電量的一半

（資料來源）弗勞恩霍夫協會（Fraunhofer）

德國的脫碳政策（俄烏戰爭爆發前）

●梅克爾政府（2005～2021年）
　・推動脫碳政策的法制化（《聯邦氣候保護法》於2019年施行）
　　預計2022年底前完成廢核。
　　・最遲應於2038年前完成去煤。
　　・2030年時，再生能源要滿足65%的電力總消費量。
●蕭茲政府上台（2021年9月底～）
　　・在2021年9月底的德國聯邦議會大選後上台。
　　・社會民主黨（SPD）為第一大黨，並由社會民主黨、綠黨和自由民主黨（FDP）
　　　組成三黨聯合政府。
　・蕭茲政府的方針
　　・「理想上」要將完成去煤的時間，提前至2030年。
　　・2030年時，再生能源要滿足80%的電力總消費量。
　　・普及電動車（EV），目標至少推廣1,500萬輛。
　　　蕭茲政府在脫碳政策的推動上，比梅克爾政府更積極。

動了脫碳政策的法制化。政策中明訂要在2022年底前完成廢核，至於煤炭則是要在2038年之前完成去煤。此外，還附帶在2030年之前，再生能源要滿足電力總消費量65％的需求。2021年這個數字約為50％，因此還要再推升到65％。而德國政府計畫將使用天然氣等能源，來彌補這一段缺口。

到了2021年9月底，德國第一大黨——德國社會民主黨（SPD）、綠黨和自由民主黨（FDP），組成三黨聯合政府，蕭茲內閣上台執政。蕭茲政府的方針是要把先前梅克爾政府原訂在2038年完成的去煤目標，提前於2030年達成，並於2030年之前，用再生能源滿足電力總消費量的80％，甚至還表示要普及電動車，目標至少推廣1,500萬輛。顯見蕭茲政府在脫碳政策的推動上，比梅克爾政府更積極。

德國標榜去煤、廢核，更穩定地提升再生能源的發電量。從圖表上來看，能源轉型的趨勢相當明顯——原本燃煤火力是發電的大宗，現已大幅減少；而下方以虛線呈現的核能發電，也逐步下降；而燃氣火力發電則呈現增加趨勢。

附帶一提，2021年燃煤火力發電量增加是受到歐洲嚴寒氣候的影響，導致用電需求大增。德國政府為彌補供電缺口，才動用了燃煤火力發電。

還有，德國後續仍有可能增加燃煤發電的運用。畢竟俄烏戰爭爆發後，「去俄化」成了德國重要的政策課題，但蕭茲政府提供給烏克蘭的第一波支援，竟只送上了一批鋼盔。此舉使德國的立場變得相當難堪，因此有部分人士認為，德國國內可自行開採燃煤，故燃煤發電的占比可能還會上升。

不過，德國在法令上已明訂脫碳的目標，所以燃煤發電的增加，很可能只是一個短期的趨勢。德國在《聯邦氣候保護法》第三條當中，已將減碳法制化，明文規定德國到2030年之前，碳排量要比1990年減少65％，到2040年則要減少88％。還有，德國要在2045年達到碳中和，並於2050年讓溫室氣體的排放量開始下降——這些內容都明明白白地寫在法律上。

德國的去煤與廢核

儘管德國去煤的腳步，受到俄烏戰爭爆發的影響而放緩，但自2017年至2022年德國依然按部就班地端出了成果。

在褐煤發電廠除役計畫當中，德國公開表示將在2022年之前關閉萊茵

圖表3-6　各類能源發電量在天然氣價格飆漲下的變化

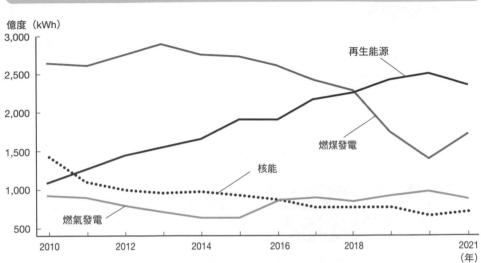

億度（kWh）

· 俄烏戰爭爆發後，燃煤發電量可能會再攀升。

（資料來源）日經新聞

　　區的七處褐煤發電廠，2027年之前關閉位在萊茵地區和勞西斯（Lausitz）地區的三處，2029年之前還要在萊茵區和勞西斯關閉八處廠，2035年則要關閉中德（Mitteldeutsche）地區的四處，最後要在2038年之前，關閉在萊茵地區和勞西斯地區的七處，就能讓所有褐煤發電廠除役。

　　這樣看下來，我們就可以知道：德國西部的萊茵地區有很多發電廠即將退場——畢竟德國早期就是靠著在魯爾區（Ruhrgebiet）開採的煤礦作為主要能源，成功走向現代化的國家。德國沒有石油可供開採，也沒有蘊藏天然氣資源，可說是和日本非常相似的國家。不過，德國藉由管線與俄羅斯相通連，且在鄰近國家當中就有能源的進口來源國，這一點就和日本大相逕庭了。然而，在「降低燃煤占比，並以再生能源為主軸，振興國家經濟發展」這個目標上，德國的經驗非常值得日本借鏡。

　　接著再看看德國的廢核政策。有鑑於日本在311大地震後發生福島第一核電廠事故，於是德國在2011年決定將於2022年底前廢核。此後，德國制定了分階段停止核電廠運轉的法令，按部就班地關閉全國17座核子反應爐。

德國的廢核政策

● 有鑑於日本在 311 大地震後，發生福島第一核電廠事故，德國便在 2011 年時，決定將
　於 2022 年底前廢核。
・分階段停止核電廠運轉的期程，是透過修訂《核能法》（*AtG*：*Atomgesetz*）來予以
　法制化（最初於 1959 年頒布）。
・17 座核子反應爐的關閉進度
　2011 年 8 座　　　2019 年 1 座
　2015 年 1 座　　　2021 年 3 座
　2017 年 1 座　　　2022 年 3 座（延後至 2023 年 4 月 15 日關閉）

● 2021 年 3 月 11 日，德國聯邦環境部公布「全面廢核 12 項計畫」。
・全面廢核計畫總共有 12 項，德國國內 4 項、歐洲層級 5 項，全球規模的則有 3 項。
・德國為達成全面廢核，加速擴大使用再生能源，並以儘速用風力和太陽能取代核能、
　燃煤發電，作為中央的政策方針。

　　從 2011 年 8 座，到 2015 年 1 座，還有 2017 年 1 座，2019 年 1 座，以及 2021 年
的 3 座核子反應爐，都已停止運轉。因此，在原有的 17 座核子反應爐當中，
已有 14 座關閉。而剩下的 3 座原本預計要在 2022 年除役，但考量俄烏戰爭
的局勢後，德國做出了「保留」的決定（譯注：後於 2023 年 4 月 15 日全面關閉）。

　　此外，德國還選在 2021 年 3 月 11 日，也就是日本 311 大地震十週年當
天，公布了一份「全面廢核 12 項計畫」。這是為了全面廢核所推出的計畫，
包括在德國國內 4 項，德國以外的歐洲地區有 5 項，全球規模的則有 3 項。
可見德國積極推動廢核措施，而且層級還不僅限於國內。

4 德國推動再生能源發展的政策

躉購制度（FIT）的推進與廢止

　　圖表 3-7 呈現了德國各種再生能源的發電量占比。其中風力占了半數，
太陽能有四分之一，剩下的則是生質能和水力。不過，風力發電占比之高，

還是讓其他各項望塵莫及。

　　德國北部的海面的確有相當得天獨厚的風量。不過，即使風力再強，光靠這一處還不致於讓德國的風力發電占比成長這麼多。這個現象的背景因素，其實是因為德國有促進風力發電發展的政策加持。

　　德國在1991年制定《電力收購法》，2000年制定《再生能源法》，明訂再生能源在總發電量當中的占比，於2020年之前至少要提高到35％，其中甚至還包括了「電能躉購制度」（FIT）。據說這一套躉購制度，對於提升德國的再生能源量貢獻良多。

　　FIT究竟是一套什麼樣的制度呢？在此簡單為各位說明。德國政府希望企業能投入再生能源開發，但問題是企業顯得興趣缺缺——因為企業需要找電力公司逐一議價。為了解決這個問題，德國政府立法敦促電力公司要在一定期間內，以固定價格收購用再生能源創造出來的電力。受惠於這項政策的加持，再生能源開發案的投資者事前就能得知優惠期間有多長，以及電力公司會以什麼價格收購，故可安心推動再生能源開發案。對於剛投入再生能源

圖表3-7　德國的再生能源

再生能源中的發電量占比（2021年）

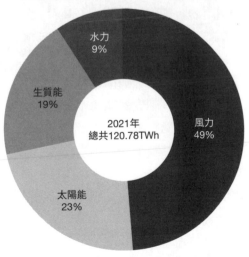

水力
9%

生質能
19%

2021年
總共120.78TWh

風力
49%

太陽能
23%

（資料來源）弗勞恩霍夫太陽能系統研究所（Fraunhofer ISE）

- 1991年制定《電力收購法》，2000年制定《再生能源法》。
- 導入「電能躉購制度」（Feed-in Tariff，簡稱FIT），對提升再生能源量貢獻良多。
  這一套制度，是在一定期間內，電力公司會以固定價格，收購用再生能源所創造的電力。
  2016年6月8日，德國已決定自2017年起，原則上廢止電能躉購制度。

背景因素
①收購電力所需的各項費用，會轉嫁到電費上，導致電費被墊高。
②有時會因天候狀況，而產生大量剩餘電力。
2017年起，不再採用固定價格，而是改以拍賣競標的價格收購。

領域的新手企業而言，是一套簡明易懂、具吸引力的遊戲規則（*Erneuerbare Energien Gesetz*，簡稱EEG）。

不過，2016年時，德國政府決定自2017年起，原則上廢止這項電能躉購制度。做出這項決定的背景因素，在於電力公司將收購電力所需的各項費用，轉嫁到電費上，導致消費者與工商業界大喊吃不消。再加上後來再生能源蓬勃發展，有時甚至會因天候狀況，而產生大量剩餘電力。

說得更明白一點，當初再生能源開發案的投入門檻降低，不僅是因為收購價格明確，還有另一個原因，那就是收購價略高於一般行情。那麼，這個偏高的價格設定究竟要由誰來買單呢？答案是「電力公司」。於是電力公司便把這筆訂價偏高，卻又不得不付的購電成本灌進電費裡，轉嫁給消費者。換言之，這一套電能躉購制度，就是把多出來的費用轉嫁給消費者負擔，簡直像是一筆收得冠冕堂皇的稅金。制度的概念本身很有智慧，但對消費者而言，卻不見得能在這一套制度下受惠。

然而，躉購制度上路之初，其實很受各界歡迎——消費者縱然會被轉嫁一些成本，但由於初期來自再生能源的電量占比尚低，所以電費還不致上漲太多。可是，當來自再生能源的電量占比升高後，會被外加成本的部分，在總用電量當中的占比也會隨之上升。

此外，再生能源有時也會因為天候狀況，而產生大量剩餘電力。例如長時間都持續有風吹拂的時節，或是白天陽光普照的日子等。然而，輸電網很

難因應這些過剩電力，所以只要過剩電力全都湧進輸電網，恐將造成停止運轉。因此，自2017年起，德國改以拍賣競標方式決定收購再生能源發電的價格，而非固定價格。

風力、太陽能發電大國

自1990～2012年，德國風力發電的規模成長了約570倍，創造的工作機會也擴大到10萬人的規模。2014年又新建了1,700座風力發電機組，裝置容量達4.8百萬瓩（GW），增設量相當可觀。目前德國的風力發電裝置總容量為38百萬瓩，已達電力消費總量的10％。即使放眼國際，這樣的表現僅次於中、美兩國，位居全球第三，是歐洲首屈一指的風力發電大國。

接著要介紹的，是德國的太陽能發電。放眼全球，2019年的太陽能發電導入量排名，依序是中國、美國、印度和日本，德國則位居第七。若改以累計導入量來比較，則排名依序是中國、美國、日本和德國。儘管FIT帶動投資的威力，如今已大幅縮水，但在此之前，德國就已導入大量的太陽能發電設備，所以累計數字才能名列第四；不過，就每年新增的部分來看，德國的排名已經退到了第七。

德國的跨國輸電網

德國的跨國輸電網連通歐洲各地，就像天然氣的輸氣管線一樣。說到輸電網，日本這樣的島國只能在國內架設；但在陸地綿延相連的歐洲，架設跨越國界的跨國輸電網已成為常態。歐洲早已建置了跨國輸電網，故電力可以進口、出口——這一點對日本人而言，的確會有些難以理解。

德國目前向荷蘭、盧森堡、法國、瑞士和奧地利出口電力，同時也自丹麥、瑞典、波蘭、捷克進口電力。而德國與俄羅斯之間，輸電網則幾乎毫無連結，和天然氣管線截然不同。

觀察圖表3-8，就可以發現德國出口很多電力到西側的法國——這是因為德國的發電成本低於法國的緣故。比較兩國電力的平均現貨價格（Spot price），就會發現法國的電費比較昂貴。既然輸電網相連，那麼法國就要從德國購買便宜電力才更經濟實惠。在歐洲，我想各國都明白電力也是屬於可貿易財（tradable goods）。不過，德國也有它的隱憂。就德國國內的用電情況

而言，南部的用電需求高，匯集了多處核能及燃煤發電廠。而當德國政府大力推動廢核、去煤，轉型為再生能源發電之際，如前所述，再生能源的主力——風力發電是以開發北部的離岸風力發電為核心，因此可供北電南送的長距離輸電網建置計畫便成了一大課題。建置輸電網的相關設備比石油、天然氣管線更龐大，還會破壞景觀，因此政府與設置地點周邊居民的協商，目前遭遇相當大的阻力。

圖表3-8 德國的跨國輸電網

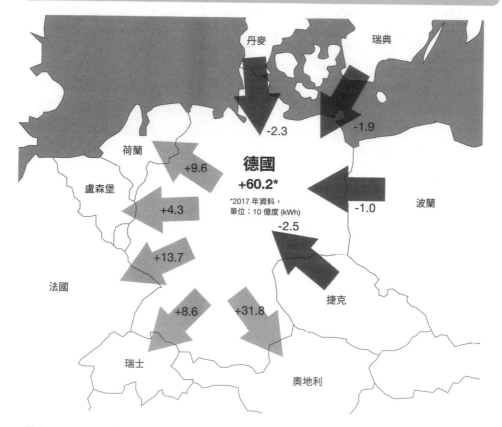

丹麥
瑞典
-2.3
-1.9
荷蘭
+9.6
德國
+60.2*
*2017 年資料，
單位：10 億度 (kWh)
盧森堡
+4.3
-1.0
波蘭
-2.5
+13.7
法國
捷克
+8.6
+31.8
瑞士
奧地利

· 歐洲不僅有油氣管線可供能源進出口，還建置了跨國輸電網，可輸出、輸入電力。
· 德國運用輸電網，將電力出口到荷蘭、盧森堡、法國、瑞士和奧地利。

（資料來源）自然能源基金會（Renewable Energy Institute）

　　了解上述這些背景之後，再看圖表 3-9。首先我們要關注的是核能的發電量。從圖中可知，核能發電量自 2002 ～ 2018 年持續下降。而原本在 2002 年發電量還有限的風力發電，到了 2018 年已壯大至相當程度的規模，如今更已超越核能、天然氣，是除了燃煤之外，發電量最多的能源。太陽能在 2002 年時根本還沒有開始發電，自 2011 年起已有大幅的成長，而生質能源也呈現相同的趨勢。至於煤炭的部分，希望各位能把圖表中的煤炭和褐炭加總，當作一個「煤炭」項目來看待，並可視為一種發電量逐漸減少的能源。

圖表3-9　德國的發電量與結構變化（2002 ～ 2018 年）

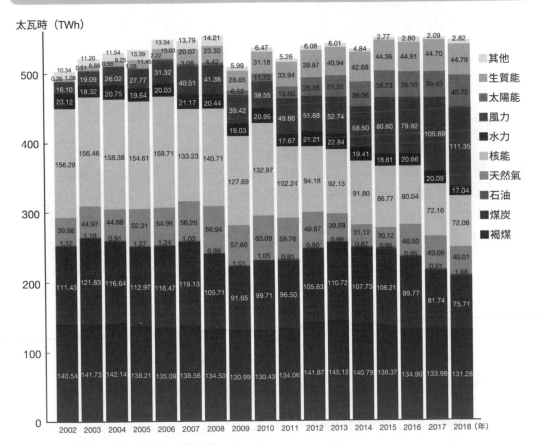

（資料來源）弗勞恩霍夫協會（Fraunhofer）

在電業自由化、電力跨國貿易規模日漸擴大的歐洲，各國會視供需狀況，在國際間買賣已被製造出來的電力。

德國透過風力製造出來的電力，在國內使用後還有剩餘，便出口他國，使得國內的消費量愈來愈少。而為德國國內製造業擔負穩定供電大任的燃煤發電，電力則多在國內消費，導致二氧化碳排放量大增──這個現象和德國「環保先進國」的形象大相逕庭，也反映出德國碳排量全歐洲最多，能源自給率也僅達35％的現實。

就這樣，德國傾全國之力，導入了脫碳政策。在脫碳、去煤、廢核與再生能源方面的表現，是德國政府明確表態、勵行政策的結果。不過，我還是要再強調一次：在俄烏戰爭爆發後，這些政策都已大幅變動。

5 德國的去俄化政策

前首相在「依賴俄羅斯」當中扮演的角色

在前一章說明俄羅斯石油公司、俄羅斯天然氣工業公司時，我曾屢次提及德國前總理格哈特・施若德，他是德國在能源供給上高度依賴俄羅斯的背景因素。施若德是德國的第七任總理，在卸下總理一職後，旋即於2006年進入俄羅斯天然氣工業公司的子公司──北溪公司擔任董事；後來又於2017年出任俄羅斯石油公司董事。到了2022年，竟又宣布他將接任俄羅斯天然氣工業公司董事。

這個舉動使得德國在俄烏戰爭爆發後大受囑目，德國打算大量提高自俄羅斯繞過烏克蘭輸送到德國的天然氣進口量，以及在能源供給上過度依賴俄羅斯的趨勢，更引發各界撻伐，痛批原來背後都是因為有前德國總理當董事。最後，施若德在2022年5月請辭俄羅斯石油公司監察人會的常務監察人一職，也婉拒了俄羅斯天然氣工業公司的董事一職。

川普總統炮轟「德國是俄羅斯的俘虜」

值得關注的是，美國總統川普在任期間曾重炮批評德國。2018年7月，

川普總統在與北約祕書長會談時，痛批德國打算向俄羅斯購買大量天然氣。川普總統還指稱，德國這種拉高對俄依存度的舉動，簡直就像是「俄羅斯的俘虜」。當時俄羅斯正在規畫興建北溪2號，用來進口俄羅斯產的天然氣，所以川普才會抨擊：「我們在防衛俄羅斯，德國卻在付大筆資金給俄羅斯。」

對此，北約祕書長提出反駁，強調即使在北約內部有各種不同意見，還是要團結一致，才能保護彼此。然而，川普又反駁，說有某個國家打算向大家要合力對抗的國家購買能源，這樣大家怎麼合作？換言之，他在怒批德國：美國正要挺身對抗俄羅斯，但德國卻成了俄羅斯的同路人？

根據德國政府機構的統計資料顯示，2015年德國最大的天然氣進口來源國是俄羅斯，占整體的31％，而在2020年的統計當中，占比更已來到55％。況且暴露在俄羅斯威脅最前線的波蘭和烏克蘭，也都反對鋪設北溪2號管線，可見德國的確是一意孤行。

澤倫斯基總統譴責德國

BBC專訪烏克蘭總統澤倫斯基
（2022年4月14日）

· 烏克蘭總統澤倫斯基譴責那些持續購買俄羅斯原油的歐洲國家，說他們是「用別人的血賺錢」。
BBC問道：「歐洲國家為了爭取俄羅斯的能源供給，每天付給俄國10億美元，而且持續不斷；而自2月底起，歐洲各國向烏克蘭提供的軍事援助，總金額也僅10億美元。您有什麼看法？」面對這個問題，澤倫斯基總統回答：「我無法理解，他們怎麼能用別人的血賺錢？」

· 接著，澤倫斯基總統更點名德國與匈牙利，譴責兩國阻撓歐洲對俄羅斯生產的能源執行禁運措施。

2022年4月，烏克蘭總統澤倫斯基（Volodymyr Zelensky）發表了一番譴責德國的言論，引發各界關注。

以上方框中的內容，是根據澤倫斯基總統在同年4月14日，接受英國廣

播公司（BBC）專訪時的答覆所寫成的報導內容。據傳俄羅斯每年靠著出口能源所賺取到的收入，最高可達2,500億英鎊，約相當於41兆日圓，而澤倫斯基總統就是將撻伐的炮口對準了這一點。

因此，俄羅斯入侵烏克蘭後，蕭茲總理為了降低德國在天然氣方面對俄羅斯的依存度，提出了大幅調整能源政策的施政方針。

為追求「去俄化」，德國在石油進口方面，選擇不再與俄羅斯續約，並決定在2022年年底前，要將對俄羅斯的依賴程度降到趨近於零；在煤炭方面，則打算在2022年秋季之前，就讓對俄依存度歸零；至於在天然氣方面，則是祭出大幅增加液化天然氣進口的策略，以取代透過管線自俄羅斯進口的天然氣。此外，針對原本就已透過管線自荷蘭與挪威進口的天然氣，德國也打算再提高數量。德國的政策方向，就是要藉由上述這些方案，大幅降低石油、煤炭和天然氣的對俄依存度，甚至是歸零。其中，2020年的天然氣依存度高達55％，要在短期內轉型，挑戰格外艱鉅，但德國仍下定決心戮力推動（編注：根據德國聯邦經濟部〔BMWK〕2022年5月發布的報告，德國對俄羅斯石油依賴已從2021年的35%下降到12%，天然氣的進口份額從55%下降到35%，煤炭依賴度則從2022年初的50%降至8%）。

如此一來，德國就有必要思考：脫碳政策的腳步，究竟要放慢到什麼程度？在能源供需吃緊的狀況下，去煤、廢核政策能否如期推動施行？還有，在再生能源的推動方面，要不要再次設計類似躉購的制度，以推升能源自給率？該如何取得既環保又便宜的能源？在少了來自俄羅斯的天然氣進口之後，推動風力發電或太陽能發電，能填補多少用電缺口？這些都是德國必須面對的問題。

6 什麼事對國家最重要？

這裡想請各位思考的，是「什麼事對國家最重要？」我在第一章介紹過「3E」，若這三個E能同時成立，固然非常理想，但我們也必須考慮：當無法全部達成時，究竟該以何者為優先。

比方說，有時政府會以「因應地球暖化問題」為優先考量。在歐洲的低窪地區，國土可能會因為海平面上升而被海水淹沒。對這些國家而言，「因應地球暖化問題」就會顯得格外重要。

有時政府也會以「經濟效率」為第一要務。假如政府無法確保汽油供給穩定無虞，導致油價不斷攀升，那麼民眾生活就會出問題，甚至還會進一步引發政治問題。

那麼，如果是以國家主權獨立、國家安全、穩定供給掛帥時，又會是什麼情況呢？就俄烏戰爭的例子來看，可知能在國內生產能源至關重要——因為各國政府可能像這次的波蘭、保加利亞一樣，被俄羅斯威脅停止供氣。

《格拉斯哥氣候協議》通過後，各界對環保議題的關注升溫。然而，後續爆發的俄烏戰爭，使得世界局勢為之丕變。在俄羅斯入侵烏克蘭前夕，也就是2021年11月與12月，嚴寒氣候在歐洲發威，天然氣需求大增，各國採取緊急進口的方式因應，推升了液化天然氣的價格。再加上俄烏戰爭開打，更促使石油和天然氣等能源價格一路飆漲。

因此，經濟與民眾生活能否穩定、國家主權是否獨立，以及能否守護地球環境，這三者之間如何取得平衡，能否同時兼顧，無法兼顧時該如何排列優先順序先後……這些課題，各國都必須在前提已大幅改變的情況下，重新思考才行。

在思考一國的能源戰略時，本章探討的德國是非常合適的個案研究對象。不過，各國在能源戰略上畢竟還是有不同的輕重考量。從下一章起，就讓我們秉持同樣的思維，再來看看其他國家的狀況。

圖表3-10 什麼事對國家最重要？

1. 因應地球暖化問題	1. 能源經濟效率	1. 國家主權獨立、國家安全、穩定供給
2. 能源經濟效率	2. 因應地球暖化問題	2. 能源經濟效率
3. 國家主權獨立、國家安全、穩定供給	3. 國家主權獨立、國家安全、穩定供給	3. 因應地球暖化問題

第 4 章

美國

頁岩革命促成能源自給，
能源外交政策因總統而不斷變化

1 美國在世界上的定位

美國在能源方面的全球排名

首先，讓我們來看看美國在能源領域的全球排名。

美國的石油、天然氣產量和消費量都高居全球第一；煤炭產量是全球第五，消費量則是全球第三。可見美國在化石燃料方面的產量多，消費量也不遑多讓。至於在發電量方面，水力發電是全球第四，風力和太陽能都是全球第二，核能發電量則是世界第一。

在全球各國的初級能源自給率變化方面，美國到2009年為止都還在第20名前後徘徊。不過，後來年年排名都有進步，2014年時已升到第11名，2020年更來到第8名，能源自給率達106％。在G7當中，加拿大以183％的超高能源自給率傲視群倫，美國僅次於加拿大，位居第二，之後依序是英國77％、法國55％、德國35％。至於日本則僅11.27％，相較於其他先進國家，可說是相當低的數字。

另外，在二氧化碳排放量方面，美國為全球第二名。雖說美國的碳排量只有中國的一半，卻比排名第三的印度多出了將近一倍之多。

在水力發電的產量方面，美國位居全球第四，中國第一，巴西居次，加拿大第三。美國的水力發電產量為311TWh（太瓦時，1 TWh=10億度電），占全球總量的7.2％。

圖表4-1　美國在能源領域的全球排名

化石燃料的產量與消費量

・石油	第1名	第1名
・天然氣	第1名	第1名
・煤炭	第5名	第3名

發電量

・水力	第4名
・風力	第2名
・太陽能	第2名
・核能	第1名

（資料來源）BP統計

在風力發電方面，美國僅次於中國，屈居第二，全球占比約為20％。圖表4-2呈現的是全球各國在2021年一整年當中，所導入的風力發電量。其中，中國的風力發電量的確有所成長，不過，美國也有相當程度的增加。

至於在太陽能發電的產量方面，同樣是由中國得到第一，美國居次。附帶一提，第三名是日本，而美國在全球整體的太陽能發電量當中，占了13.8％。

這樣一路看下來，或許各位會覺得美國的能源供給穩當無虞。其實美國能有這番光景，才不過是這幾年的事──美國的石油出口量是在2018年才超過進口量，天然氣也是在2000年代後期，頁岩油掀起革命之後，出口量才急遽成長。

接著，從圖表4-3當中也不難看出：美國的石油進口來源國正在大洗牌。從波斯灣國家進口的數量銳減，而從鄰國加拿大經管線進口的數量則上升。換言之，美國在去中東化、去OPEC化方面，做得相當成功。拜這些努力之賜，將來美國進口石油，就不必通過那些會在中東爆發衝突的高風險地區了。

圖表4-2　各國風力發電導入量

	國家	風力發電導入量 （單位：TWh）	全球占比
1	中國	406	28.4%
2	美國	298	20.9%
3	德國	126	8.8%
4	印度	70	4.9%
5	英國	64	4.5%
6	巴西	56	3.9%
7	西班牙	56	3.9%
8	法國	35	2.4%
9	加拿大	33	2.3%
10	土耳其	22	1.5%

（資料來源）《2022全球風能市場報告》（*Global Wind Report 2022*）

圖表4-3 美國在石油進口方面，對OPEC的依存度下降

美國自OPEC、波斯灣國家、加拿大的石油進口量

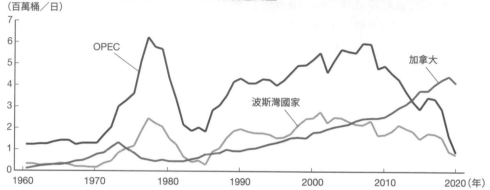

美國自OPEC前七大國的進口量變化

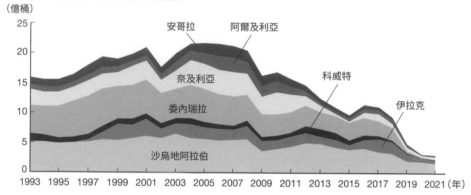

・對OPEC成員國的進口依存度下降，自加拿大進口的石油量則增加

（資料來源）美國能源資訊管理局（EIA）

美國的化石燃料現況

　　圖表4-4-①呈現全球各國石油產量。美國遙遙領先，俄羅斯位居第二，緊接著則是沙烏地阿拉伯。也就是說，全球所生產的石油當中，美國占17.1％。

　　至於圖表4-4-②則呈現全球各國石油消費量。美國第一，中國第二，印

度第三，而日本則是第五名。全球消費的石油當中，美國占16.36％。

　　接著，再看看圖表4-5-①中呈現的各國天然氣產量。在這個項目當中，美國也是遙遙領先，拿下龍頭寶座。第二名俄羅斯，第三名伊朗，第四名中國，第五名卡達，第六名加拿大，第七名澳洲。全球出產的天然氣當中，有23.73％是來自美國。

　　底下的圖表4-5-②，呈現了各國在天然氣消費量上的排行。美國仍是傲視群倫，拿下榜首，消費量比排名第二的俄羅斯高出了一倍。排名依序是美國第一，俄羅斯第二，中國第三，伊朗第四，加拿大第五。日本排在第六名的沙烏地阿拉伯之後，位居第七，緊接著奪下第八名的則是德國。換言之，全球有21.76％的天然氣，都是美國消費掉的。

　　附帶一提，在煤炭生產量方面，美國排名在中國、印尼、印度和澳洲之後，位居第五。俄羅斯則緊追在後，位居第六。

　　至於在煤炭的消費量方面，美國僅次於中國、印度，名列第三。而日本則排在第四名。美國所消費的煤炭量約占全球的6％。

圖表4-4　全球各國的石油生產量與消費量（2020年）

①全球各國石油生產量

排名	國家	石油生產量（億噸）
1	美國	7.127
2	俄羅斯	5.244
3	沙烏地阿拉伯	5.196
4	伊拉克	2.02
5	中國	1.948
6	阿拉伯聯合大公國	1.656
7	巴西	1.592
8	伊朗	1.427
9	科威特	1.301
10	挪威	0.92

・全球石油生產量中，美國占17.1％。

②全球各國石油消費量

排名	國家	石油消費量（億噸）
1	美國	7.772
2	中國	6.807
3	印度	2.154
4	沙烏地阿拉伯	1.554
5	日本	1.55
6	俄羅斯	1.526
7	韓國	1.17
8	巴西	1.101
9	加拿大	1.017
10	德國	1.005

・全球石油消費中，美國占16.36％。

（資料來源）BP世界能源統計年鑑（BP Statistical Review of World Energy）

圖表 4-5　全球各國的天然氣生產量與消費量（2020 年）

①全球各國天然氣生產量

排名	國家	天然氣生產量 （億噸）
1	美國	9,146
2	俄羅斯	6,385
3	伊朗	2,508
4	中國	1,940
5	卡達	1,713
6	加拿大	1,652
7	澳洲	1,425
8	沙烏地阿拉伯	1,121
9	挪威	1,115
10	阿爾及利亞	815

・全球天然氣生產量當中，美國占 23.73%。

（資料來源）BP 統計

②全球各國天然氣消費量

排名	國家	天然氣消費量 （億噸）
1	美國	8,320
2	俄羅斯	4,114
3	中國	3,306
4	伊朗	2,331
5	加拿大	1,126
6	沙烏地阿拉伯	1,121
7	日本	1,044
8	德國	865
9	墨西哥	863
10	英國	725

・全球天然氣消費量當中，美國占 21.76%。

圖表 4-6　全球各國的煤炭生產量與消費量（2020 年）

①全球各國煤炭生產量

排名	國家	煤炭生產量 （億噸）
1	中國	27.6256
2	印尼	4.7391
3	印度	4.3294
4	澳洲	4.2406
5	美國	3.6567
6	俄羅斯	2.8578
7	南非共和國	2.0383
8	哈薩克	0.6965
9	波蘭	0.5736
10	哥倫比亞	0.4984

・全球煤炭生產量當中，美國占 6.7%。

（資料來源）BP 統計

②全球各國煤炭消費量

排名	國家	煤炭消費量 （億噸）
1	中國	28.09
2	印度	5.9888
3	美國	3.1412
4	日本	1.5603
5	南非共和國	1.4033
6	俄羅斯	1.1881
7	印尼	1.113
8	韓國	1.0345
9	越南	0.717
10	德國	0.6282

・全球煤炭消費量當中，美國占 6.07%。

　　前文提過，美國會透過管線自加拿大進口石油。其實美國與加拿大之間有非常多管線。此外，如圖4-7所示，美國國內在加州、德州、路易斯安那州、奧克拉荷馬州等地，也有連接中西部、東部的石油管線。

　　串聯美國與墨西哥之間的管線，也布建得愈來愈完善。其中最具代表性的，就是從德州瓦哈（Waha）天然氣輸送中心（hub），將天然氣輸送到墨西哥中西部的VAG輸氣管。這條管線於2020年3月完工，並自10月起正式商轉。今後美墨之間應該會持續像這樣透過管線，深化在化石燃料領域的合作。

　　不過，值得留意的是，美國在2021年5月發生了一起駭客攻擊輸油管伺服器的事件：美國最大的輸油管線營運商「殖民管道公司」（Colonial Pipeline）受到勒索病毒攻擊，被迫停工。這一場攻擊的動機，不是恐怖攻擊或政治因素，而是勒索贖款。這代表能源基礎設施有可能遭到有心人鎖定攻擊，因此，包括石油、天然氣的生產、運送、港灣，或是輸電網、自來水道等基礎設施的伺服器安全性問題，今後在各國將會更顯重要。當今時代已不像過去

圖表4-7　北美的油氣管線網

美國與資源大國加拿大之間已完成的管線鋪設

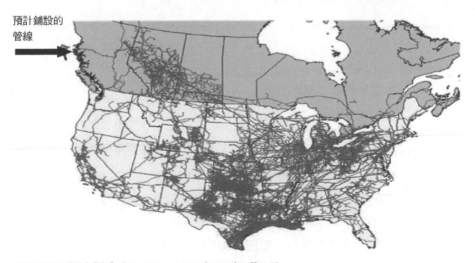

預計鋪設的
管線

（資料來源）《環球郵報》（*The Globe and Mail*）2011年2月19日

那樣，只要針對爆炸等物理性的安全問題做出因應，還要為網路資安研擬完善對策。

2 美國石油企業股東對地球暖化因應措施施加壓力

埃克森美孚石油公司

埃克森美孚石油公司

- · 總公司位於美國德州。
- · 埃克森公司與美孚公司於1999年合併後，這家足以代表美國的國際級石油企業才應運而生。
- · 在全球各地發展石油和天然氣的探勘、生產、運輸，石油的精製、銷售，還有石油化學事業。
- · 2021年營收約為2,856億美元。
- · 員工人數約有6.4萬人。
- · 淨利約為230億美元。
- · 石油、天然氣確認可開採蘊藏量約有150億桶。

在美國，有一家很大的企業負責生產石油和天然氣——那就是石油巨頭埃克森美孚（Exxon Mobil Corporation）。它的總公司位在美國德州，是1999年埃克森公司與美孚公司合併後誕生的新公司。

埃克森美孚公司的根源，可上溯至由洛克菲勒（John Davison Rockefeller）所創辦的標準石油公司（American Standard Oil）。不過，由於這家企業的規模過於龐大，美國後來制定了反托拉斯法，將標準石油公司分拆成34家公司。在歷史上，這次的分拆讓「埃克森」和「美孚」這兩家公司的前身企業應運而生。

埃克森美孚公司在全球各地發展石油和天然氣的探勘、生產、運輸，石油的精製、銷售，還有石油化學事業。2021年的營收約為2,856億美元，淨

利約為230億美元，員工人數約有6.4萬人之多，石油、天然氣確認可開採蘊藏量約有150億桶。

近年來，埃克森美孚面對來自股東的壓力，要求公司加強因應地球暖化問題，使得這家全球最具代表性的石油、天然氣公司面臨轉型期。在2021年5月召開的股東常會上，要求公司加強環保保護的投資公司推派兩位代表出馬角逐董事，順利當選，公司派的代表則未獲支持，媒體形容這是埃克森美孚一場「歷史性的挫敗」。而在股東大會上，經營團隊更被指責對氣候變遷的因應做得不夠，要求公司公布更詳細的相關資訊。

2022年2月，埃克森美孚公布了他們因應地球暖化問題的方案。具體而言，就是要在2027年之前投入150億美元用於二氧化碳的回收、儲存，以及氫能、生質燃料的研發上，以期在2030年之前大幅削減溫室氣體。或許看在媒體眼中，這是一場歷史性的挫敗，不過，今後埃克森美孚或任何石油、天然氣公司若有心追求長期永續的發展，想必這些措施也都是必要之舉。

雪佛龍（Chevron）

還有一家從事石油和天然氣生產的企業，規模也相當可觀——那就是總公司位於加州的雪佛龍。它以往曾收購德士古（Texaco）公司，並一度更名為雪佛龍德士古（ChevronTexaco），如今已全面整合，統一使用「雪佛龍」這個名稱。不過，當初被收購的「德士古」、「海灣」（Gulf）等公司，目前名稱仍被保留下來，作為品牌名稱之用。

除了能源方面的事業之外，雪佛龍公司還經營化學藥品的製造銷售、發電事業等，發展相當多元，是事業版圖遍及全國180多個國家的多國籍企業。包括旗下關係企業在內，於全球84個國家擁有銷售網絡，超過2萬4千個零售據點。

洛克菲勒與《反托拉斯法》

追本溯源，其實埃克森美孚和雪佛龍都是系出洛克菲勒創辦的標準石油。洛克菲勒這一號人物，在美國素有企業家、慈善家和石油大王的稱號。他於1870年創立了俄亥俄標準石油公司，相傳這家公司，是以現代工業形式發展石油事業的先河。

> ### 約翰‧洛克菲勒
>
> ‧美國企業家、慈善家、「石油大王」。
> ‧於1870年創立俄亥俄標準石油公司（Standard Oil Company of Ohio）。
> ‧以現代工業形式發展石油事業的先河。
> ‧早期對於石油的需求只限於煤油和潤滑油，並非能源供給的主力。
> ‧洛克菲勒只花了不到十年的時間，就壟斷了全美的石油市場。
> ‧第一個資產突破10億美元大關的美國人。

早期的能源供給的主力是煤炭，石油需求只限於煤油（kcrosene）和潤滑油。不過，洛克菲勒只花了不到十年的時間，就壟斷了全美的石油市場，並因此而成為第一個資產突破10億美元大關的美國人（財富總值折合今日3,000億美元以上）。

洛克菲勒能在煉油領域獨占鰲頭的背景因素，在於他在發展石油事業的同時，也同步掌控了石油的運輸方式。換言之，洛克菲勒當年的目標就是要讓其他同業的石油公司，都必須運用他旗下的輸送網絡，否則就會動彈不得。

就這樣，洛克菲勒於1872年時在俄亥俄州克里夫蘭地區整併了絕大多數的煉油廠，掌控全美四分之一的煉油產能。到了1873年，他更將併購的觸角伸向東岸的煉油重鎮——紐約，將自家市占率一舉推升到全美三分之一。

後來，洛克菲勒仍持續積極地收購石油的各種運輸方式。1876年，洛克菲勒將全國絕大多數的鐵路油罐車和主要輸油管線的四分之三納入麾下。到了1882年時，洛克菲勒為經營日漸壯大的事業版圖，成立了標準石油信託公司（Standard Oil Trust）。

如上所述，標準石油握有的影響力實在太過巨大，導致它日後走上了分拆的命運。

當年標準石油信託公司幾乎掌握了全美國的石油精製與銷售，它做生意的種種慣例，引發各界激烈的討論。新聞工作者和政治人物抨擊它的壟斷手法，主張禁止壟斷的反托拉斯運動風起雲湧。到了1890年，美國聯邦議會

標準石油公司

● 掌控石油運送方式，以及獨攬煉油市場。

　・1872年，標準石油在俄亥俄州克里夫蘭地區整併了絕大多數的煉油廠，取得全美四分之一的煉油產能。

● 1873年時，將併購的觸角伸向東岸的煉油重鎮——紐約。

　・將自家市占率一舉推升到全美三分之一。

● 持續積極地收購石油的各種運輸方式。

　・1876年時，將全美絕大多數的鐵路油罐車和主要輸油管線的四分之三納入麾下。

● 為經營日漸壯大的事業版圖，於1882年成立標準石油信託公司。

標準石油信託公司分拆

● 標準石油幾乎掌控了全美國的石油精製與銷售。

● 標準石油做生意的種種慣例，引發各界激烈的討論。

　・新聞工作者和政治人物抨擊它的壟斷手法，反托拉斯運動風起雲湧。

● 1890年，美國聯邦議會制定了《休曼法》。

　・《休曼法》是美國制定的第一部《反托拉斯法》。

● 1802年，俄亥俄州最高法院命令標準石油信託公司解散。

　・「為預防獨占所帶來的弊害」而做出判決。

● 聯邦最高法院在1911年做出判決，勒令標準石油信託公司解散，該公司被分拆成34家新公司。

制定了《休曼法》（*Sherman Antitrust Act*），成為美國制定的第一部《反托拉斯法》。1892年，俄亥俄州最高法院「為預防獨占所帶來的弊害」而做出判決，命令標準石油信託公司解散。最後，全案由聯邦最高法院在1911年做出判決，勒令標準石油信託公司解散，該公司被分拆成34家新公司。這個事件，堪稱是日後我們學習《反托拉斯法》和產業組織理論的原點。

石油巨頭的誕生與鄂圖曼土耳其帝國瓦解

接下來要說明全球石油巨頭的發展，與土耳其之間的關係。或許您會對這兩者的連結感到出乎意料，其實它們有很深的淵源——鄂圖曼土耳其帝國在第一次世界大戰後的凋萎，對日後石油巨頭的出現，影響深遠。

圖表4-8是鄂圖曼土耳其帝國在16世紀，蘇萊曼一世（Suleyman I）在位時的領土版圖。包括現今的伊拉克、伊朗、沙烏地阿拉伯等中東產油國，以及阿爾及利亞、利比亞、突尼西亞和埃及等，都是鄂圖曼土耳其的領土。

當年擁有廣大領土的鄂圖曼土耳其帝國，在第一次世界大戰戰敗，以及鄂圖曼土耳其帝國瓦解後，便江河日下，才會淪為今日的小國。

第一次世界大戰爆發後，石油成了軍需品，需求大增——因為直到第一次世界大戰前，連軍艦都還是以煤炭作為動力來源；但到了大戰期間，軍艦基本上都已改用石油。接著，在第一次世界大戰後，戰敗國鄂圖曼土耳其帝國解體，原本受帝國統治的伊拉克等國都成了英國勢力籠罩的範圍。

戰後，石油需求仍有增無減，因而在整個中東地區掀起了一陣開採熱潮。引領這波熱潮的領頭羊，包括：紐澤西標準石油公司（Standard Oil of New Jersey，後來的埃克森石油）、英波石油公司（Anglo-Persian Oil Company，後來的英國石油公司BP）、荷蘭皇家殼牌公司（Royal Dutch Shell，現在的殼牌石油）、加州標準石油公司（Standard Oil Company of California，後來的雪佛龍石油）、海灣石油公司（Gulf Oil，現被雪佛龍併購）、德士古石油公司（Texaco，現被雪佛龍併購）、紐約標準石油公司（Standard Oil Company of New York，後來的美孚石油，現與埃克森石油合併），合稱「七姐妹」（Seven Sisters），是影響力足以呼風喚雨的七大石油巨頭。其中最具代表性的案例，就是七姐妹透過聯合壟斷，統一管理全球石油價格的決定權。

直到1960年為止，整個石油市場都一直處於七姐妹的掌控之下。為了打破這個狀況而揭竿起義的，就是OPEC（石油輸出國組織）——以中東產油國為首的幾個國家，催生了「OPEC」。1960年代，這些產油國家紛紛將境內的石油資源收歸國有；到了1970年代，他們更主張不該由「七姐妹」決定石油價格，進而引爆了石油危機。換言之，中東產油國自此取得了全球石油市場的主導權。

從這時起，「七姐妹」這些石油巨頭的影響力便逐漸式微，後來演變為

圖表 4-8　蘇萊曼一世於 16 世紀在位時的鄂圖曼土耳其帝國版圖

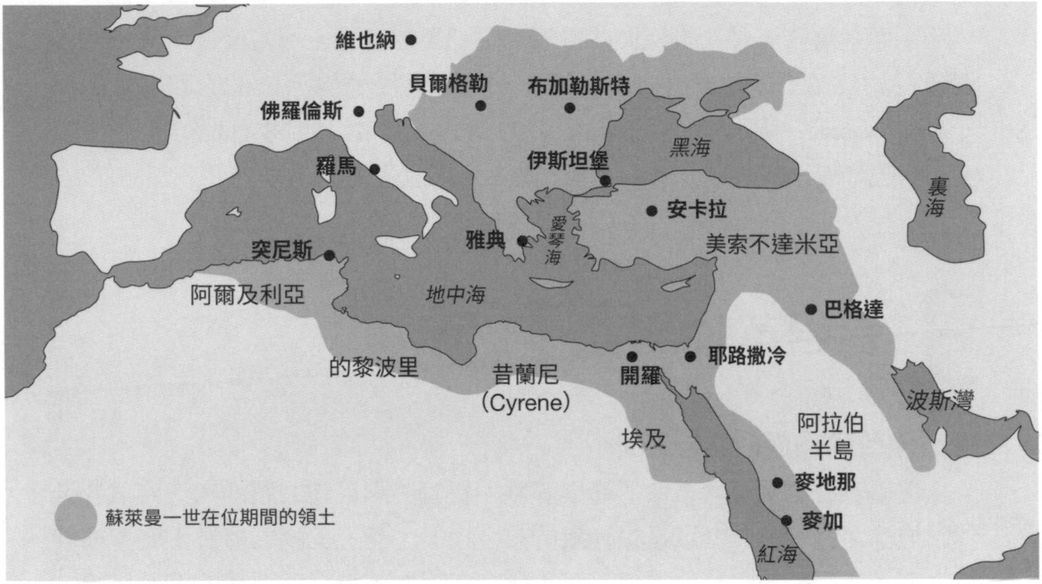

（資料來源）https://www.ch-ginga.jp/feature/ottoman/background/

第一次世界大戰與鄂圖曼土耳其帝國瓦解

- 第一次世界大戰爆發，石油成了軍需品，需求大增。
- 在第一次世界大戰後淪為戰敗國的鄂圖曼土耳其帝國解體。
   · 原本受帝國統治的伊拉克等國，都成了英國勢力籠罩的範圍。
   · 整個中東地區掀起了一陣石油開採熱潮。
- 全球的石油開採，掌握在七家公司手上——就是標準石油被分拆後形成的紐澤西標準石油公司、紐約標準石油公司、加州標準石油公司，以及海灣石油公司、德士古公司，和早期已開始在殖民地開採石油的荷蘭皇家殼牌公司、英波石油公司。
- 揭開「七姐妹」時代的序幕
   · 世界列強競相爭奪資源。
   · 七姐妹透過聯合壟斷，統一管理全球石油價格的決定權。

有「超級巨頭」（Super Major）之稱的五家企業。而埃克森與美孚合併，成為「埃克森美孚」，正巧也是發生在這個時期的事。

　　不過，現在石油超級巨頭的影響力也已不如既往。今時今日，產油國的國營石油公司不斷地提高自身影響力——舉凡沙烏地阿拉伯的沙烏地阿美（Saudi Aramco）、馬來西亞的國油（PETRONAS，馬來西亞國家石油公司），以及巴西的巴西石油公司（Petrobras）等，勢力愈來愈強大。

3 頁岩革命

讓美國改頭換面的頁岩革命

　　接著我要講解頁岩革命的發展脈絡。儘管美國目前的石油和天然氣產量位居全球之冠，但其實這是很晚近的事。稍早之前，美國的能源供應還要仰賴中東，甚至是委內瑞拉進口。而美國能在短期內就翻轉這樣的能源結構，可說是不折不扣的一場革命。

　　我們可以從圖表4-9中，看到頁岩油產量自2008年起急遽上升。斜線呈現的是頁岩氣產量，而傳統天然氣和伴生氣（Associated Gas，原油生產過程中產生的氣體）則是以深色網底表示。若以傳統概念而言，其實開採時只會出現傳統天然氣和伴生氣。然而，一場頁岩革命，竟使得頁岩氣的產量大增。

　　頁岩（Shale）是由泥土形成的岩石當中，特別容易剝落成薄片狀的一種岩石。太古時期的海洋或大河河口，水裡會有浮游生物或藻類等有機物質，它們死後會沉降、堆積，再經細菌分解後變質，化為腐植質（油母質）。這些含油母質的堆積物被埋進地底深處後，就會受到地熱和壓力的影響而發生化學變化，形成石油成分和天然氣成分。出現在頁岩岩層當中的石油和天然氣成分，除了會移動到外部，有時也會殘留在頁岩層的岩石縫隙之中。在地下較淺層的頁岩層當中，會有一些混雜著石油的資源，甚至再往深層去，還會有一些已經開始進行熱裂解的天然氣——這些就是所謂的頁岩油和頁岩氣，而這些生成反應，需要耗費好幾千年、甚至是好幾億年的時間進行。

　　傳統天然氣的開採方法，是透過鑽油井將蘊藏在地底的氣體抽取出來；

而頁岩氣則是將液體注入地下，在岩石層製造龜裂，來開採殘留在岩石縫隙當中的氣體。2000年前後，我曾在加拿大看過頁岩氣、頁岩油的生產現場，但當時的技術還不到足以用於商業化生產的水準。後來，業者將結合大數據的資訊科技運用在地質分析上，再加上「水平鑽井」這種開採方法，提高生產技術，大幅降低了生產成本，開採成功率也上升許多。而這些發展的結果，帶動了產量的增加。

　　位於地下兩千公尺以下的頁岩層，過去被認為不符經濟效益，難以開採。然而自2006年起，業者開始開發這些頁岩層，使得頁岩氣漸趨量產水準。因此，美國進口天然氣的數量減少，也導致天然氣的國內價格走低——這就是所謂的「頁岩革命」。它不僅是能源領域在21世紀最大的變革，更大大地撼動了全球能源局勢及相關的政治情勢。

圖表4-9　頁岩氣產量急遽上升

· 近年來，每套鑽探設備可生產的頁岩氣產量劇增。主要是由於業者在地質分析上運用大數據等資訊科技，帶動了生產技術的提升。
· 早期估算可否符合開採成本的標準，是每桶價格40～70美元，目前只要30～40美元，就能穩定獲利。

（註）傳統油氣是指從原本就以探採天然氣儲層為目的，鑽探天然氣生產專用井所開採出來的天然氣。
（資料來源）作者根據美國能源資訊管理局（EIA）〈Natural Gas Data〉編製

頁岩氣、頁岩油的生產與進出口

　　如圖表4-10所示，美國主要的頁岩油、氣產區，包括：德州的二疊紀盆地（Permian）、路易斯安那州鷹堡（Eagle Ford）、賓州的馬賽勒斯（Marcellus）、懷俄明州（Wyoming）的奈厄布拉勒 （Niobrara），以及北達科他州（North Dakota）的巴肯（Bakken）。這些產地都非常著名。

　　美國還利用自己曾是液化天然氣進口國的地位，將原為接收站的據點改弦易轍成為出口基地，供現況使用。比方說，路易斯安那州的卡麥隆（Cameron）就是由桑普拉能源（Sempra）與三井物產、三菱商事及日本郵船，共同執行液化天然氣的出口。此外，在德州的自由港，則有自由港公司與大阪瓦斯、中部電力合作出口日本。還有在德州的布朗斯維爾（Brownsville），有「下一個十年」（NextDecad）公司推動大河（Rio Grande）液化天然氣專案，預計將

圖表4-10 美國主要頁岩油、氣產地

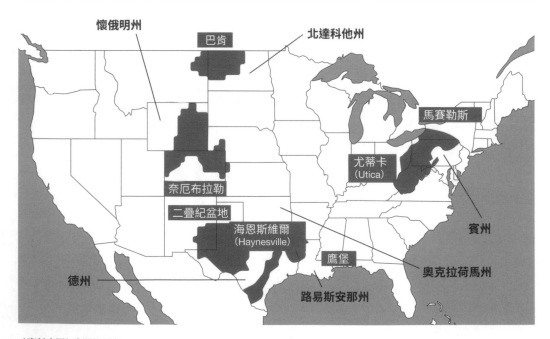

（資料來源）資源能源廳

自2020年代後半正式商轉。這個專案雖無日方出資，但伊藤忠商事跟進埃克森美孚和中國業者的腳步，簽下每年100萬噸的長期採購合約，要供應日本使用。

　　此外，這一場頁岩革命還減輕了美國的「咽喉點」風險（圖4-12）——美國早已體認到，在進口石油和天然氣時途經巴拿馬運河、麻六甲海峽與荷莫茲海峽，風險相當高。如前所述，由於美國提高自加拿大的進口量，對OPEC和波斯灣國家的依存度大減，成功降低了在咽喉點的風險。

　　日本對中東的依存度相當高，所以在咽喉點的風險也很高。就算要改從美國進口液化天然氣，自德州或路易斯安那州進口，也都要經過巴拿馬運河。萬一巴拿馬運河出了任何狀況，都會造成風險。就這個層面而言，日本還是要從澳洲或馬來西亞等地進口油氣資源，才能降低咽喉點風險。

圖表4-11　液化天然氣進口接收站轉為出口基地

（資料來源）JOGMEC

圖表 4-12　美國所降低的咽喉點風險

	2000年代	2015年	2018年
法國	71.8	65.5	62.7
德國	45.0	58.4	55.8
英國	12.7	8.5	11.1
美國	48.3	42.5	29.3
中國	142.5	149.6	151.2
日本	177.3	167.6	180.2
韓國	163.6	175.8	171.4

咽喉點占比(%)

Danish straits
土耳其海峽
蘇伊士運河
荷莫茲海峽
曼得海峽
麻六甲海峽
好望角
巴拿馬運河
麥哲倫海峽

・咽喉點：重要航線集中的地點

（資料來源）根據國際能源總署（IEA）〈Oil information 2020 data base〉、中國進口統計資料編製。

巴拿馬運河

接下來要說明的是巴拿馬運河（Panama Canal）。巴拿馬運河是全球規模最大的運河，自1914年開通以來，就一直是串聯美國東岸與太平洋的重要樞紐。和繞過麥哲倫海峽相比，穿越巴拿馬運河可大幅節省許多航行時間。再者，取道巴拿馬運河會比從美國東岸經南非好望角到日本縮短25 ～ 45天的航程。運河興建之初，當地還是哥倫比亞的屬地，後來在美國協助下獨立建國。獨立後的巴拿馬政府與美國簽訂了《巴拿馬運河條約》，由美國取得運河的管理權等權利。附帶一提，在巴拿馬運河的用戶當中，日本的全球排名位居第四。

為供更大噸位的船隻通過，巴拿馬運河實施擴建。新巴拿馬運河於2016年完工。此次是為了因應造船技術進步後，船隻逐漸大型化的趨勢而擴建，完工後絕大多數的液化天然氣船都可通行。

以往受限於船隻噸位問題，液化天然氣船僅有約一成可通過巴拿馬運河。不過，擴建後的巴拿馬運河已可供九成的液化天然氣船通行，大大地影響了天然氣的運輸成本。

能通過某個運河的船隻大小上限，會在運河名稱後方加上「極限型」

（max）來表示，比方說巴拿馬運河的船隻就是「巴拿馬極限型」（Panamax），新巴拿馬運河則被稱為「新巴拿馬極限型」（New Panamax）。從新舊巴拿馬極限型的對照表當中，可知船幅從32公尺增加到49公尺，吃水深度從12公尺增加到15公尺，全長則從294公尺增加到366公尺，可裝載貨櫃量從5千個增加到1萬3千個，故大型船隻也能順利通過。

巴拿馬運河

· 1914年開通，是全球規模最大的運河，串聯美國東岸與太平洋，重要性極高。
　→和繞過麥哲倫海峽相比，可大幅節省許多航行時間。
· 取道巴拿馬運河，會比從美國東岸經好望角（非洲南端）到日本縮短25～45天的航程。
· 興建之初，當地還是哥倫比亞的屬地，後來在美國協助下獨立建國。獨立後的巴拿馬政府，與美國簽訂了《巴拿馬運河條約》，由美國取得運河的管理權等權利。
· 在巴拿馬運河的用戶當中，日本的全球排名位居第四。

巴拿馬

麥哲倫海峽

新巴拿馬運河

· 擴建工程於2016年6月完工。
· 擴建後的巴拿馬運河，有「新巴拿馬運河」之稱。
· 為了因應造船技術進步後，船隻逐漸大型化的趨勢而擴建。完工後，絕大多數的液化天然氣船都可通行。
　→以往受限於船隻噸位問題，液化天然氣船僅有約一成可通過，擴建後已可供九成的液化天然氣船通行。

新舊巴拿馬極限型貨櫃輪比較

	舊	新
船幅	32公尺	49公尺
吃水深	12公尺	15公尺
全長	294公尺	366公尺
20呎貨櫃裝載量	5,000個	13,000個

· 巴拿馬極限型船舶：
　可通過巴拿馬運河的最大船舶規格。

新巴拿馬運河完工後,業者就可以不必再為了通過運河而特地調度較小型的船隻,省下相關成本,堪稱是劃時代的工程建設。

以上是我針對美國能源情勢所做的說明。頁岩氣革命後,如今美國在咽喉點上的風險大減,並成功擺脫對中東的依存,而在巴拿馬運河的隘口天險問題,也已逐步朝解決的方向邁進。

4 核能發電的全球霸主

在本節當中,我們要探討的是核能發電量的全球霸主──美國的核能發電。

圖表4-13呈現的是美國各州的總發電量。由圖中可知,美國在德州、賓州、佛羅里達州、伊利諾州、加州、俄亥俄州、阿拉巴馬州、北卡羅萊納州、華盛頓州、紐約州等地發展核能發電。此外,圖中雖無標示,但近來在喬治亞州也開始有電力產出。

核能也屬於再生能源的一種。而美國的再生能源發電總量當中,核電的占比相當可觀。儘管近年來風力與太陽能的規模都有相當可觀的成長,但就發電量而言,核能發電量仍持續呈現遙遙領先的態勢。

美國目前服役中的核子反應爐有94座,興建中的有2座,規畫中的則有3座。包括前述那幾個州在內,全美已超過20個州設有核子反應爐。

三哩島核電廠事故與後續發展

1979年3月28日,三哩島核電廠發生核災。這是一場發生在賓州三哩島(Three Miles Island)的核電事故,在核災分類上屬於「反應爐冷卻失效」。整起事故的規模超出預期,是核能事件分級第5級的嚴重事故(總共分為0～7級,級數越高越嚴重)。

原本在好幾年前就已動工興建的印地安角(Indian Point)2號,以及杜安阿諾德(Duane Arnold)1號反應爐,早已獲准服役60年。受到這起核災事件的影響,前者改為與紐約州等單位另行商議,後者則以不符經濟效益為由,

圖表4-13　美國各州總發電量

州名	總發電量 （千MWh） *MWh=千瓩時	全美 占比（%）
德州	38,619	11.8
賓州	20,687	6.3
佛羅里達州	17,317	5.3
伊利諾州	15,237	4.6
加州	13,548	4.1
俄亥俄州	11,480	3.5
阿拉巴馬州	11,088	3.4
北卡羅納州	10,552	3.2
華盛頓州	10,032	3.1
紐約州	9,441	2.9

（資料來源）美國能源資訊管理局（EIA）

圖表4-14　美國核電廠分布（全球核能發電龍頭）

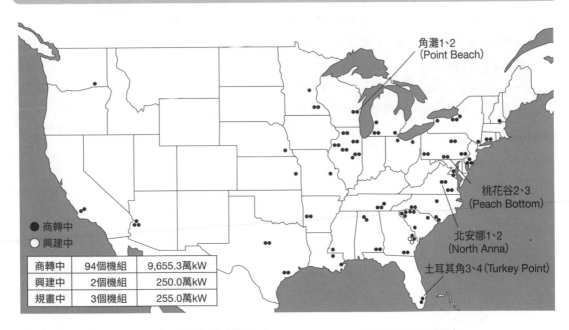

角灘1、2（Point Beach）

桃花谷2、3（Peach Bottom）

北安娜1、2（North Anna）

土耳其角3、4（Turkey Point）

- ● 商轉中
- ○ 興建中

商轉中	94個機組	9,655.3萬kW
興建中	2個機組	250.0萬kW
規畫中	3個機組	255.0萬kW

（資料來源）世界核能協會（WNA）、日本原子力產業協會（JAPAN ATOMIC INDUSTRIAL FORUM, INC.）

提前停機除役。不過，也有核子反應爐決定二度延役——原本已延役一次，將使用期限拉長到60年，後來又二度延役，將服役年限再拉長到80年。

這裡我要介紹幾個核子反應爐延役的案例。首先是在2019年12月，成為首批獲准服役80年的核子反應爐——位在佛羅里達州的土耳其角3、4號機，以及緊接著獲准延役的賓州桃花谷2、3號機，總計四個反應爐。此外，還有位在維吉尼亞州的北安娜1、2號反應爐，以及威斯康辛州角灘的1、2號反應爐，都已在申請第二度延役。這些反應爐的延役獲准，代表自1972、1974年啟用的核電廠，屆時將更加長壽。值得留意的是，採用壓水式的土耳其角反應爐（Pressurized Water Reactor, PWR），以及沸水式（boiling water reactor, BWR）的桃花谷反應爐，兩者發電方式不同，卻都獲准將服役年限延長至80年。這個決定的背後，是美國在反應爐運轉技術的創新方面，付出了無比的努力。

目前預計延役一次，也就是將服役60年的反應爐有80個；預計在服役年限60年到來前就停機除役的有6座反應爐；至於已在服役年限60年到來前就停機的，則有8座反應爐。綜上所述，有些核子反應爐已停機除役，或預計停機除役。同時，也有新的核子反應爐啟用。例如喬治亞州的沃蓋特核電廠（Vogtle Plant）3號、4號機，就在2021年11月啟動商轉，吸引了全球媒體大篇幅報導。

美國的核電發展就像這樣，在走過三哩島事故，以及日本311大地震的福島第一核電廠一號機事故後，又興建了新的核電廠，並已開始輸電和配電。

發展均衡，國家核能戰略的表率

2020年4月，美國能源部公布了一份由核燃料工作小組（United States Nuclear Fuel Working Group）彙整的國家策略，名叫〈重塑美國核能競爭優勢：確保美國國家安全戰略〉（Restoring America's Competitive Nuclear Advantages）。文中除了提到要重振美國在鈾探勘、精煉和轉換——也就是核能發展的前端能力，還要強化技術優勢，以推動核能出口等策略。此外，文中也針對整個核燃料的供應鏈，分析它在國防安全上的風險，連「3E」觀點的分析都無懈可擊。

圖表4-15 已獲准／申請中／預計申請第二次延役（服役80年）的核電廠

核電廠名稱	機組類型	總輸出功率（萬kW）	擁有者	啟動商轉年	申請年月	核准日
土耳其角3	PWR	76.0	FPL	1972	2018年1月	2019年12月5日
土耳其角4	PWR	76.0	FPL	1973	2018年1月	2019年12月5日
桃花谷2	BWR	118.2	Exelon/PSEG	1974	2018年7月	2020年3月5日
桃花谷3	BWR	118.2	Exelon/PSEG	1974	2018年7月	2020年3月5日
薩里1（Surry 1）	PWR	87.5	Dominion	1972	2018年10月	2021年5月4日
薩里2	PWR	87.5	Dominion	1973	2018年10月	2021年5月4日
北安娜1	PWR	99.8	Dominion	1978	2020年8月24日	
北安娜2	PWR	99.4	Dominion	1980	2020年8月24日	
角灘1	PWR	64.0	NextEra	1970	2020年11月16日	
角灘2	PWR	64.0	NextEra	1972	2020年11月16日	
奧康尼1（Oconee 1）	PWR	88.7	DUKE	1973	2021年10～12月	
奧康尼2	PWR	88.7	DUKE	1974	2021年10～12月	
奧康尼3	PWR	89.3	DUKE	1974	2021年10～12月	

（資料來源）日本原子力產業協會
根據美國核能管理委員會（NRC）網站、JAIF〈全球核電開發動向2020〉資訊編製

　　此外，美國目前也在推動新型核子反應爐——也就是小型反應爐的研究。其實最早研發、推廣小型核子反應爐的國家是中國、印度和俄羅斯。美國究竟能否急起直追，後續還需要再關注。

　　近年來，中國對於推動核能發展不遺餘力，核子反應爐的預計新設數量也遙遙領先各國。不過，放眼全球，美國的核能發電量還是獨占鰲頭，並且不斷地累積機組運轉的專業知識。就連核能發電量占全國總發電量70％的法國，也難與美國匹敵。

　　觀察核電在全球各國總發電量當中的占比，可發現法國以70％穩居榜首，斯洛伐克、烏克蘭、匈牙利、比利時、保加利亞、斯洛維亞、捷克、芬蘭、瑞典等國的占比也很高。而芬蘭、瑞典在加入北大西洋公約組織後，由於擔心與鄰國俄羅斯的關係發展，核電占比也有30％左右。相對的，美國的核電占比則僅20％。這是因為美國整體發電量與用電量都相當可觀，所以即使核能發電量已高居全球第一，在整體發電量當中的占比仍僅不過20％，維持了各類發電方式的均衡發展。

美國大力重振核能產業的的相關政策

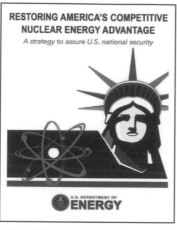

RESTORING AMERICA'S COMPETITIVE NUCLEAR ENERGY ADVANTAGE

A strategy to assure U.S. national security

U.S. DEPARTMENT OF **ENERGY**

· 2020年4月23日，美國能源部公布了一份由核燃料工作小組匯整的綜合策略報告〈重塑美國核能競爭優勢：確保美國國家安全戰略〉，期能重振美國核能產業。

· 負責擬訂這份報告的核燃料工作小組，是當年川普總統於2019年7月時，為了更廣泛針對整個核燃料供應鏈，來分析美國在保障國安方面應考量的因素，所成立的組織。

· 報告中提到的政策建言，除了要重振美國在鈾探勘、精煉和轉換——也就是核能發展的前端能力之外，還包括了強化技術優勢，以推動核能出口等策略。

（資料來源）日本原子力 業協會（Japan Atomic Industrial Forum, Inc.）

5 電動車（EV 革命）

在美國的部分，我想談談它在電動車研發、使用上的進展。在2021年的電動車銷售量排行榜上（圖表4-16），是由特斯拉（Tesla）這家美國公司奪冠。它在中國和德國都設有工廠，是引領全球電動車市場的龍頭。

電動車的最前線

美國的能源規範與制度是由全國五十個州各自訂定；而聯邦政府管轄的，只有各州通用的政策。因此，出產石油、天然氣與煤炭等能源的州，和非能源出產州之間，能源規範內容就會大相逕庭。積極推動再生能源的州和消極以對的州，嚴格管制電業的州和推動電業自由化的州，就會顯得壁壘分明。

　　加州非常積極推動再生能源，電動車的銷售表現也很亮眼。尤其在聖荷西（San Jose）和矽谷，很多人都購買了全新的電動車。我在矽谷的朋友，基本上也都是開電動車。

　　發展出這個趨勢的背景因素，或許是因為加州經常發生山野或森林大火，民眾極具地球暖化意識的緣故。正因為居民多半深具環保意識，所以當地才會拍板決定要在2035年之前，分階段禁止汽油車、柴油車和油電混合車的新車銷售。此外，若駕駛電動車上路，即使車上只有駕駛一個人，也可開上原本只供乘載兩人或三人以上車輛行駛的高乘載車道（HOV lane，此類車道的設置目的為鼓勵共乘、使用大眾運輸工具）。只要有了電動車，車上不必載有乘客，也能使用高乘載車道，對車主有許多好處。

　　我想再更深入探討加州的汽、柴油車及油電混合車新車禁售令。一般而

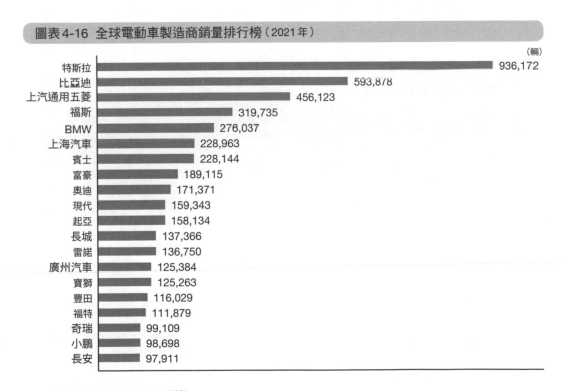

圖表4-16 全球電動車製造商銷量排行榜（2021年）

（輛）

特斯拉	936,172
比亞迪	593,878
上汽通用五菱	456,123
福斯	319,735
BMW	276,037
上海汽車	228,963
賓士	228,144
富豪	189,115
奧迪	171,371
現代	159,343
起亞	158,134
長城	137,366
雷諾	136,750
廣州汽車	125,384
寶獅	125,263
豐田	116,029
福特	111,879
奇瑞	99,109
小鵬	98,698
長安	97,911

（資料來源）CleanTechnica編製

言，油電混合車是採取燃油和電動雙軌並行，但由於這項禁令，是只要有一點燃油的車輛都禁售，等於在加州只能銷售電動車。總是引領時代潮流、創造趨勢的加州做出了這項決議之後，可說是震撼全球。英國也宣布跟進，決定自2035年起祭出禁售令。

對於居住在日本的讀者而言，聽到「油電混合車也會使用汽油，所以不准銷售」、「只准銷售電動車」等說法，恐怕會對此舉產生一種「太嚴格」的印象。可是，加州和英國還真的掀起了一波電動車的換車潮。

加州的電動車政策

· 1990年，加州制定《零碳排放車輛法》。
· 規定在加州銷售汽車達一定數量的汽車製造商，電動車（EV）或燃料電池車（FCV）等零碳排車的銷量須達總銷量的一定比例。

燃油引擎車的禁售規範

國家、地區	規範實施年份	汽油車、柴油車	插電式油電混合車（PHEV）	規範內容
加州	2035年	禁售	禁售	在2035年之前，分階段禁售會產生碳排的新車。
中國	2035年	僅准油電混合動力車(HV)	無限制	評估在2035年之前，要讓所有市面上的新車都改為環保車款。
德國	2030年	禁售	無限制	參議院通過將在2035年之前，全面禁售汽、柴油車款的新車。
英國	2030年	禁售	2035年起禁售	將在2035年之前，全面禁售汽、柴油車款。
法國	2040年	禁售	無限制	將在2035年之前，全面禁售汽、柴油車款。

（資料來源）https://www.nikken-totalsourcing.jp/business/tsunagu/column/229

其實加州的電動車政策本來就很先進。早在1990年，加州就已制定《零碳排放車輛法》（*Zero-Emission Vehicle Regulation*），要求銷售汽車達一定數量的汽車製造商，零碳排車（ZEV）的銷量須達總銷量的一定比例。

2020年9月，加文·紐森（Gavin Newsom）州長拍板定案，要求「在加州境內銷售的所有新車，都必須是零排放車款」。如此一來，等於境內普通車輛在2035年之前、中大型貨車則是在2045年之前，都要達到淨零碳排。

全球電動車發展趨勢

波士頓顧問公司（BCG）曾公布一份全球新車銷售量與電動化率的變化走勢，並預估在2030年之前，全球電動車占比將達到51%。圖表4-17下方

圖表4-17 電動車（xEV）在新車銷售數量中的占比，至2030年將達到51%

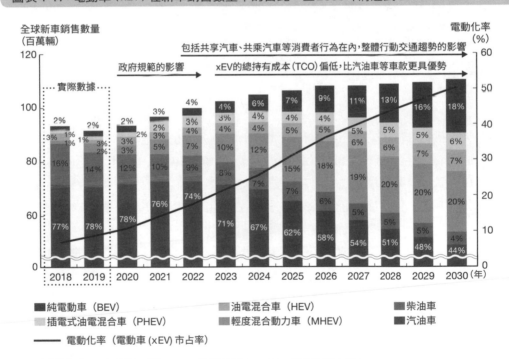

· 電動車（xEV）占比：至2030年全球將邁向51%，日本則為55%。

（註）圖中的百分比數值，為各驅動系統的占比
（註）xEV=BEV+HEV+PHEV+FCEV+MHEV
（資料來源）波士頓顧問公司分析

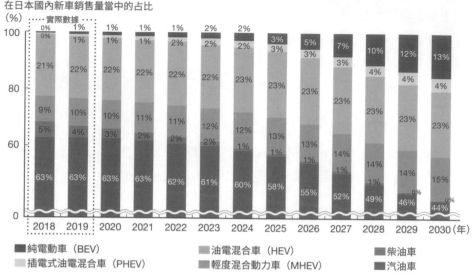

圖表4-18 在日本，受到國內汽車製造商的策略影響，油電混合車的占比居高不下

在日本國內新車銷售量當中的占比

（註）目前新車銷售量並沒有太大的變化，故使用假設數字（約527萬輛）
（資料來源）波士頓顧問公司分析

的兩個區塊，代表的是汽油車和柴油車；最上方的是純電動車（BEV），其次則是油電混合車（HEV）、插電式油電混合車（PHEV）、輕度混合動力車（MHEV）。從電動車到輕度混合動力車，加起來總共是51％，但根據加州和英國的規定，只有最上面的18％——也就是純電動車才可合法銷售。如此一來，恐怕全球車市會全面轉型，大舉向電動車倒戈。

波士頓顧問公司也預測了日本車市的發展趨勢：柴油車幾乎歸零，汽油車占比約為44％，純電動車13％，插電式油電混合車占4％，油電混合車則占23％，輕度混合動力車占15％，也就是有55％都是電動車。因此，如果要說日本在2030年之前，能否做到像加州、英國那樣的水準，我認為恐怕有點難度。

就汽車製造的層面而言，日本過去一直是全球車界的領導者。然而，倘若法規上不能接受油電混合車，那麼日本的立場將會面臨嚴峻的考驗。美國國內有特斯拉這樣具國際競爭力的企業，不論世界各國選用什麼樣的環保規

範，美國的產業都仍具有優勢。無論如何，今後的汽車產業已經不再像仰賴化石燃料運轉的燃油車那樣，需要許多零組件的產業聚落支持。甚至可能還會有許多新的企業群投入車市，呈現有如工業革命時期的發展樣貌。

6 隨總統而改變的地球暖化及外交政策

因應地球暖化問題

　　美國每位總統所提出的地球暖化政策都不同。美國的溫室氣體削減目標，根據拜登總統在2021年4月公布的版本，是要在2030年之前達到比2005年減少50～52％的水準；換言之，相當於全球要減少14.7％。此外，在2021年11月的「第26屆聯合國氣候峰會」（COP26）上，也提出要在2025年之前，讓溫室氣體達到比2005年減少26～28％的中期目標，更承諾要在2050年達到碳中和。

　　回顧過去，可發現歐巴馬是一位非常積極提出氣候變遷因應對策的總統。2013年6月，他公布了一份「總統氣候行動計畫」（The President's Climate Action Plan）；2014年11月，他又宣誓要讓美國的溫室氣體排放量，在2025年之前達到比2005年減少26～28％的水準。

　　此外，歐巴馬在能源政策方面，建立了以緩和與適應氣候變遷為目標的國際合作機制，還爭取到了全球碳排放量最多的國家——中國的配合，促成了《巴黎氣候協定》的簽署。還有，歐巴馬擔心串聯加拿大與德州的石油管線會對環境造成汙染，或對氣候變遷造成負面影響，因而撤銷了這項興建計畫，選擇了對石油穩定供給相當不利的政策。

　　在推動綠能方面，歐巴馬大力推廣風力、太陽能等自然能源與核能。針對已明顯老舊的輸、送電網，則以搭載資訊科技的智慧電表等措施，期能予以重整、重建。

　　不過，後來由於掀起頁岩革命，業者積極開採頁岩氣和頁岩油，使得推動綠能發展的政策無疾而終——這裡所謂的無疾而終，是指難以全面轉型使用再生能源。

　　那麼，川普總統又提出了什麼樣的能源政策呢？川普總統在「美國優先」主義下，以勞工和勞工家庭的利益為優先考量，對產業和創造就業的重視程度更勝環保，因而退出了《巴黎協定》，並推動興建基石XL油管、達科他輸油管（Dakota Access Pipeline）。原本歐巴馬總統是以「對環境會造成負面影響」為由，撤銷了這些油管的興建許可；川普總統卻因為本案可望刺激景氣、增加就業，對國防安全上也有加分效果，而推翻了前朝決定，核准興建。

　　此外，川普還撤銷了美國國內為因應地球暖化問題所訂定的規範。他調整了歐巴馬總統為因應地球暖化問題所訂定的規範限制，以振興美國國內的化石燃料產業為目標，為頁岩革命的發展添加了更多柴火。

　　而拜登總統的能源政策，則是以國際主義為本的美國優先主義。他帶領美國重返川普宣布退出的《巴黎協定》，並在《格拉斯哥氣候協議》當中，承諾將大幅降低溫室氣體的排放量，更停建川普總統任內推動的基石XL油管、達科他輸油管。換言之，歐巴馬總統擋下了油管建置計畫，川普上任後又推動，到了拜登總統竟又喊卡……我想參與專案的相關人士，應該是相當焦頭爛額。

　　另外，拜登總統還喊出了要在2050年之前讓溫室氣體的排放量實質歸

歐巴馬總統的能源政策

●建立以緩和與適應氣候變遷為目標的國際合作機制。
　・爭取到全球碳排放量最多的國家──中國的配合，促成了《巴黎氣候協定》的簽署。

●石油能源安全議題
　・撤銷串聯加拿大與德州的輸油管──基石（Keystone）XL的興建計畫。
　・擔心會對環境造成汙染，或對氣候變遷造成負面影響。

●推動綠能
　・大力推廣風力、太陽能等自然能源與核能。針對已明顯老舊的輸、送電網，則以搭載資訊科技的智慧電表等措施，期能予以重整、重建。
　→因頁岩革命而以失敗收場。

零，2035年之前則要實現無碳發電，而在2030年之前，還要讓離岸風電所製造的再生能源量翻倍成長。再者，他要將30％以上的國土與海域設為自然環境區，妥善保育，甚至還要求純電動車和燃料電池車在市售新車中的占比，必須達50％以上。這些都是很有企圖心的政策。

川普總統的能源政策

● 在「美國優先」主義下，以勞工和勞工家庭的利益為優先考量。
  ・對產業和創造就業的重視程度更勝環保，因而退出了《巴黎協定》。

● 推動基石XL油管和達科他輸油管的興建
  ・原本歐巴馬總統是以「對環境會造成負面影響」為由，撤銷了興建許可；川普總統卻因為本案可望刺激景氣、增加就業，而核准興建。

● 撤銷了美國國內為因應地球暖化問題所訂定的規範
  ・調整了歐巴馬總統為因應地球暖化問題所訂定的規範限制，朝振興美國國內化石燃料產業的方向邁進。

拜登總統的能源政策

● 以國際主義為本的美國優先主義
  ・帶領美國重返川普宣布退出的《巴黎協定》。

● 停建「基石XL油管」和「達科他輸油管」
  ・若提升原油輸送能力，增加石油相關產品的生產與消費，會讓地球暖化加劇。

● 推動碳中和
  ・2050年之前要讓溫室氣體的排放量實質歸零。
  ・2035年之前則要實現無碳發電。
  ・2030年之前，要讓離岸風電所製造的再生能源量翻倍成長，還要將30％以上的國土與海域設為自然環境區，妥善保育。
  ・2030年之前，純電動車和燃料電池車在市售新車（小客車和小貨車）中的占比，要達50％以上。

綜上所述，我們在思考美國如何因應地球暖化問題時，要留意該國的政策可能會有「因總統下台而大轉彎」的風險。

美國放寬能源外交——以委內瑞拉為例

接下來要說明的，是美國對委內瑞拉放寬制裁的原委。2022年5月，拜登政府放寬了美國對委內瑞拉所實施的制裁，重新開放該國的原油進口。到了2022年11月，拜登政府又宣布暫時允許美國石油巨頭——雪佛龍公司重啟在委內瑞拉的能源開採事業，為期六個月。針對這一波放寬制裁的措施，美國政府已有準備，萬一馬杜洛（Nicolás Maduro Moros）政府的態度生變，將隨時調整政策方向，甚至取消相關措施。而銷售這些石油所帶來的獲利，也會全數用來償還委國積欠雪佛龍的債務，不會落入馬杜洛政府的手裡。美國仍將委內瑞拉的貪汙等視為一大問題，至於其他的經濟制裁項目仍會持續進行。

追根究柢，美國會對委內瑞拉實施經濟制裁，是因為反美的查維茲（Hugo Chavez）政權在1999年上台後，做出許多有違常理的舉措，其中還包括了掠奪美系石油公司在當地的石油開採權等。

查維茲政權掠奪石油開採權的行為影響了全世界。玻利維亞政府認為「既然查維茲敢做，那我也不客氣」，便起而傚尤，連哈薩克、俄羅斯也有樣學樣。庫頁島的石油開採權也是因為查維茲政權開啟的契機，才讓俄羅斯天然氣工業公司巧取豪奪，硬是拿走了合夥業者的股份——這種行為的英文是「chavezisation」。換言之，連「查維茲化」的英文都有了，可見他對全世界帶來的衝擊有多大。而繼任的馬杜洛仍承襲查維茲的路線，延續至今。

2017年，川普總統上台後，美國加強對委內瑞拉的制裁力道，限制進口該國石油，以切斷它的收入來源。美國能祭出這樣的手段，是因為在頁岩革命興起後，不必再仰賴進口石油的緣故。換言之，美國可以利用限制石油、天然氣的進口，來對他國實施經濟制裁。

這次美國因為俄國出兵烏克蘭，而帶頭對俄羅斯石油發動禁運的行動，但對歐盟而言，禁運俄國石油後能採購到的石油非常有限。於是全球石油價格飆漲，美國國內的汽、柴油價格也連帶上漲，民怨沸騰，導致國內政局混亂。拜登政府對此當然不能坐視不管。

美國放寬對委內瑞拉的制裁（俄羅斯入侵烏克蘭後）

2006　布希政府下令禁止出口武器給查維茲政府。

2015　歐巴馬凍結了馬杜洛政府重要人士的資產。

2017　川普政府加大制裁力道
　　　· 石油進口限制
　　　· 暫停轉帳匯款
　　　· 封鎖帳號等金融制裁

2022年　拜登政府上台
5月　　· 放寬對委內瑞拉的制裁
　　　· 重新開放原油進口

國名	已探明蘊藏量 （百萬桶，2017年）	全球占比
委內瑞拉	302,809	18.1%
沙烏地阿拉伯	266,260	15.9%
伊朗	155,600	9.3%
伊拉克	147,223	8.8%
科威特	101,500	6.1%
阿拉伯聯合大公國	97,800	5.8%

（資料來源）主要產油國已探明蘊藏量（石油）《石油與天然氣雜誌》（*Oil & Gas Journal*，簡稱OGJ）

　　就這樣，美國放寬了對委內瑞拉的制裁，並要求委國提高石油供給量。此外，為了讓各國——尤其是歐洲各國能買到委內瑞拉的石油，美國還特地出口石油到歐洲，再從委內瑞拉進口石油補足缺口。一般認為，此舉代表美國和委內瑞拉已經和解。

　　委內瑞拉境內蘊藏的石油量，占全球已探明石油蘊藏量的18％，蘊藏量高居全球之冠。委內瑞拉這個國家，以往的確引發了許多人權問題，還對美國做出了各種挑釁舉動。不過，在石油供需吃緊的當下，能運用委內瑞拉的石油是很強力的一帖解方。所以，美國的拜登政府才會願意調整優先順序，把焦點轉向石油的經濟價值，而不是以往的人權等問題。

　　後續值得關注的，則是美國過去因伊朗疑似開發核能而對其發動制裁，未來是否會調整對伊朗的態度。

　　美國正在籲請沙烏地阿拉伯提高石油產量，但美國與沙國之間的關係，曾一度因為記者哈紹吉（Jamal Khashoggi）謀殺案而變得很尷尬。不過，雙方近來已在調整腳步——看來是已朝確保石油穩定供給、緩解供需吃緊的方向前進，不再執著於優先處理人權問題。

綜上所述，在俄羅斯入侵烏克蘭，引發嚴重能源短缺問題的狀況下，美國的外交方針將出現什麼樣的變化，值得我們持續觀察。

美國的「3E」戰略：近滿分的好成績

美國在國家穩定發展、能源安全、國家主權獨立、國家安全、資源穩定供給方面，可說是交出了將近滿分的好成績。俄烏戰爭爆發後，美國在短期能源政策上最該優先處理的是經濟效率的問題。就中長期而言，美國既能在國內開採能源，又可自鄰國進口能源，因此能源取得成本相當穩定。不過，國際局勢對能源價格的影響，會反映在汽柴油的國內價格上，所以政策上可以操作的空間有限。而在經濟效率之後，接著該優先重視的，就是在促進本國產業成長的同時，該如何因應地球暖化問題。一般而言，當政府把重點轉向因應地球暖化問題後，國內產業往往會受到影響。然而，美國即使推動石油、煤炭減量，天然氣仍供給無虞，核能發電量更是稱霸全球。此外，就算禁售汽油、柴油車，美國國內還有電動車業界的強者特斯拉。所以，綜上所述，美國的「3E」戰略可說是堅若磐石。

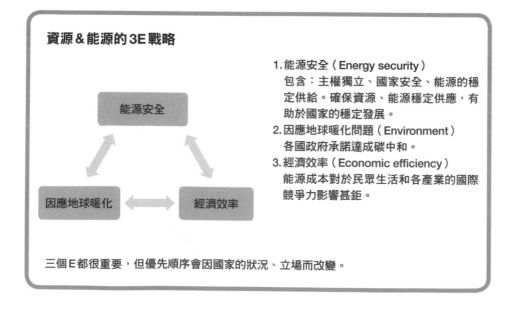

資源&能源的3E戰略

能源安全

因應地球暖化 ← → 經濟效率

1. 能源安全（Energy security）
   包含：主權獨立、國家安全、能源的穩定供給。確保資源、能源穩定供應，有助於國家的穩定發展。
2. 因應地球暖化問題（Environment）
   各國政府承諾達成碳中和。
3. 經濟效率（Economic efficiency）
   能源成本對於民眾生活和各產業的國際競爭力影響甚鉅。

三個E都很重要，但優先順序會因國家的狀況、立場而改變。

在不同情境下，哪個E對國家最重要？

1．因應地球暖化問題	1．能源經濟效率	1．國家主權獨立、國家安全、穩定供給
2．能源經濟效率	2．因應地球暖化問題	2．能源經濟效率
or	or	or
3．國家主權獨立、國家安全、穩定供給	3．國家主權獨立、國家安全、穩定供給	3．因應地球暖化問題

在《格拉斯哥氣候協議》與俄烏戰爭爆發，以及能源價格飆漲的背景下。

第 5 章

中國

深化與俄羅斯的合作，
席捲全球再生能源產業、
全球最大能源消費國

1 中國在世界上的定位

首先，讓我們來看看中國在世界上的定位。

中國在能源方面的全球排名

比較全球主要國家的名目GDP變化，就會發現中國的經濟成長簡直是令人瞠目結舌。在先進國家當中，美國經濟成長率已算是偏高，而中國的經濟成長率竟然還更高，如今名目GDP更是急起直追，直逼美國。不過，隨著經濟的崛起，中國對能源的需求也不斷攀升，愈來愈迫切需要確保能源供應無虞。

在經濟成長的過程中，中國的初級能源消費量已於2009年超越美國，並且還在持續增加。

在能源消費結構方面，中國以煤炭的占比居多。2019年，煤炭在中國的能源總消費量當中占約58％，石油則占19％，天然氣占8％。光是化石燃料，就占了總消費量的85％。

2019年，火力發電在中國的發電裝置容量中占59％，水力發電占18％，風力發電為10％，太陽能也占10％，再生能源占比也已有顯著的增加。不過，核能發電的占比卻只有2.4％（圖表5-1）。

目前，中國是全球最大的能源進口國。美國受惠於頁岩油、頁岩氣的開發，成了能源自給國，進口量逐年下降，中國則是一路攀升。

中國的天然氣進口總量全球第一，既透過管線進口天然氣，也進口液化天然氣。附帶一提，日本的天然氣進口總量是全球第二，但並沒有任何管線與國外相連，所以都是以液化天然氣形式進口；相反的，德國過去基本上都是以管線進口天然氣，受到俄烏戰爭的影響，才開始推動去俄化，進口液化天然氣。而中國在天然氣的進口方式上，則是同時確保了液化天然氣和輸氣管線這兩種方法。

圖表5-2是全球主要國家的能源自給率變化，超過100％就是能源自給國，剩餘部分皆出口他國。首先，圖中最上方的俄羅斯，出口量能（export

圖表5-1 中國的能源消費結構與發電裝置容量（2019年）

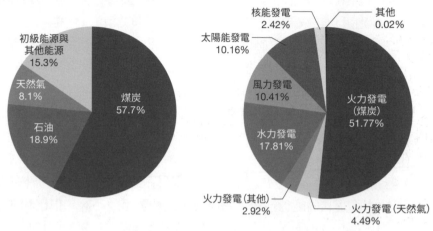

初級能源與
其他能源
15.3%

天然氣
8.1%

石油
18.9%

煤炭
57.7%

核能發電
2.42%

其他
0.02%

太陽能發電
10.16%

風力發電
10.41%

水力發電
17.81%

火力發電
（煤炭）
51.77%

火力發電（其他）
2.92%

火力發電（天然氣）
4.49%

（資料來源）日本能源金屬礦物資源機構（JOGMEC）

圖表5-2 全球主要國家能源自給率變化

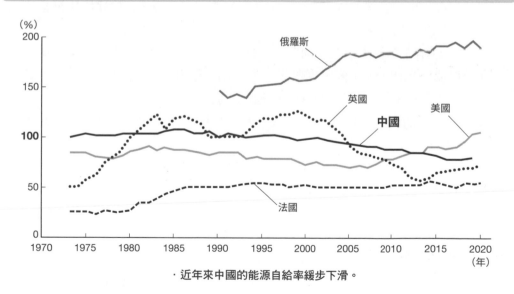

· 近年來中國的能源自給率緩步下滑。

（資料來源）國際能源總署（IEA）

capacity）傲視全球，是能源自給率最高的國家。

　　美國的能源自給率也超過100％。長期以來，美國一直是能源無法自給的國家，直到近年才成為能源自給國。至於中國的能源自給率則是緩步下滑——如前所述，這是為了撐起中國經濟的急速成長，使得能源進口量大增所致。英國早期曾一度受惠於北海原油等能源的庇蔭，但近年來能源自給率下滑到75％。至於法國的能源自給率，則長期維持在50％左右。

　　圖表5-3列出煤炭、石油生產量及消費量的全球前十大國。在煤炭消費量方面，中國一枝獨秀，搶下第一，印度排名第二，美國位居第三。附帶一提，日本則是排名第五。

　　至於在石油生產量方面，中國的產量排名第六，占全球石油生產量的5％。對於中國這樣的能源消費大國而言，這個數字並不高，但已和聞名全球的石油出口國——伊拉克並駕齊驅。美國、俄羅斯、沙烏地阿拉伯是全球三大產油國，中國也有一定程度的產量。在石油消費量方面，中國以些微差距落後美國，屈居第二，緊接在後的則是印度、沙烏地阿拉伯和日本。

　　觀察全球各國最近30年的石油消費量，會發現中國的數字一路攀升。儘管目前消費量最多的還是美國，但成長幅度已漸趨緩，印度呈增加趨勢，而日本則逐步降低。

　　2020年天然氣產量名列前茅的幾個國家，包括一枝獨秀的美國，緊接著是俄羅斯和伊朗，中國在生產量方面同樣排名第四，占全球天然氣總生產量的5％。不過，在消費量方面，中國僅次於美國、俄羅斯，排名第三，用掉了全球總消費量8％以上的天然氣，代表中國所生產的天然氣，根本無法滿足國內的使用需求。

　　最後再說明一下中國境內蘊藏的主要資源。中國北部主要開採的是煤礦，其中又以山西省、內蒙古的蘊藏量最多；石油則主要蘊藏在東北地方、華北地區，以及東部沿岸的大陸棚；至於天然氣，塔里木盆地、新疆維吾爾自治區等地的生產量正逐漸攀升。

　　觀察中國的石油、天然氣產量，會發現石油呈現增加的趨勢，天然氣則是大幅攀升。至於頁岩氣方面，基期產量確實偏低，但呈現大幅成長。綜上所述，足見中國對於國內的石油、天然氣生產，迄今仍努力不懈。

圖表5-3 全球主要國家的煤炭、石油生產量與消費量（2020年）

排名	國家	煤炭生產量（億噸）	國家	煤炭消費量（億噸）	國家	石油生產量（百萬噸）	國家	石油消費量（億噸）
1	中國	3,743	中國	40.43	美國	722	美國	7.772
2	印度	779	印度	8.34	俄羅斯	512	中國	6.807
3	印尼	551	美國	4.33	沙烏地阿拉伯	508	印度	2.154
4	美國	488	俄羅斯	2.23	加拿大	255	沙烏地阿拉伯	1.554
5	澳洲	473	日本	1.84	伊拉克	206	日本	1.55
6	俄羅斯	386	南非	1.68	中國	201	俄羅斯	1.526
7	南非	247	德國	1.38	阿拉伯聯合大公國	165	韓國	1.17
8	德國	105	印尼	1.32	巴西	156	巴西	1.101
9	哈薩克	104	韓國	1.25	伊朗	133	加拿大	1.017
10	波蘭	101	波蘭	1.08	科威特	132	德國	1.005

（資料來源）IEA

圖表5-4 中國主要蘊藏資源

● 油田
▲ 煤礦

煤炭

· 主要集中在北部。
· 山西省和內蒙古自治區的蘊藏量最多。

石油

· 主要集中在西北地區。
· 東北、華北地區和東部沿岸的大陸棚，都有蘊藏石油。

（資料來源）中国まるごと百科事典（allchinainfo）

中國的國營石油公司

接下來我要介紹中國的國營石油公司。

在此之前，需要先回顧一下石油巨頭的發展變遷。早期的石油市場是由洛克菲勒創立的標準石油公司壟斷。不過，後來標準石油公司被分拆，發展出日後由「七姐妹」主導全球石油市場的時代。1986年左右起，全球石油價格跌到逼近十美元保衛戰，石油巨頭相互合併的消息頻傳。後來歷經埃克森與美孚合併、雪佛龍併購德士古、道達爾能源（TotalEnergies）併購億而富（Elf Aquitaine），還有康納和（Conoco）與菲利普斯（Phillips）合併等整合之後，這些公司又成為超級巨頭。

相對於這些超級巨頭，近年來沙烏地阿拉伯的沙烏地阿美、馬來西亞國家石油公司、巴西石油公司、俄羅斯天然氣工業公司、中國石油天然氣集團（CNPC）、伊朗國家石油公司（NIOC）、委內瑞拉國營石油公司（PDVSA）等國營石油公司紛紛崛起，甚至還有「新七姐妹」（new seven sisters）之稱，成長壯大的程度可見一斑。

這裡值得留意的是：中國不只進口石油，還扶植國內的國營石油公司，自行發展石油、天然氣開採技術，更在海外爭取到石油的開採權。

其中最具代表性的中國石油天然氣集團公司（簡稱中石油），已成功躋身「新七姐妹」之行列。它是中國三大國營石油公司之一，經營石油、天然氣的生產、供應以及石化（將石油或天然氣轉變成材料，再加工成為日常用品）等業務。中石油在中國的東北、華北、新疆維吾爾自治區等地，都擁有大規模的油田和天然氣田，更在全國各地都設有大型石化工廠。此外，他們還卯足全力在全球各地爭取石油資源，目前已在亞塞拜然、加拿大、印尼、緬甸、秘魯、土庫曼、委內瑞拉等30多處地點，進行石油、天然氣的探勘或開發。近來更在美軍撤退後與塔利班合作，於2023年1月簽署協議，著手開發阿富汗的北部油田。

中石油有一家子公司「中國石油天然氣股份有限公司」（PetroChina），是中石油讓旗下石油開採部門民營化之後，發展而來的公司。儘管中石油是母公司，中國石油天然氣是子公司，但兩者都是享譽全球的知名企業。

至於SINOPEC則是指中國石油化工集團公司，採取一條龍式的經營，業務內容涵蓋石油事業最上游的石油開採，到最下游的石化工業，是中國國

內規模第二大的國營石油企業。它還很積極地併購海外企業以便提高產量，同時也厚植海外案件的實務知識。

　　而中國海洋石油總公司（CNOOC）則是中國石油業界第三大的國營企業。它的業務主要是在中國大陸沿岸進行石油、天然氣的探勘、開採與開發，也很積極跨足金融和新能源等領域。目前油氣開發的主力放在渤海及南海；「日中中間線」附近的天然氣開發，就是在中海油的主導下進行（譯注：日本主張日、中兩國的專屬經濟海域，應以兩國海岸基準線的中間線〔median-line〕為界，這即所謂的「日中中間線」）。

　　以上簡單說明了中國最具代表性的三大石油公司。中國為了確保石油、天然氣產量所做的努力，終於在國營石油公司的發展上開花結果。

石油巨頭的變遷

七姐妹	➡	超級巨頭	➡	新七姐妹

自第二次世界大戰後至1970年代，幾乎壟斷全球石油生產的七家公司，被稱為「七姐妹」。

1. 紐澤西標準石油
2. 荷蘭皇家殼牌
3. 英國波斯石油公司
4. 紐約標準石油
5. 加州標準石油
6. 海灣石油
7. 德士古

產油國為避免利益受制於國際大型石油公司（The International Majors）等勢力，而成立了OPEC，使得七姐妹的影響力式微。到了1990年代以後，七姐妹由原本的七家公司，整併成六大超級巨頭。

1. 埃克森美孚
2. 殼牌
3. 英國石油
4. 雪佛龍
5. 道達爾能源
6. 康菲石油

俄羅斯及中國等七家主要國營石油企業，原油產量占比達全球的30%，持有油田的蘊藏量也占全球已探明石油蘊藏量的30%，存在感愈來愈鮮明。

1. 沙烏地阿美
2. 馬來西亞國家石油公司
3. 巴西石油公司
4. 俄羅斯天然氣工業公司
5. **中國石油天然氣集團**
6. 伊朗國家石油公司
7. 委內瑞拉國營石油公司

中國最具代表性的三大石油公司

CNPC　**中國石油天然氣集團公司**
‧中國三大國營石油企業之一,經營石油、天然氣的生產、供應,以及石化工業產品的生產、銷售業務,就中國國內而言,它是這個領域規模最大的公司,也是新七姐妹的一員。
‧在中國的東北、華北、新疆維吾爾自治區等地,都擁有大規模的油田和天然氣田,更在全國各地都設有大型石油化學工廠。
‧卯足全力在全球各地爭取石油資源,目前已在亞塞拜然、加拿大、印尼、緬甸、秘魯、土庫曼、委內瑞拉等30多處地點,進行石油、天然氣的探勘或開發。

SINOPEC　**中國石油化工集團公司**
‧採取一條龍式的經營,業務內容涵蓋石油事業最上游(石油開採)到最下游(石化工業),是在中國國內規模第二大的國營石油企業。
‧積極併購海外企業,以便提高產量,同時也厚植海外案件的實務知識。

CNOOC　**中國海洋石油總公司**
‧中國三大國營石油公司之一,就規模而言排名第三。它的業務內容是在中國大陸沿岸進行石油、天然氣的探勘、開採與開發。
‧近年來也很積極跨足金融和新能源等領域。
‧油氣開發的主力放在渤海及南海。
‧「日中中間線」附近的春曉油氣田開發,就是在這間公司的主導下進行。

2 再生能源

接下來，再談談中國的再生能源。

2020年，在中國的發電量占比當中，火力發電占68％，比重相當高。除了火力發電之外，水力占18％，風力占6％，核能占5％，太陽能則占3％。觀察近十年來的比重變化，就會發現火力發電其實已從原本的八成降到68％，而核能則從1.8％成長到5％，水力發電也增加到了18％。不僅如此，風力和太陽能的比重也年年攀升。

首先，我來說明一下中國核能發電的現況。截至2021年1月，中國運轉中的核子反應爐共有50座，數量排名全球第三，僅次於美國和法國。另一方面，中國興建中的核子反應爐有16座，遙遙領先其他國家。印度有6座興建中的核子反應爐，僅次於中國，韓國則有4座（編注：截至2024年初，根據國際原子能總署〔IAEA〕，全球興建中的核子反應爐數量以中國23座領先，印度7座次之，土耳其4座排名第三）。包括目前運轉中的反應爐在內，據說今後的核電廠都將朝小型反應爐的方向發展——而中國、印度和俄羅斯，是這個領域在全球市場中的領頭羊。

至於水力發電的發電量，則是中國遙遙領先，稱霸全球。第二名是巴西，第三名則是加拿大，緊接在後的第四名則是美國。中國的水力發電廠數量相當多，其中尤以三峽水庫最負盛名。這座水庫所形成的人工湖，面積是日本琵琶湖的1.6倍，總蓄水量則是日本最大拱形壩黑部水庫的200倍，發電量更相當於15個核子反應爐。中國的水力發電，多數都是利用「長江」這一條水量豐沛的河川。此外，「抽蓄發電」這種把水抽到高處來發電的方式，對中國的發電需求也很有貢獻。

再來檢視中國對湄公河的開發狀況。說到湄公河，一般人會想到的多半是寮國、泰國、柬埔寨等國，但它的上游其實位在中國。目前中國就在湄公河上游開發水力發電廠，這對於湄公河流域或下游的國家而言，等於是河水量被中國掌控。不僅有破壞生態系、漁獲量減少等隱憂，甚至還已出現南海海水倒灌、淡水養殖漁場有鹽水流入等災情，下游各國都人人自危。

圖表5-5 中國各類能源發電量占比（2020年）

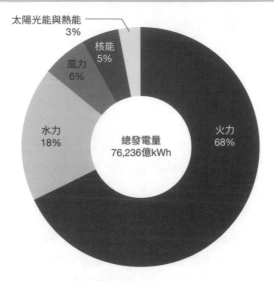

太陽光能與熱能
3%

核能
5%

風力
6%

水力
18%

總發電量
76,236億kWh

火力
68%

（資料來源）中國電力企業聯合會、中國清華大學氣候變遷與永續發展研究院（節錄自NEDO）

　　在風力發電方面，中國占全球總發電量的51％，是其他國家望塵莫及的風電龍頭。第二名是美國，第三名是巴西，接著則是越南。中國積極引入外資，並運用海外資本及實務知識，不斷擴大風力發電的規模。比方說，江蘇省的風力發電專案就是與法國的電力公司合作，由中國的國家能源集團負責興建、營運。

　　至於在太陽能發電方面，中國同樣一枝獨秀。第二名起的排名依序是美國、日本和德國。中國在內蒙古自治區興建的沙漠集中型太陽能發電廠──達拉特太陽能電廠，規模全球最大，占地幾乎等同於日本山手線鐵路圈出的內側面積（約63平方公里），可創造出的電量則相當於兩座大型核能發電機組。此外，中國早就從風力發電區域──也就是西部和新疆維吾爾自治區出發，鋪設了超長程輸電線，連接到高用電需求的東部沿海地區。

3　風力及太陽能相關設備的製造大國

　　中國是再生能源相關設備的製造大國。全球水力發電廠70％的興建工程，以及風力發電設備產量的50％，都是由中國企業承攬。此外，在太陽能發電設備方面，58％的矽、93％的矽晶圓、75％的太陽能電池（Solar Cell），以及73％的太陽能電池模組（module），都是由中國企業生產。可見中國在朝再生能源的方向進行能源轉型之際，也在扶植生產相關設備的企業。

　　中國國內的能源需求，已連續多年蟬聯全球之冠。為滿足如此龐大的需求，中國不斷增設水力、風力、太陽能和生質能等再生能源的發電設備。就發電裝置容量的細目來看，中國的水力發電量達3.7億kW（瓩），連續16年全球第一；風力發電量有2.8億kW，連續11年稱霸全球；太陽能發電量為2.5億kW，連續6年掄元；生質能發電量則是2,952萬kW，連續3年榮登全球榜首。因此，在2020年全球再生能源發電量當中，中國就占了三分之一。

　　2020年全球風力發電機製造商占比，由美商奇異（GE）奪下冠軍，第二名則是中國製造商金風（Goldwind），第三名是丹麥商維斯塔斯（Vestas），第四名為中國製造商遠景能源（Envision），第五名是德國與西班牙合資成立的西門子歌美颯（Siemens Gamesa）。綜觀全球前五大廠，會發現美國、丹麥和德西合資占了三席，兩家是中國企業。然而，如果再看前十大，就會發現六

中國是再生能源相關設備的製造大國

●全球水力發電廠70％的興建工程，都是由中國企業承攬。
●全球風力發電設備產量的50％，掌握在中國企業手上。
●中國企業在太陽能電池相關零組件供應方面的占比：
　‧矽58％
　‧矽晶圓93％
　‧太陽能電池75％
　‧太陽能電池模組73％

到十名都是中國企業，等於前十名當中，有七家是中資。

　　值得一提的是：當中的第九名中車山東（CRRC）和第十名三一（Sany），是從榜外一路爬升到十大，第七名的上海電氣（Sewind）則是從第九名往上升，第四名的遠景能源也是從第五名爬升上來，排名第六的明陽（Mingyang）和第二的金風，則是與2019年持平，第八名的浙江運達能源（Windey）則是從第七名下降到第八。中國企業的突飛猛進，已顯而易見。

　　後續美國奇異公司會如何在全球大顯身手，丹麥的維斯塔斯能維持多少市占率，而西班牙和德國的企業又會如何發展，備受各界關注。遺憾的是，日本廠商全軍覆沒。

　　至於在風力發電營運商的市占排行當中，前八名就有六家是中國企業。

圖表5-6 全球風力發電機製造商市占率排行

2019年		變化	2020年	
第1名	維斯塔斯（丹麥、16%、9.6GW）		第1名	奇異（美、14%、13.35GW）
第2名	金風（中、13%、7.64GW）		第2名	金風（中、13%、13.06GW）
第3名	奇異（美、11%、6.98GW）		第3名	維斯塔斯（丹麥、13%、12.4GW）
第4名	西門子歌美颯（德西、9%、5.49GW）		第4名	遠景能源（中、11%、10.35GW）
第5名	遠景能源（中、8%、5.11GW）		第5名	西門子歌美颯（德西、8%、7.65GW）
第6名	明陽（中、7%、4.5GW）		第6名	明陽（中、6%、5.64GW）
第7名	浙江運達能源（中、3%、2.06GW）		第7名	上海電氣（中、5%、5.07GW）
第8名	諾德克斯阿馳奧納（Nordex Acciona）（德西、3%、1.96GW）		第8名	浙江運達能源（中、4%、3.98GW）
第9名	上海電氣（中、3%、1.71GW）		第9名	中車山東（中、4%、3.84GW）
第10名	聯合電力CSIC（中、2%、1.46GW）		第10名	三一（中、4%、3.72GW）
其他	（25%、15.05GW）		其他	（18%、17.06GW）
合計	（61GW）		合計	（96.3GW）

．各企業的銷量都有顯著增加。

．前10名當中有7家中國企業。

．2020年新架設量為96.3GW/年（中國占比50%以上，美國約20%）。

（資料來源）日本風力發電協會

中國不只在風力發電製造商領域橫掃千軍，在營運方面也席捲全球。前八大營運商當中，除了六家中國企業之外，剩下的伊比德羅拉（IBERDROLA，西班牙）、新世紀能源（NextEra Energy，美國）後續會如何發展，值得我們關注，也期盼日本企業能在這些領域大顯身手。

在太陽能發電板製造商的排名方面，前八名當中就有五家是中國公司，前四名更是被中企包辦。近年來，太陽能發電在全球普及，就連非洲也架設起了太陽能發電板。而在銷售端也有愈來愈多中國企業出現。早期夏普（SHARP）、京瓷（KYOCERA）、三洋（SANYO）等日本廠商，也曾有過極具國際競爭力的輝煌時代，如今卻沒有任何一家日商名列前茅。

4 電動車製造大國

接著，要再說明中國這個「電動車製造大國」的現況。

圖表5-7是2021年全球電動車的銷量數字。第一名是特斯拉，雖說它是美國企業，但在中國和德國也有設廠生產，與中國也有很深的淵源。接著第二名是比亞迪，第三名則是上汽通用五菱汽車（SGMW），兩者都是中國公司。第七名的上海汽車，也是中企。等於前十名當中，就有三家中國公司。其實在這十大製造商當中，有四家德商企業——福斯、BMW、賓士分別攻占第四、五、六名，奧迪（Audi）則排名第九，以總分而言還是略遜中國一籌。此外，第八名的富豪（volvo）雖是瑞典企業，但股東其實是中資。來到第十、第十一名，才有現代（HYUNDAI）、起亞（Kia）這兩家韓系車商上榜。自第十二名起，基本上絕大多數都是中國車廠。第十三名是法國的雷諾（Renault），十五名是法國寶獅（PEUGEOT），十六名是日本的豐田（TOYOTA），十七名則是美國的福特（FORD），除此之外都是中企的天下。還有，排名第十九的「小鵬汽車」（Xpeng）這家公司，和蔚來汽車（NIO）、理想汽車（Li Auto）並列為中國三大電動車新勢力，還有人說它們是三兄弟，成長氣勢如虹。

綜上所述，中國企業在電動車市場的發展攻勢凌厲，一般認為後續還會

再成長。就2022年1到6月來看，中國企業又拉高了電動車銷量，銳不可當。

另外，這些中國車廠還發展電動車出口業務。2021年，對歐洲就出口了23萬輛，是前一年度的4.8倍；對亞洲也出口了22萬輛，包括日本引進比亞迪的純電動巴士，以及東南亞各國的銷售。就這樣，中國電動車廠在日本車的海外大本營──東南亞也不斷拓展銷量。2021年，在泰國的純電動車市場上，上海汽車已有五成市占率（編注：2023年3月上海汽車市占率降至15%，比亞迪以39%市占率居冠）。後續中國電動車的出口狀況，已不容小覷。

以上是中國電動車業者的蓬勃發展。而如此蓬勃發展的背景因素，其實是中國政府的推波助瀾。中國政府給的「紅蘿蔔」，是購車補助和免稅等金錢方面的誘因；而「鞭子」則是要求汽車組裝廠和汽車進口商必須依既往生產、進口燃油車款的數量，生產相應數量的新能源車（電動車、油電混合車、燃料電池車）。簡而言之，要是業者沒有生產新能源車，就不能出口或生產燃油車。於是新能源車在中國國內的銷量連年攀升，至2019年時，新能源車的

圖表5-7　2021年全球電動車銷售量

排名	製造商	銷售量	國家	排名	製造商	銷售量	國家
1	特斯拉	936172	美國	11	起亞	158134	韓國
2	比亞迪汽車	593878	中國	12	長城汽車	137366	中國
3	上汽通用五菱汽車	456123	中國	13	雷諾	136750	法國
				14	廣州汽車	125384	中國
4	福斯	319735	德國	15	寶獅	125263	法國
5	BMW	276037	德國	16	豐田	116029	日本
6	賓士	228144	德國	17	福特	111879	美國
7	上海汽車	226963	中國	18	奇端	99109	中國
8	富豪	189115	瑞典	19	小鵬汽車	98698	中國
9	奧迪	171371	德國	20	長安汽車	97911	中國
10	現代	159343	韓國		其他	1731984	
				總銷售量		6495388	+7.8%

（資料來源）https://www.hyogo-mitsubishi.com/news/data20220301100000.html

中國新能源車市場擴大方案

●紅蘿蔔
・金錢誘因（購車補助和免稅等），補助原本預計發放至2020年，後延長至2023年。

●鞭子
・積分制：政府要求汽車組裝廠和汽車進口商必須依既往生產（進口）燃油車款的數量，生產（進口）相應數量的新能源車。

占比已達4.7％，且其中有八成是電動車。就連特斯拉的電動車，在中國都相當暢銷。

　　中國曾公布《節能與新能源汽車技術路線圖2.0》報告，當中設定了2025、2030、2035年的各項目標：燃油車占比的目標要從2025年的40％，到2030年的15％，然後2035年減至0％；油電混合車的目標，則是要從2025年的40％，到2030年的45％，然後2035年增至50％；至於電動車等新能源車，儘管現狀只有5％，但目標是要從2025年的20％，到2030年的40％，然後2035年增至50％。中國公開表示，要朝電動車的方向布局，進而讓燃油車歸零。

5 因應地球暖化問題

　　讓我們來看看中國如何因應地球暖化問題。

　　在碳排量方面，中國遙遙領先各國，成為全球之冠。和第二名的美國相比，它的碳排量竟達兩倍之多，更是第三名印度的四倍。因此，中國要如何減碳，不只是中國的問題，更是攸關全球的關鍵議題。

　　在格拉斯哥氣候峰會上，「廢止煤炭火力發電」這項方針，其實直到協議內容的最終草案都還看得到。然而，對於煤炭占國內能源總消費量約58％、煤炭火力發電裝置容量占總發電量51.77％的中國，以及同樣對煤炭

圖表5-8 全球大國二氧化碳排放量（2018年）

排名	國家	排放量（億噸）
1	中國	95.708
2	美國	49.211
3	印度	23.078
4	俄羅斯	15.87
5	日本	10.807
6	德國	6.961
7	韓國	6.058
8	伊朗	5.796
9	加拿大	5.652
10	印尼	5.429

（資料來源）日本外務省

依存度極高的印度而言，當然無法接受。到了準備通過協議的前一刻，才又將文字內容調整為「分階段削減煤炭消費量」。對中國來說，廢止煤炭火力發電就是在動搖能源供給的根本，所以才改用「分階段削減」這個說法定案。

在碳中和政策方面，2020年9月，習近平國家主席在聯合國大會上，發表了中國推動環保議題的長期規畫：第一點是要在2030年以前實現「碳達峰」（carbon peak），也就是要讓二氧化碳排放量達到峰值；第二點則是要在2060年之前達到碳中和。在中國，這兩項目標被稱為「3060目標」，更已成為碳中和政策的一大轉捩點。

2020年12月，為籌備延期到2021年的格拉斯哥氣候峰會，聯合國以線上方式召開了氣候變遷高峰會。會中，中國國家主席習近平發表了在2030年之前要達成的目標：第一項是每單位GDP碳排量要比2005年下降65％以上；第二項是初級能源消費當中，非化石能源比重要達到約25％；第三項是森林蓄積量要比2005年增加60億立方公尺；第四項是風力發電和太陽能發電的總裝置容量要達到12億kW。

這些方針，和「自2026～2030年，開始逐步減少煤炭使用量」，都列

中國的碳中和政策①
● 2020年9月 聯合國大會
中國國家主席習近平發表了中國推動環保議題的長期規畫。
1. 2030年之前實現「碳達峰」（讓二氧化碳排放量達到峰值）
2. 2060年之前達到碳中和（二氧化碳排放量達到淨零）
→中國稱之為「3060目標」，是碳中和政策的一大轉振點。

中國的碳中和政策②
● 2020年12月 聯合國氣候變遷高峰會
中國國家主席習近平發表了2030年之前要達成的目標。
1. 相較於2005年，每單位GDP碳排量下降65%以上。
2. 初級能源消費當中，非化石能源比重要達到約25%。
3. 相較於2005年，森林蓄積量要增加60億立方公尺。
4. 風力發電和太陽能發電的總裝置容量要達到12億kW。

入了中國2021年3月公布的「第十四個五年規畫」當中。

在因應地球暖化問題方面，中國也很積極推動「碳捕存」（CCS）和「碳捕捉、封存、再利用技術」（CCUS）。

此外，中國對於造林也很積極。中國建國之初，森林面積不到國土的10%。在持續造林之下，沙漠化的土地面積已轉趨減少。目前中國國內便於造林的區域幾乎都已植林完畢，因此森林面積的增加速度已略為放緩。觀察從1998年起的20年間，森林面積持續增加，森林覆蓋率已突破20%，朝25%邁進。

不僅如此，中國還運用市場經濟的機制，加強綠色金融的發展。2021年，中國成立了碳排放權交易所，綠色債券（green bond）發行金額全球排名第二。他們還試圖與歐盟永續分類標準（EU Taxonomy）接軌（譯註：歐盟已與中國自2020年起著手訂定「共同分類標準」〔Common Ground Taxonomy〕，並於2021年11月公布），期能吸引更多海外的資金活水進場投資。

圖表5-9 中國的碳捕存與再利用

· 中國起步較早，自2007年前後，就開始以實證測試的方式，推動「碳捕存再利用」（CCUS，二氧化碳的捕捉、封存和再利用）專案，並朝實際運用的方向推動技術研發。
· 目前多數專案是在捕捉後不封存，直接轉作工業用途。

（資料來源）資源能源廳

6 為確保能源穩定供給所做的努力

接下來，要談的是中國為確保能源穩定供給所做的努力。為此，我們要先來檢視一下中國進口能源的咽喉點風險。如果要把在非洲開採到的石油運到中國，必須通過曼德海峽；而在安哥拉等地開採到的石油，則要繞過好望角才能送到中國。

圖表5-10呈現的是中國進口能源的咽喉點。如圖所見，除了上述地點之外，不僅還有麻六甲海峽，從委內瑞拉進口時，則要通過巴拿馬地峽。美國進口能源的咽喉點不斷減少，中國卻逐漸增加──這件事日後說不定會成為中國積極參與全球海洋安全防衛的動機。

中國的原油進口量不斷攀升，對外依存度也節節升高，甚至到2019年

圖表5-10 中國的咽喉點風險

咽喉點占比(%)			
	2000年代	2015年	2018年
法國	71.8	65.5	62.7
德國	45.0	58.4	55.8
英國	12.7	8.5	11.1
美國	48.3	42.5	29.3
中國	142.5	149.6	151.2
日本	177.3	167.6	180.2
韓國	163.6	175.8	171.4

‧咽喉點：重要航線集中的地點

（資料來源）根據國際能源總署（IEA）〈Oil information 2020 data base〉、中國進口統計資料編製。

已突破72％。至於在進口來源方面，2019年是由冠軍的沙烏地阿拉伯，和亞軍的俄羅斯分庭抗禮。到了2020年8月，俄羅斯竟超車沙烏地阿拉伯，成了第一名。近來由於俄羅斯入侵烏克蘭，對俄羅斯祭出禁運措施的國家愈來愈多，而中國的進口量卻不減反增。從2006～2012年，中國每年自俄進口的石油量，約莫1千萬噸上下，此後年年增加，到2020年已來到7,530萬噸。一般預期，後續很可能還會再繼續攀升。

7 中國的天然氣和煤炭

中國的天然氣

中國天然氣供給的對外依存度，已突破45％大關。儘管中國也出產天然氣，甚至還有生產頁岩氣，但消費量的增加遠大於供給，而且今後恐怕還會持續上升。

圖表5-11列出了中國的天然氣進口來源國。先看「管線天然氣」部分，

2019年是以土庫曼占絕對多數，比重達66％，哈薩克則占14％，兩國占比已達八成，而烏茲別克也有10％，等於有九成都來自中亞，剩下主要是從緬甸進口。圖表左下方是截至2020年8月的期中統計，可看出來自俄羅斯的天然氣進口量占比仍在增加。「西伯利亞力量2號」天然氣管線完工後，想必還會再更向上攀升。此外，俄烏戰爭於2022年2月爆發，而就在戰火爆發

圖表5-11　中國的天然氣進口來源國（2019～2020年）

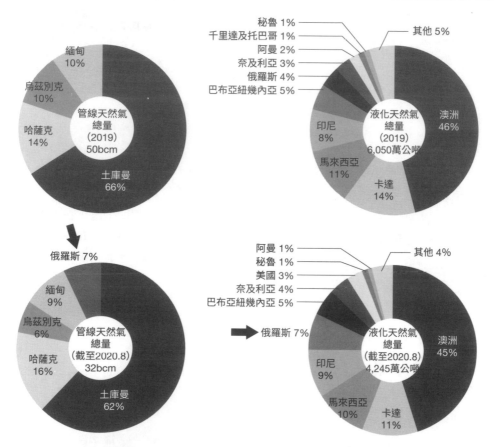

· 2022年2月，俄中兩國簽訂了擴大對中輸出俄國天然氣的合約。

（註）bcm＝十億立方公尺
（資料來源）日本能源金屬礦物資源機構（JOGMEC）北京事務所根據思亞能源（SIA Energy）之數據編製。

前，俄中兩國才剛剛簽訂了擴大對中輸出俄國天然氣的合約。

接下來再看看「液化天然氣」的部分。中國自澳洲進口的液化天然氣相當多，占比達46％，接著是卡達的14％、馬來西亞11％、印尼8％。至於俄羅斯在2019年才僅4％，而2020年的統計還只是期中數字，來自俄羅斯的進口比重就已增至7％。

2019年時，中國的液化天然氣進口是以澳洲的占比最高，達46％；但自2020年左右起，自美國、俄羅斯和卡達等地的進口量開始增加。這個轉變的背景因素，想必是由於澳中關係降到冰點，中國刻意降低對澳洲液化天然氣的依存度所致。因此，今後中國的需求，預測將會由中東和俄羅斯的進口液化天然氣來支應。

中國的液化天然氣進口接收站，基本上都分布在沿海主要城市。截至2019年9月，中國有22個運轉中的液化天然氣進口接收站。此外，在管線方面，請記住中國擁有串聯自中亞的「西氣東輸」專案。這個專案是從位在中國西北方的中亞地區，透過西氣東輸二線、西氣東輸三線、西氣東輸四線等管線，將天然氣輸送到中國的東部沿海。中國政府為了這些管線，成立了一家名叫「國家石油天然氣管網集團」（PipeChina）的公司，打算擴大經營管線業務。綜上所述，目前中國天然氣供應的現況，就是西側透過管線供氣，東側沿海則設有進口液化天然氣接收站。

中國的煤炭

接著要再談談中國的煤炭。

圖表5-12列出了中國的煤炭進口來源國。圖中雖有澳洲、印尼和其他，但自2021年起，澳洲的進口量就已歸零。這個變化，和澳中之間的關係降到冰點有關。

據報導，澳中雙方關係急凍的導火線，是因為澳洲譴責中國應針對可能源自武漢的新型冠狀病毒一案，進行更詳細的調查；再加上中國企圖在索羅門群島設置軍事基地，澳洲對此大表憂慮所致。

中國自澳洲進口液化天然氣的數量，也已呈現下降的趨勢。這些舉動，恐怕也帶有「確保能源穩定供給措施」的意涵，意即中國要降低對澳洲的能源依存度吧？

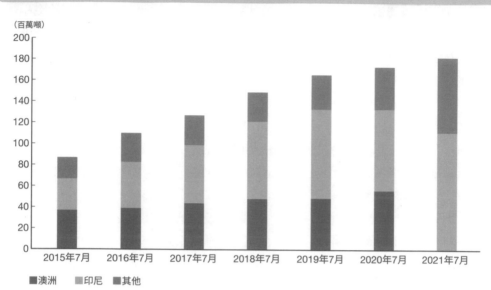

圖表5-12 中國的煤炭進口來源國（2015～2021年）

（百萬噸）

2015年7月　2016年7月　2017年7月　2018年7月　2019年7月　2020年7月　2021年7月

■澳洲　■印尼　■其他

（資料來源）波羅的海國際航運公會（BIMCO）、Oceanbolt

8 通往中國的五大天然氣管線

在本節當中，我們要詳加探討通往中國的天然氣管線。

首先，就讓我們從「西氣東輸」這個國家專案開始談起。這其實是一套將中國西部天然氣輸往東部沿海的構想，而當中的一部分，就是再向西延伸出名叫「中哈天然氣管道」、「中國—中亞天然氣管道」的管線。這些管線基本上是將土庫曼的天然氣，經烏魯木齊輸送到上海等大都市。

此外，在中國南方還有「中緬天然氣管道」。緬甸由於軍政和打壓民主等因素，飽受國際社會撻伐，很多國家都不願與之貿易或對其投資。不過，中國和緬甸倒是一直維持互動關係，緬甸當地開採的天然氣，目前還持續出口到四川省的成都。

　　此外，在中國東北部設有「西伯利亞力量」管線。這是用來將俄羅斯東西伯利亞的天然氣，輸送到哈爾濱、北京的一條管線。

　　以上三條是目前運轉中的主要天然氣管線。

　　除了上述管線之外，後續還有正在興建當中的「西伯利亞力量2號」會加入輸氣。它是從「西西伯利亞」和「東西伯利亞」這兩大天然氣田，經蒙古通往中國的輸氣管線。受到俄國入侵烏克蘭的影響，全球願意購買俄羅斯天然氣的買家驟減，此時，我們更需要特別留意這條能大幅推升對中天然氣

圖表5-13　通往中國的天然氣管線

・運轉中：「中哈天然氣管道」「中緬天然氣管道」「西伯利亞力量1號」
・計畫中：「中俄遠東線天然氣管道」、「西伯利亞力量2號」

（資訊來源）https://wisdom.nec.com/ja/series/tanaka/2022032501/index.html

出口量的「西伯利亞力量2號」。

此外，目前還有一條規畫中的「薩哈林1號」（Sakhalin-1）管線，要從位置比「西伯利亞力量」更偏東側庫頁島出發，連接中國的輸氣管線。未來預計將以管線串聯庫頁島和俄國的德卡斯特里，再透過現有管線，將天然氣輸送到北京。

我再重新整理一下中國目前的管線天然氣進口占比：土庫曼占62％，哈薩克則占16％，烏茲別克6％，中亞加總起來已超過80％。後續來自俄羅斯的進口量應該會再增加，並超越緬甸。

中哈天然氣管道（中國－中亞天然氣管道）

中國－中亞天然氣管道由俄羅斯天然氣工業公司、中國石油天然氣集團等單位主導興建，於2009年完工。這條管線將中國與土庫曼、烏茲別克與哈薩克等國串聯起來，自當地進口天然氣。管線全長7千公里，長度可觀，也成就了「西氣東輸」專案。

在這條管線完工啟用之前，土庫曼的天然氣輸出量當中，有將近70％都要取道俄羅斯的管線，所以總是被俄羅斯趁火打劫；管線完工後，土庫曼就可以出口到中國這個天然氣消費大國，不再只輸氣給俄羅斯。以往，中亞的天然氣出口全都掌控在俄羅斯手中。有了這條管線，中亞各國的能源出口對象就會更多元。就結果而言，此舉對於推升中國在中亞的影響力，也很有貢獻。

中緬天然氣管道

這條管線也是在中國石油天然氣集團的主導下興建，並於2013年啟用。它可將緬甸西部若開邦（Rakhine）出產的天然氣，輸送到中國。此外，在2017年時，還啟用了一條與之並行的輸油管線。這條輸送原油、汽油的管線，可讓非洲國家透過油輪運送而來的原油，在若開邦的皎漂港卸貨後，再透過管線送到四川成都。

這條輸油管線為中國大幅降低了咽喉點風險——因為進口路線不必再通過麻六甲海峽。中國在非洲蘇丹、安哥拉等地握有石油開採權，若能將當地開採到的原油，運到緬甸皎漂港卸貨，可縮短船運距離，油輪運送費用也會

隨之下降。換言之，不僅能源安全有保障，在經濟上更是大有好處。中國的深謀遠慮，由此可見一斑。

中俄東線天然氣管道（西伯利亞力量1號）

中俄東線天然氣管道，又被稱為「西伯利亞力量1號」。它也是由中國石油天然氣集團主導興建，並於2019年啟用。透過俄羅斯天然氣工業公司負責營運的管線，將天然氣從雅庫特（Yakuts）輸送到濱海邊疆區（Primorskiy kray），再進入中國，且以油氣並行的形式運作。後續除了這條管線之外，預計還會再加上經蒙古通往中國的「西伯利亞力量2號」。

中俄遠東線天然氣管道（薩哈林）

中俄遠東線是從位在俄羅斯遠東地區的庫頁島出發，途中與「西伯利亞力量」匯流，再輸送天然氣到中國的一條管線。俄羅斯入侵烏克蘭後，歐美石油企業埃克森、殼牌已撤出庫頁島，而俄羅斯和中國在俄烏戰爭中選擇站在一起，還簽訂了提高出口輸氣量的合約，教人不禁好奇今後當地情勢會發生什麼變化。

中俄西線天然氣管道（西伯利亞力量2號）

「西伯利亞力量2號」的容量多達500億立方公尺，規模相當龐大。俄羅斯已提出取道蒙古的鋪設方案，若能成真，俄國對中出口的天然氣量將大增兩倍以上。據了解，這條管線主要是要讓西西伯利亞那些以往輸送到歐洲市場的天然氣，也能輸出到中國。對現在的俄羅斯而言，在出兵入侵烏克蘭之後，想必這條管線將成為承擔出口大任的要角。

天然氣儲備

中國也很努力提高能源儲備，不僅透過管線從各地調度天然氣，也在國內建置了完善的儲備設施。目前光是地下的天然氣儲備設施，就有27處。除此之外，中國也很積極推動液化天然氣儲槽設備的建置。在要求天然氣公司、管線業者多角化開發天然氣客戶、提高供應量之餘，也要求他們負起儲備的責任，雙管齊下，以備不時之需。

　　以上就是中國目前的能源戰略。隨著經濟的成長，中國對能源的需求也與日俱增。急於確保能源穩定供應的中國，在降低煤炭消費量的同時，也透過提高來自俄羅斯、中亞與緬甸的天然氣進口量，以及包括風力、太陽能、水力及核能在內的再生能源選項，來彌補煤炭的能源缺口。

　　在此，希望您要有這樣的認知：建立脫碳社會，對能源安全也是一大利多。當風力、太陽能和水力等能源的比重增加，意味著石油、天然氣的進口下降。如此一來，不僅可幫助中國降低咽喉點風險，對於能源的穩定供給，也有一定程度的助益。

　　有預測認為，未來中國的能源消費當中，石油、天然氣的對外依存度可望大幅降低，從17.2％減至5％。而中國就像這樣，穩健地朝能源穩定供給、國家穩定發展的方向邁進。

　　為追求國家利益，中國在國家主權穩定，和顧及製造業發展的環保措施方面，分別都已祭出因應之道。再者，俄羅斯的天然氣，則因為受到全球各國去俄化政策的影響，而顯得乏人問津。中國選擇進口這些天然氣，想必能源經濟效益也會隨之上升。我個人認為，中國的能源政策堪稱是一石二鳥，甚至是三鳥、四鳥。因此這些政策，都很值得借鏡，更值得敬佩。

第 6 章

歐盟（歐洲）

強化核能與天然氣發電，
以「因應地球暖化」及「去俄化」

1 歐盟的能源戰略

我們來看看歐盟的能源戰略，同時也要探討歐盟主要國家——除了已經說明過的德國之外，還有英國、法國、義大利、西班牙、荷蘭，以及近年才向北大西洋公約組織提出加盟申請的瑞典和芬蘭，最後還要介紹土耳其的能源戰略。我們要學習包括北非在內的天然氣管線鋪設、液化天然氣接收站的建置，以及遍布歐洲各地的輸電網。

歐盟對俄羅斯的依賴

2020年，歐盟的天然氣進口來源國有46.8％來自俄羅斯，20.5％來自挪威，11.6％來自阿爾及利亞，6.3％來自美國，還有4.3％來自卡達。

接著，我們再來複習一下G7各國的初級能源自給率，以及對俄羅斯的依存度。在初級能源自給率方面，美國和加拿大都突破了100％，但英國則是75％，法國有55％，德國僅35％，義大利則是25％，義大利、德國的數字特別低。

再來看看歐盟主要國家對俄羅斯的依存度。如圖表6-1所示，在石油方面，各國對俄羅斯的依存度分別是：英國11％、法國0％、德國34％、義大利11％；天然氣方面則以德國、義大利的依存度較高，分別是英國5％、法國27％、德國43％、義大利31％；煤炭則因為各國都在大幅減少燃煤發電，故儘管英國依存度達36％、法國29％、德國48％、義大利56％，但影響的嚴重程度，並不如數字所顯示的那麼高。

這樣看下來，就可以發現：在化石燃料方面，英、法兩國對俄羅斯的依存度較低，德、義兩國的依存度較高。

去俄化對策

我在以下方框中，簡要整理了歐洲在俄烏戰爭爆發後，為因應去俄化所提出的對策。

2022年3月，歐盟受到俄羅斯入侵烏克蘭的影響，開始改向美國、卡達

圖表6-1　G7各國的初級能源自給率與對俄依存度

國名	初級能源自給率 （2020年）	對俄依存度 （俄國在能源進口量當中的占比）（2020年） ※日本的數值為財務省貿易統計2021年速報值		
		石油	天然氣	煤炭
日本	11% （石油：0% 天然氣：3% 煤炭：0%）	4% （占比第5）	9% （占比第5）	11% （占比第3）
美國	106% （石油：103% 天然氣：110% 煤炭：115%）	1%	0%	0%
加拿大	179% （石油：276% 天然氣：13% 煤炭：232%）	0%	0%	1.9%
英國	75% （石油：101% 天然氣：53% 煤炭：20%）	11% （占比第3）	5% （占比第4）	36% （占比第1）
法國	55% （石油：1% 天然氣：0% 煤炭：5%）	0%	27% （占比第2）	29% （占比第2）
德國	35% （石油：3% 天然氣：5% 煤炭：54%）	34% （占比第1）	43% （占比第1）	48% （占比第1）
義大利	25% （石油：13% 天然氣：6% 煤炭：0%）	11% （占比第4）	31% （占比第1）	56% （占比第1）

（資料來源）World Energy Balance 2020（自給率）、BP統計、EIA、Oil Information、Cedigaz統計、Coal Information（依存度）

俄烏戰爭所引發的去俄化

●歐盟
・向美國、卡達、阿爾及利亞等產油、產氣國採購化石能源。
・推動再生能源的發展與節能。
・共同採購天然氣。
・發展天然氣儲存。

●德國
・同意中止北溪二號的啟用審核。
・拍板興建第一座液化天然氣接收站。
・推動天然氣儲存
※德國全國4,150萬家戶當中，半數家庭的暖氣燃料都要靠俄羅斯，因此當冬天氣溫一下降，對天然氣的需求會大幅上升。

和阿爾及利亞等產油、產氣國採購能源，甚至還訂定出目標，要在2022年年底前，將對俄國產化石燃料的依存度降低三分之二，並於2027年之前擺脫對俄羅斯的依賴。此外，他們也推動再生能源發展和節能，還共同採購天然氣，發展天然氣儲存。

尤其德國動作最大，先是同意中止北溪2號的啟用審核，又拍板興建第一座液化天然氣接收站，還著手推動天然氣儲存──畢竟德國在天然氣方面，對德國的依賴很深，全國4,150萬家戶當中，半數家庭的暖氣燃料都要靠俄羅斯。況且冬季的天然氣需求會大幅上升，因此德國被迫火速處理，引發了一些混亂。

歐盟於2022年5月，將「因應地球暖化問題」及「擺脫對俄依賴」的相關措施，彙整成了一套「RepowerEU」計畫，當中揭櫫了三大方針：第一項是節能，2030年的能源使用效率要從2020年的9％提高到13％；第二項是分散能源供應來源，也就是要走出以往「仰賴管線天然氣進口」的做法，擴大液化天然氣的進口；第三項則是要加速開發再生能源。歐盟原本提出的目標，是要在2030年之前達到再生能源占比40％，但現在則打算要提高到45％。

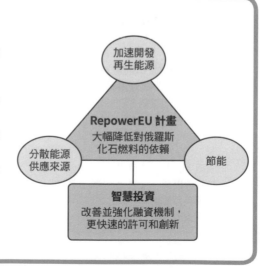

歐盟「RepowerEU」計畫

· 2022年5月18日公布 RepowerEU 的計畫詳情。
· 歐盟受到俄羅斯入侵烏克蘭的影響，因而訂定目標，要在2022年年底前大幅降低對俄國化石燃料的依存度，並於2027年之前擺脫對俄羅斯的依賴。
①節能：2030年能源使用效率要從2020年的9％，提升到13％。
②分散能源供應來源。
③加速開發再生能源：2030年再生能源占比40％→45％。

加速開發再生能源

RepowerEU 計畫
大幅降低對俄羅斯化石燃料的依賴

分散能源供應來源

節能

智慧投資
改善並強化融資機制，更快速的許可和創新

再者，歐盟於2022年5月時，決定禁止進口俄羅斯產石油。儘管後來在匈牙利的要求下，才同意將管線天然氣進口列為例外，但德國和波蘭已停止進口。於是，歐盟原本自俄羅斯進口的石油量當中，如今已有90％遭到禁運；再加上包括自同年3月起就禁運的美國和加拿大在內，整個G7都已受禁運的影響，俄國產石油的出口量當中，如今已有60％都被列為禁運項目。

主要國家對俄羅斯石油的禁運措施

· 俄羅斯有6成石油出口量受禁運制裁（2022年5月）。

· 俄羅斯所產石油的出口量，其中60％供應七大工業國組織（G7＝德法義美日加和歐盟），這些銷售都受到禁運制裁。

· 2022年5月，歐盟決定禁止進口俄羅斯石油。
後來雖因匈牙利提出要求，才同意將管線天然氣進口列為例外，但德國和波蘭仍維持停止進口的政策（90％歐盟國家禁運）。

· 美國和加拿大已於2022年3月實施禁運。日本也已決定自行實施逐步禁運。

俄羅斯原油及石油產品出口量（百萬噸）

	原油	石油產品	合計	占比
加拿大	0	0.2	0.2	0%
美國	3.7	22.3	26	7%
中南美	0.4	1.2	1.6	0%
歐洲	138.2	57.5	195.7	53%
獨立國協其他	14.8	1	15.8	4%
中東	0.1	2.9	3	1%
非洲	0.1	3	3.1	1%
澳洲及大洋洲	0.7	—	0.7	0%
中國	83.4	3	86.4	24%
印度	2.6	1.3	3.9	1%
日本	5.1	1.1	6.2	2%
新加坡	0.2	3.9	4.1	1%
其他亞太國家	10.6	9.3	19.9	5%
俄羅斯出口合計	259.9	106.7	366.6	100%
全球出口合計	2108.6	1095.2	3203.8	11.4%

（注）2020年統計數據
（資料來源）BP世界能源展望報告2021年

歐洲的液化天然氣接收站和交易價格

接下來要說明的,是歐洲的液化天然氣接收站。

在歐盟當中,尤以西班牙擁有為數甚多的液化石油氣進口基地。其他國家雖不如西班牙,但法國、荷蘭、英國、義大利等國也都建置了液化天然氣接收站,而德國境內則沒有設置。

除了德國以外,其他歐洲國家大多都有建置液化天然氣接收站,作為進口能源的基礎設施,且預期今後規模還會持續擴大——畢竟只要有接收站,就能從俄羅斯以外的國家,包括中東、美國等地進口液化天然氣,朝「天然氣去俄化」向前邁進一大步。

這裡我要說明一下後續歐洲的液化天然氣站主要建置計畫。首先是英

圖表6-2 歐洲的液化天然氣接收站

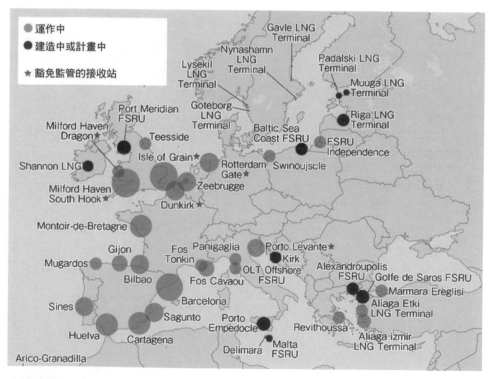

(資料來源)https://oilgas-info.jogmec.go.jp/info_reports/1008604/1008718.html

國，英國規畫要在2025年之前，建置每年可接收380萬噸液化天然氣的進口接收站。而其他國家的規畫量能分別如下：比利時要在2024年之前建置470萬噸的接收站，西班牙將在2027年前建置95萬噸，波蘭則是要在2025年建置370萬噸，義大利將建置294萬噸；德國的天然氣接收站建置計畫尤其受到各界關注。由於德國要趕在冬季來臨前建置完成，所以工期較長的選項恐怕來不及興建。因此，德國目前是建置以船隻為形式的「浮動式天然氣接收站」。

就這樣，受到俄羅斯出兵烏克蘭的影響，液化天然氣接收站在歐洲掀起了風起雲湧的搶建潮。

這裡要再說明一下採購液化天然氣的現貨合約與長期合約。現貨合約是只於單次買賣交易成立的合約，我們將它的價格稱為「現貨價格」。現貨合約原本多用於石油採購交易，液化天然氣則絕大多數都是長約。不過，近年來由於液化天然氣的產量逐漸增加，因此也出現了現貨交易市場。

長期合約則主要是供應商和大量需求客戶之間簽訂的契約，例如卡達和日本中部電力公司之間簽訂的長期合約。這種合約會先議定價格訂定方式，以降低合約價與現貨價之間的連動率，緩和價格的劇烈波動。比方說我們以100為基數，當現貨價一舉漲到150時，長約價只會漲到130；當現貨價一舉跌到60左右時，長約價約莫會落在80上下。這種方法的特色，就是能抑制極端時期的價格波動。而在石油、天然氣這種供應商較具市場控制力的環境中，商品價格往往較缺乏彈性。

一般而言，長約價比較穩定，現貨價則會根據當下的狀況而變動。因此，現貨價會很敏感地反映供需動向，是長約價的領先指標——也就是說，長期合約固然能拿到穩定的價格，可是一旦現貨價下跌，長約價的買家就會覺得自己當了冤大頭；而當全球局勢動盪，現貨價格飆漲時，買家就能體會長約的好處。

有專家指出，部分石油交易市場的震盪，其實是因為導入金融交易、指數交易等各式各樣的金融商品和科技所引起。而在天然氣交易方面，各界也很關注未來是否會參考類似的交易報價。

液化天然氣的現貨合約與長期合約

● **現貨合約**

只於單次買賣交易成立的合約，其價格稱為「現貨價格」，主要用於石油採購交易。液化天然氣則絕大多數都是長約，不過，近年來也出現了現貨交易市場。

● **長期合約（長約價）**

主要是供應商和大量需求客戶之間（例：卡達和日本中部電力公司）簽訂的液化天然氣長期合約，會先議定價格訂定方式。簽訂長約的目的是降低合約價與現貨價之間的連動率，緩和價格的劇烈波動（即尖峰調節，Peak Shaving）。當供應商的市場控制力較強大時，原料價格往往較缺乏彈性。

● **特色**

・一般而言，長約價比較穩定，現貨價則會根據當下的狀況而變動。

・現貨價會很敏感地反映供需動向，是長約價的領先指標。現貨價走低，有時會成為拉低長約價的導火線。

・長期合約固然能拿到穩定的價格，可是一旦現貨價下跌，長約價的買家就會覺得自己當了冤大頭；而當全球局勢動盪，現貨價格飆漲時，買家就能體會到長約的好處。

歐盟廣域輸電網：讓烏克蘭擺脫對俄依賴

2022年3月16日，烏克蘭切斷了與俄羅斯、白俄羅斯之間的電網連結，改與歐盟的廣域輸電網串聯，成功地確保了電力的穩定供給。其實早在2014年俄羅斯入侵克里米亞之後，烏克蘭便開始準備相關手續，以加入由歐盟主導的廣域輸電網。經過自2017年起的各項驗證後，到2021年12月時，技術面已確定可順利串接，於是便透過串接歐盟電網，成功地在電力方面擺脫了對俄羅斯的依賴。

俄烏戰爭爆發後，歐洲的電力、天然氣市場對策

接下來要談談俄烏戰爭爆發後，歐洲在電力、天然氣市場上的對策。2022年5月18日，歐盟公布了一套因應能源價格飆漲的對策，祭出了三大方針。

俄烏戰爭爆發後，歐洲的電力、天然氣市場因應對策

2022年5月18日，歐盟公布了因應能源價格的三大對策：

1. 干預天然氣市場

   運用「歐盟能源平台」制度，統籌歐盟天然氣需求，讓歐盟會員可相互協調天然氣進口，以便向國際市場上較能穩定供給的出口國爭取天然氣供應。

2. 干預電力市場

   將業者因為這次能源危機，而在批發電價與發電成本之間出現的鉅額價差（或有收益），用於保護消費者的補貼措施。

3. 確立團結機制

   當發生俄羅斯停供天然氣等混亂狀況時，歐盟會員國應根據天然氣供給安全規定，互相融通緊急時期的天然氣供給。

第一項方針是要出手干預天然氣市場。說得更具體一點，就是要透過「歐盟能源平台」（EU Energy Platform）制度來統籌天然氣需求，以避免歐盟各國競相採購而推升價格。在這項制度中，歐盟會員可相互協調天然氣進口，以便向較能穩定供給的出口國爭取天然氣供應。

第二項方針是要干預電力市場。歐盟出手干預業者因為這次能源危機，而在批發電價與發電成本之間出現的價差——也就是天上掉下來的「或有收益」（contingent gain），以壓低電價。

第三項方針是確立團結機制。這項規範是當出現俄羅斯停供天然氣等混亂狀況時，歐盟會員國之間應根據天然氣供給安全規定，互相融通緊急時期的天然氣供給。

歐盟拍板敲定了以上三點。

跨國電力交易

歐洲的電網是跨國互聯，各國的發電量約有一成會用來與他國交易。各國的用電需求會因天候狀況和時段而異，多半不是自行發電供應國內所有需求，而是從他國進口部分資源，做更有效率的運用。對歐盟各國而言，這種做法也發揮了保障能源安全的功能。

圖表6-3 歐洲電網與各國供電能力

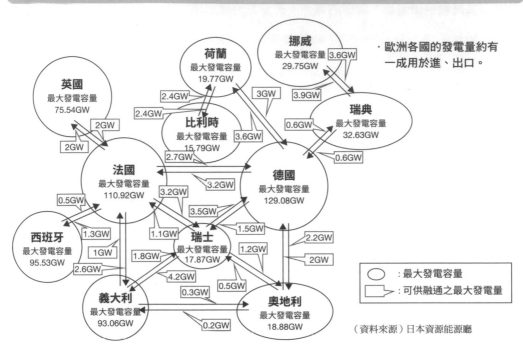

・歐洲各國的發電量約有一成用於進、出口。

（資料來源）日本資源能源廳

　　圖表6-4列出了主要國家的電力出口率和進口率，縱軸是出口率，橫軸是進口率。首先，我們可以看到位在右上角的是丹麥，它的進、出口率都超過30％，是電力貿易非常興盛的國家。荷蘭也位在右側，是進口率超過30％，出口率也將近20％的電力貿易大國。至於德國則是出口率較高的國家，出口率超過10％，瑞典則有20％，挪威和法國也有將近15％。德國、瑞典、法國、挪威都可說是電力出口國。

電力、天然氣市場的自由化

　　歐盟目前正在推動電力、天然氣市場的自由化。

　　歐盟自1996年起，三度以套案形式推動能源政策。首先，在1996年通過「第一次能源套案」（First Energy Package），提出要在2003年之前逐步開放

圖表6-4　主要國家及地區的電力出口率和進口率

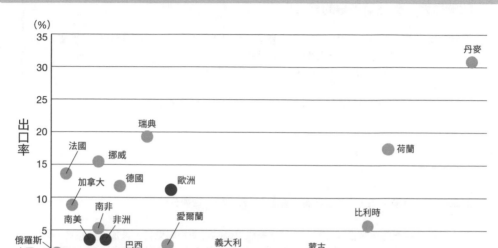

・進口率較高的國家→義大利、比利時。
・出口率較高的國家→德國、瑞典、法國、挪威。
・丹麥的進、出口都突破30％。

（資料來源）亞洲國際輸電網研究會期中報告

電業零售市場，達到32％自由化的水準。接著在2003年通過「第二次能源套案」（Second Energy Package），明訂將於2007年之前全面開放電業零售市場的自由化。到了2007年，又推出了「第三次能源套案」（Third Energy Package）。在這次的套案當中，拍板決定「輸電」和「發電」必須分屬不同法人，也就是要「廠網分離」（unbundling），分拆輸電與發電業務。

不過，後來由於再生能源的供電量快速增加，現有發電機組可使用率偏低，以及批發電力價格下跌，以致於自2010年起，發電毛利開始走低，大型發電業者的獲利持續處於低水位，引發了電力公司經營不善的問題。對於有意推動核能發電並要確保更高安全性的日本而言，我們也必須特別留意電力公司的財務體質。

歐洲電力、天然氣市場的自由化

1. 1996年，歐盟頒布第一次能源套案，要求成員國要在2003年之前，達到以下要求：
   ・開放發電部門自由化（導入許可制或競標制）。
   ・逐步開放電業零售市場，達到32%自由化的水準。
   ・平等提供第三人使用輸配電系統的機會。
   ・發電／輸電／配電垂直整合的電力公司，應設置在營運面上獨立的輸電系統營運商（功能分離）。

2. 2003年歐盟修訂電力指令（第二次能源套案）：於2007年之前全面開放電業零售市場的自由化。

3. 2007年9月推出第三次能源套案（輸電與發電分離，廠網分離）。

4. 由於再生能源的供電量快速增加，傳統發電設備的可使用率偏低，再加上批發電力價格下跌的影響，以致於自2010年起，發電毛利開始走低，大型發電業者的獲利持續處於低水位。

歐盟為脫碳所付出的努力

2022年1月，歐盟宣布將核能與天然氣納入「歐盟永續分類標準」（EU Taxonomy，永續經濟活動的分類制度）。據傳這是在《格拉斯哥氣候協議》通過後，歐盟與對天然氣高度依存的德國，以及對核能高度依存的法國，達成政治協議下的產物。

圖表6-5是以2020年的數字為基礎，整理出的全球二氧化碳排放量排行前30名。其中第7名是德國，第17名是英國，第18名是義大利，第23名是法國，第27名是西班牙，其中法國最值得關注。就國家經濟規模而言，法國的碳排量極低——因為它是一個以核能發電為主的國家，而核電並不會排放二氧化碳。

接著，我要再說明「歐洲綠色政綱」（European Green Deal）和「55套案」（Fit for 55）。

2019年，歐盟公布了一套為實現永續經濟所擬訂的成長策略，稱為「歐洲綠色政綱」。主要目標有三：第一是在2050年之前達到溫室氣體排放量實

質歸零，也就是所謂的氣候中和（Climate Netural）；第二是要讓經濟成長與資源使用脫鉤，也就是即使推動脫碳，也不會妨礙經濟成長；第三則是在邁向氣候中和的過程中，不遺落任何一個地區。

　　再者，歐盟於2021年7月還公布了一份因應環保問題的基本計畫，稱為「55套案」。當中承諾要在2030年之前，讓溫室氣體排放量比1990年減少55％。

　　最後要說明的，是歐盟的「排放交易體系」（Emissions Trading Scheme，簡稱ETS）。這項制度於2005年上路，之後陸續擴大對象範圍，目前已是全球最大的碳排量交易機制。除了歐盟所有會員國之外，還有非歐盟的冰島、列支敦斯登和挪威參與。

　　這項制度當中，有所謂的「總量管制與交易」（Cap and Trade）的機制——

圖表6-5　全球二氧化碳排放量排名（2020年）

		百萬公噸				百萬公噸
1	中國	9,893.51		16	墨西哥	359.68
2	美國	4,432.25		17	英國	317.15
3	印度	2,298.19		18	義大利	287.10
4	俄羅斯	1,431.56		19	越南	282.57
5	日本	1,026.85		20	波蘭	279.49
6	伊朗	649.64		21	泰國	276.44
7	德國	604.84		22	台灣	275.86
8	韓國	577.78		23	法國	250.91
9	沙烏地阿拉伯	565.10		24	馬來西亞	250.61
10	印尼	541.35		25	阿拉伯聯合大公國	243.75
11	加拿大	515.14		26	哈薩克	238.08
12	南非	434.10		27	西班牙	220.24
13	巴西	415.20		28	新加坡	210.98
14	澳洲	370.28		29	埃及	199.20
15	土耳其	369.45		30	巴基斯坦	195.48

（資料來源）BP統計

就是先設定企業的排放配額（cap），遇有超出額度的超額排放，或是低於配額的剩餘額度，再以金錢來解決。換言之，就是一項買賣溫室氣體超額排放或剩餘配額的制度。如果企業不只是單純地限制碳排量，還能更進一步致力減碳，最終結攢出剩餘配額時，就可出售獲利。因此，越是努力減碳的企業，越有利可圖。

「歐洲綠色政綱」和「55套案」

歐洲綠色政綱
European
Green
Deal

· 2019年，歐盟公布了一套「為實現永續經濟所擬訂的成長策略」，稱為綠色政綱。

主要目標
1. 在2050年之前達到溫室氣體排放量實質歸零（氣候中和）。
2. 讓經濟成長與資源使用脫鉤（decoupling）。
3. 在邁向氣候中和的過程中，不遺落任何人。

· 2021年7月
歐洲委員會公布了一份因應環保問題的基本計畫「55套案」（承諾要在2030年之前，讓溫室氣體排放量比1990年減少55%）。

歐盟的排放交易體系（ETS）

· 於2005年上路，之後陸續擴大對象範圍，目前已是全球最大的碳排量交易機制。
· 適用於歐盟全體會員國、冰島、列支敦斯登和挪威。
· 「總量管制與交易」：
設定企業的排放配額，並開放配額交易（超額排放或剩餘配額交易）制度。這項制度不只單純限制碳排量，還可買賣剩餘配額。因此，越是努力減碳的企業，越有利可圖。
· 企業購買「歐盟排放權配額」（碳權）後，可於碳權市場交易。價格以每公噸排碳量為單位，由市場決定。企業可出售自己剩餘的配額，就更有動機積極減碳。
· 排放配額會逐步下降，以便減少歐盟的二氧化碳總排放量。

碳權市場上的交易單位稱為「歐盟排放權配額」（EUAs）。價格是以每公噸排碳量為單位，由市場決定。企業可出售自己剩餘的配額，就更有動機積極減碳。而排放配額還會逐步下降，以便減少歐盟的二氧化碳總排放量。

擁有俯瞰全歐洲的觀點

許多歐洲國家都很積極導入再生能源。誠如第三章和本章後續所述，德國、西班牙等都是太陽能或風力發電量突飛猛進的國家，有時還因此被視作環保先進國。它們為脫碳所做的努力，的確值得關注，但就電力、能源供給的角度而言，我們需要更冷靜地看待這樣的發展。

在歐洲，電力市場已自由化，跨國電力貿易規模不斷擴大，各國會視供需狀況，跨國買賣各自創造的電力。因此，假如德國的風力發電量無法全數在國內消費完畢，就會選擇出口外銷，那麼國內的風力消費量就會變少；而德國國內製造業的穩定供電來源——燃煤發電，則都是在國內消費，二氧化碳排放量當然就會因此而大增。這顯然與「環保先進國」的形象相去甚遠，更造就了德國「二氧化碳排放量全歐洲第一」（圖表6-5）、「能源自給率僅35％」的現實。

歐洲和日本這樣的島國不同，電力、瓦斯網互聯互通，跨國交易日漸普及。因此，當我們在探討歐洲的能源戰略時，除了要像下一節起的內容一樣，掌握各國的戰略之外，還要懂得俯瞰整個歐洲的能源局勢、觀察整體戰略，至關重要。

2　英國

自本節起，我們要來看看歐盟各國的能源戰略。首先從英國看起。

英國的初級能源進出口

在英國的初級能源消費結構當中，以石油占比35％和天然氣占比38％為大宗。再生能源也有17％，就比重而言相當可觀。

圖表6-6 各國初級能源消費結構

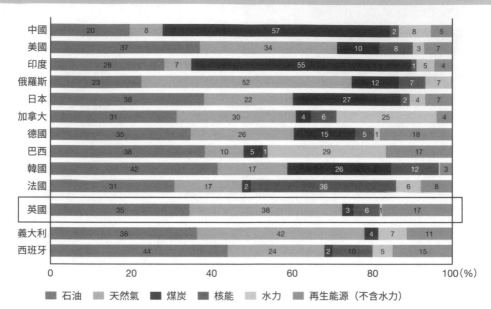

（資料來源）BP統計2021

　　再來回顧一下英國的能源自給率和對俄依存度。早期英國的能源自給率突破100％，如今則是75％。若以能源類別來看，天然氣的自給率達53％，煤炭則是20％。在對俄依存度方面，石油為8.5％，天然氣則是6.7％，占比都不高。

　　在石油進出口方面，2000年的出口還高於進口，到了2004 ～ 2005年前後，進口已高於出口，主要原因是受到北海油田產量減少，才導致英國的出口量下降。

　　天然氣在2000年時，也同樣是出口高於進口，但到了2003 ～ 2004年前後，進口就已高於出口。日後兩者差距不斷擴大，如今進口已遙遙領先出口。

英國的能源供給

　　接著我要說明北海油田的狀況。圖表6-7中，位於最北端的就是布蘭特

油田（Brent oil field），其次是派珀油田（Piper oil field）、福特斯油田（Forties Oil Field）等知名油田。附近還有一座城市亞伯丁（Aberdeen），英國的石油產業就是在此地發跡。

　　至於目前北海油田的石油生產情況，英國的產量已呈現衰退。如今，在同一個油田生產石油的挪威，產量已超越英國，但其實挪威的原油生產也在衰退，甚至連丹麥也在衰退。在英國，目前石油生產的主力企業是超級巨頭——英國石油公司（British Petroleum，簡稱BP）與荷蘭皇家殼牌。

　　接下來我要談一下全球原油的主要計價指標。在歐洲，原油價格的計價指標就是布蘭特油田的「布蘭特原油」。在倫敦金融市場上，一定會用到「布蘭特原油」這項油價指標。

圖表6-7　北海油田分布

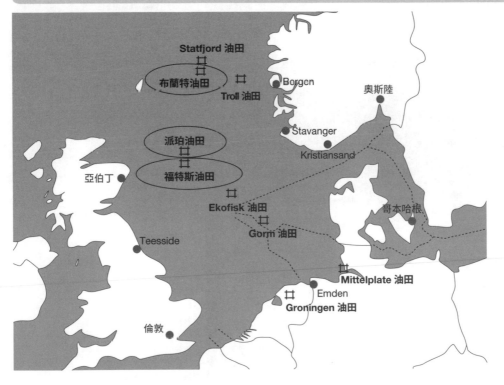

（資料來源）作者編製

　　而在北美的紐約市場上，則是使用西德州中級原油（West Texas Intermediate，簡稱WTI）。這並不是單一油田的名稱，而是將位在德州與新墨西哥州之間的好幾個油田合稱為「西德州中級」。

　　以上所介紹的布蘭特和西德州中級原油，都被用來當作全球原油價格的指標。亞洲市場通常自中東進口石油，因此會以杜拜原油、阿曼原油為基準，但由於它們的現貨價格較不穩定，所以國際上較少當作指標來使用。

　　接著再簡要說明一下英國的液化天然氣接收站，以及天然氣管線鋪設狀況。

　　首先要看的是液化天然氣接收站。在威爾斯有「Dragon接收站」（馬來西亞國家石油公司也參與本案）和「南胡克（South Hook）接收站」（卡達也參與本案）；而在倫敦東側的格雷恩島，則有格雷恩（Grain）接收站。

　　從圖表6-8當中可知，歐洲布有許多天然氣管線，甚至還有管線從北海油田延伸出來。而英國則與來自挪威、荷蘭和比利時的管線相通連。

圖表6-8　英國的液化天然氣接收站與天然氣管線

2002啟用接收
・格雷恩（Grain第1期）接收站

2007啟用接收
・提賽德（Teesside）接收站

2009啟用接收
・Dragon接收站
・南胡克接收站

2016啟用接收
・Port Meridian接收站

— 天然氣管線
● 天然氣接收站（運轉中）
○ 天然氣接收站（規畫中）
■ 天然氣液化站（運轉中）
□ 天然氣液化站（規畫中）
◆ 浮動式天然氣接收站（運轉中）
◇ 浮動式天然氣接收站（規畫中）

（資料來源）日本能源金屬礦物資源機構（JOGMEC）

　　至於再生能源的部分，目前核電的占比相當高，但風力已於2020年超越核能。此外，近來生質燃料也逐漸增加。

　　再看看英國的風力發電。圖表6-9當中，深色區塊都是離岸風電，顯見目前海上有很多風力發電廠；而淺色區塊標示的則是陸域風力發電廠，設置在港灣。因為有這些風場，才讓英國的風力發電占比急遽攀升。

　　此外，英國和挪威之間有海底輸電線「北海連線」（North Sea Link）相連。這是一條串聯英格蘭北部布萊斯（Blyth），和挪威西南部克維爾戴爾（Kvilldal）的海底電纜，全長約720公里，長度世界第一。英國的風力發電量較多，電力需求較少時，就將電力出口給挪威；而當英國電力需求較多，但風力發電量不足時，則改自挪威進口水力發電的電力——兩國是互相扶持的關係。

　　受惠於兩國之間的再生能源交易，英國可減少燃燒化石燃料，並預計在2030年之前減少2,300萬噸的碳排量。而英國能做到這一點，都要歸功於這一條和挪威之間的海底輸電線。

圖表6-9 英國的風力發電

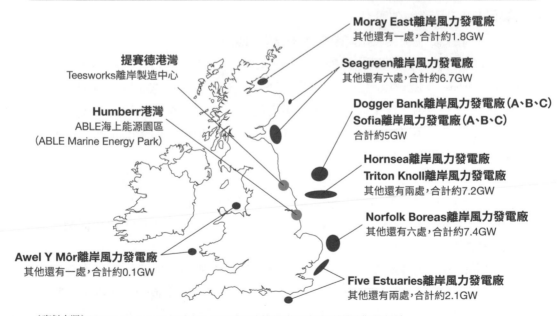

（資料來源）https://www.jetro.go.jp/biz/areareports/special/2021/0401/aadaa8339e8db539.html

連接英國與挪威的海底輸電線「North Sea Link」

· 串聯英格蘭北部布萊斯，和挪威西南部克維爾戴爾的海底電纜。（全長約720公里，長度世界第一）
· 英國的風力發電量較多，電力需求較少時，就將電力出口給挪威。
· 英國電力需求高，風力發電量不足時，則從挪威進口水力發電所生產的電力。
· 兩國之間進行再生能源交易。
· 英國可減少燃燒化石燃料，並在2030年之前減少2,300萬噸的二氧化碳排放。

（資料來源）日立集團

英國如何因應地球暖化

接下來要說明英國如何因應地球暖化問題。

2020年11月，英國格拉斯哥主辦了COP26。當年10月，英國首相強森（Boris Johnson）就曾以地主國的身分，在會前先公布了英國面對地球暖化的因應之道。內容包括英國要在2035年之前，以風力等潔淨能源支應所有電力消費需求；英國國內汽、柴油車的新車，將在2030年前全面禁售；還要透過鐵路電氣化，來達到減碳的目標等。

換言之，英國針對地球暖化問題所提出的對策，是要同時達成「3E」——也就是透過轉型使用再生能源，降低依賴外國能源供給（能源安全Energy security）。同時，提高國內潔淨電力的消費和發電占比，以降低發電成本（經濟效率Economic efficiency）。

再者，受到俄烏戰爭的影響，全球能源價格飆漲，去俄化成了當務之急。因此，英國政府於2022年4月6日，又公布了一份新版的能源安全保障戰略。當中調升了再生能源部門下的離岸風電發電量目標，要在2030年之

英國如何因應地球暖化問題

・2020年11月，第26屆聯合國氣候峰會（COP26）在英國格拉斯哥舉辦。當年10月（後來延到11月），首相強森就先公布了英國因應地球暖化的政策。
・2035年之前，英國要以風力等乾淨能源支應所有電力消費需求。
・英國國內汽、柴油車的新車，將在2030年前全面禁售。
・透過鐵路電氣化，來達到減碳的目標。
・英國要在2035年之前，減少78%的碳排量。
・透過轉型使用再生能源，降低對外國能源供應的依賴。
・提高對「國內潔淨電力」的依賴，以降低發電成本。

前達到最高50 GW，其中浮動式離岸風電（Floating Offshore Wind Turbine）最高則要達到5GW。此外，太陽能發電也要從現在的14GW調升五倍，也就是最高要達到70GW。

此外，在石油及天然氣方面，由於北海油田的石油、天然氣產量都在下滑，英國政府為止跌反轉，推動了北海石油、天然氣的新探勘專案，預計將在2022年秋天核發新的許可證（編注：後延至2023年7月發放）。英國政府還宣布，俄羅斯的石油、煤炭只會進口到2022年底，而液化天然氣則會盡速停止進口。

至於在核能發電方面，英國政府宣布要在2030年之前興建8座核子反應爐，並於2050年之前將核電占比拉高到25%。在現有的六處核電廠當中，預計後續十年內將有5處會停機除役。而英國也是考量到這一點，才會宣布「2030年之前最多要新設8座核子反應爐，2050年之前核能發電量要增加到最多24GW，也就是現行的三倍以上，支應全國總用電需求的三分之一」。此外，英國政府也公開表示要與他國合作，加速研發包括小型模組化反應爐（Small Modular Reactor，簡稱SMR）等在內的先進核能科技。

目前英國的能源供給結構，以天然氣和石油占大宗。不過，英國政府預計將調整這樣的結構，改以生質能、風力和太陽能發電為主力，還要增加核電占比，以降低對化石燃料的依賴。

資源 & 能源的 3E 戰略

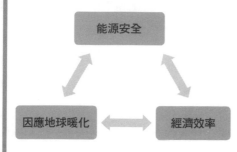

1. 能源安全（Energy security）
   包含：主權獨立、國家安全、能源的穩定供給。確保資源、能源穩定供應，有助於國家的穩定發展。
2. 因應地球暖化問題（Environment）
   各國政府承諾達成碳中和。
3. 經濟效率（Economic efficiency）
   能源成本對於民眾生活和各產業的國際競爭力影響甚鉅。

三個 E 都很重要，但優先順序會因國家的狀況、立場而改變。

英國的新版「能源安全保障戰略」

· 受到俄烏戰爭的影響，全球能源價格飆漲。因此，英國政府於 2022 年 4 月 6 日，公布了一份新版的「能源安全保障戰略」。

· 以再生能源而言，英國政府調升了離岸風電發電量的目標，要在 2030 年之前達到最高 50 GW（其中浮動式離岸風電最高要達到 5GW）。

· 太陽能發電則要從現在的 14GW 調升五倍，也就是以最高 70GW 為目標。

· 在石油及天然氣方面，為推動北海石油、天然氣的新探勘專案，英國政府預計將在 2022 年秋天，核發新的許可證。至於俄羅斯的石油、煤炭只會進口到 2022 年底，而液化天然氣則會盡速停止進口。

3　法國

法國的初級能源

接下來談談法國。

在法國的初級能源消費結構當中，以核能36％的占比最高。接著是石油的31％，天然氣則有17％。

而法國的初級能源自給率則有55％。在對俄羅斯的依存度方面，石油為8.8％，天然氣是16.8％，煤炭則有24.5％。其中，尤於煤炭會造成地球暖化，未來將減少至不再使用，因此依存度高低的影響不大。但天然氣的依存度令人有些擔憂。

圖表6-10是法國的能源別發電量變化，可以看出核能發電的占比相當高。核能是從1970年左右開始發展，到2000年前後已上升到現今的水準。

圖表6-10　法國各能源發電量變化（1970～2015年）

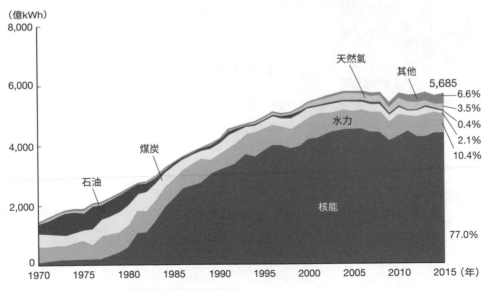

（資料來源）日本原子能環境整備促進暨資金管理中心RWMC

緊接在後的是水力發電,而煤炭、石油幾乎已近歸零,天然氣也僅占3.5%,比重不高。綜觀下來,可知法國發電的主力能源,是不會排放二氧化碳的核能與水力。

以再生能源的內容來看,水力、風力和太陽能都有些微增加。如果把核能也列入再生能源——也就是用歐盟對再生能源的定義來看,法國已是相當積極擴大使用再生能源的國家。

法國的核能發電

法國共有58座核子反應爐,全由法國電力公司(EDF)負責營運。90萬kW(瓩)、130萬kW等級的核子反應爐,幾可說是遍布法國全國各地,不僅為國內供應電力,更出口到海外。

圖表6-11中標示白色四方形的區塊,是放射性廢棄物的處置場。右側的

圖表6-11 法國核電廠與相關設施所在地

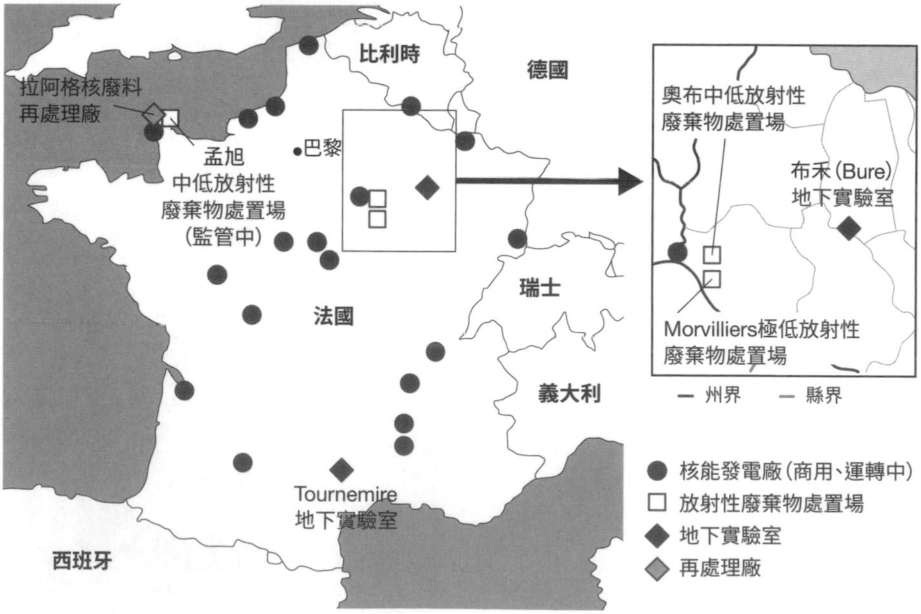

比利時
德國
拉阿格核廢料再處理廠
奧布中低放射性廢棄物處置場
孟旭中低放射性廢棄物處置場(監管中)
巴黎
布禾(Bure)地下實驗室
瑞士
法國
義大利
Morvilliers極低放射性廢棄物處置場
— 州界　— 縣界
Tournemire地下實驗室
西班牙

● 核能發電廠(商用、運轉中)
□ 放射性廢棄物處置場
◆ 地下實驗室
◆ 再處理廠

(資料來源)日本原子能環境整備促進暨資金管理中心

放大圖顯示巴黎右下方有奧布（Aube）中低放射性廢棄物處置場，左上方有目前仍在監管中的孟旭（Manche）中低放射性廢棄物處置場，在孟旭附近還有拉阿格（La Hague）核廢料再處理廠（譯注：孟旭廢棄物處置場在使用25年後，於1994年6月封閉。這類處置場再經覆土、綠化，就會進入監管期）。國內就設有這些核電相關的處置場或再處理廠，正是法國的一大特色。附帶一提，加拿大、美國、英國以及近年決定廢核的德國，都設有這種放射性廢棄物處置場。

拉阿格核廢料再處理廠位在法國西北部的科唐坦（Cotentin）半島前緣，目前有UP2、UP3這兩個廠在運轉。核廢料經再處理後所提煉出的鈽，可加工製成MOX（混合氧化物）燃料，再當作核能發電所需的燃料來使用。拉阿格核廢料再處理廠早期是由國營的阿海琺（Areva）石油公司管理，後來才更名為歐安諾（Orano）。而歐安諾是全球核能產業中最大的公司，這家控股公司是因為當年法國政府的核能政策轉向，才應運而生。

拉阿格核廢料再處理廠

· 位在法國西北部的科唐坦半島前緣，隸屬歐安諾（原名阿海琺）公司，目前有UP2、UP3這兩個廠在運轉。
· 經再處理後所提煉出的鈽，可加工製成MOX燃料，再當作核能發電所需的燃料來使用。
· 法國以往曾研發快中子反應爐（Fast neutron reactors），但目前並沒有運轉。

俄法的能源關係

· 法國核電得以運作發展的前提，是有「俄羅斯後院」之稱的中亞局勢穩定。
· 2020年，法國的核電原料「鈾」，有28.9％自哈薩克進口，26.4％自烏茲別克進口。儘管還有尼日（34.7％）、澳洲（9.9％）等其他進口來源國，但超過半數都是自中亞國家採購。
· 中亞局勢的穩定，某種層面上來說是取決於俄羅斯，所以法國也不想與俄羅斯交惡。
· 2022年3月16日，法國前總理卡斯泰公布了一份「經濟韌性計畫」，以期緩和烏克蘭局勢對法國經濟所造成的衝擊，擺脫能源與原物料方面對俄羅斯的依賴。

　　附帶一提,除了法國電力公司、歐安諾之外,法國還有一家國際級的能源公司——即石油六大超級巨頭之一的道達爾能源。它在全球超過42國開採石油、天然氣,在30國設有煉油廠精煉石油,也在50個國家設有生產據點,更在超過150個國家設有銷售據點。

　　那麼,俄羅斯對法國的核電有哪些影響呢?法國核電穩定供應的前提,是有「俄羅斯後院」之稱的中亞局勢穩定,才得以運作發展。

　　2020年,法國的核電原料「鈾」有28.9%自哈薩克進口,26.4%自烏茲別克進口。儘管還有非洲尼日、澳洲等其他進口來源國,但有半數以上都是自中亞國家採購。而中亞局勢的穩定,某種層面上來說是取決於俄羅斯,因此法國也不想與俄羅斯交惡。

　　不過,2022年3月法國前總理尚・卡斯泰(Jean Castex)公布了一份「經濟韌性計畫」(Plan de resilience),以期緩和烏克蘭局勢對法國經濟所造成的衝擊,擺脫在能源與原物料方面對俄羅斯的依賴。

法國如何因應地球暖化

　　在因應地球暖化的措施方面,法國在2019年就已訂立《能源與氣候法》(loi Energie Climat),並以「2050年達到碳中和」為目標。為此,法國在2030年之前,化石燃料消費量要比2012年減少40%,並於2022年之前讓所有燃煤火力發電廠停機除役,還要推動清潔氫能(clean hydrogen)等專案,加速再生能源的開發。

　　此外,法國還於2020年時修正「國家低碳策略」,設定了期中目標,也就是在2030年之前溫室氣體的排放量要比1990年減少40%。

　　至於法國總統馬克宏,則是在2021年11月,也就是格拉斯哥氣候峰會召開之際,宣布了因應氣候變遷的對策,表明要擴大使用再生能源,以及重新啟動興建國內的核電廠。而在2022年2月10日,馬克宏總統更進一步表示要在2050年之前,興建6座核子反應爐。他還指出,法國要在30年內成為先進國家中第一個擺脫化石燃料依賴的國家,並逐步成為因應地球暖化問題的示範國,強化能源供給與產業的獨立性。有鑑於此,法國電力公司宣布已與美國奇異(GE)公司達成共識,要收購奇異核能汽機(nuclear steam turbine)部門的部分股權以及在法國的數座製造廠——此舉不僅擴大了核能發

法國如何因應地球暖化

● 2019 年頒布《能源與氣候法》
　・以「2050 年達到碳中和」為目標。
　・2030 年之前，化石燃料消費量要比 2012 年減少 40%。
　・2022 年之前要讓所有燃煤火力發電廠停機除役。
　・推動清潔氫能等專案，加速再生能源的開發。

● 2020 年時修正「國家低碳策略」（提出具體的路線圖）
　・設定期中目標：在 2030 年之前讓溫室氣體的排放量，比 1990 年減少 40%。

（資料來源）日本貿易振興機構（JETRO）

以發展核電為王牌，因應氣候變遷

● 2021 年 11 月 9 日，法國總統馬克宏（在向民眾發表的電視演說上）宣布因應氣候變遷的對策，表明要擴大使用再生能源，並重新啟動興建國內的核電廠。

● 2022 年 2 月 10 日
　・馬克宏總統→要在 2050 年之前興建 6 座核子反應爐
　・馬克宏還表示，法國要在 30 年內成為先進國家中第一個擺脫化石燃料依賴的國家，並逐步成為因應地球暖化問題的示範國，強化能源供給與產業的獨立性。
　・法國電力公司宣布已與美國奇異（GE）公司達成共識，要收購奇異核能汽機部門的部分股權。

● 2022 年 7 月 6 日
　・法國政府表示，為確立國家的能源安全保障，有意將法國電力公司重新收歸 100% 國有。

● 2022 年，宣布核子反應爐興建與研發計畫。
● 改良型歐洲壓水反應爐（EPR2）
　→著手興建 6 座（1 號機預計 2028 年開工，2035 年啟用）。
　→評估再新設 8 座。
● 小型模組化反應爐（SMR）→於 2030 年之前投入 10 億歐元，促進研發。

（資料來源）日本貿易振興機構（JETRO）

電的比率，還振興了其他與核電發展有關的產業。

　　馬克宏總統宣布的核子反應爐興建、研發計畫，是要興建6座改良型歐洲壓水反應爐（EPR2）。不僅如此，法國政府還評估再新設8座EPR2。此外，法國也拍板將於2030年之前，投入10億歐元的預算，以促進小型模組化反應爐（SMR）的研發。

　　法國已宣布要以核能發電為主軸，作為對抗氣候變遷的王牌。他們甚至還要振興與核電發展有關的產業，以達到振興國內產業的效果。從「3E」的觀點來看，我們可以這樣說：法國以去俄化、振興國內產業和降低國內能源成本為前提，把核能定位為因應地球環境問題的一張王牌。

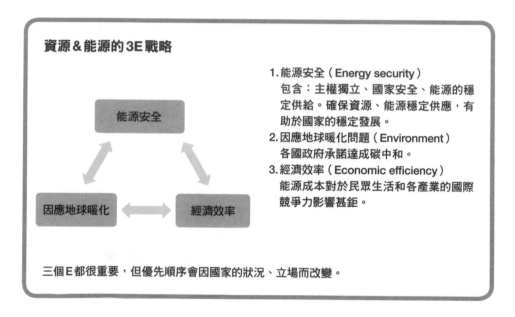

資源&能源的3E戰略

能源安全

因應地球暖化　　經濟效率

1. 能源安全（Energy security）
   包含：主權獨立、國家安全、能源的穩定供給。確保資源、能源穩定供應，有助於國家的穩定發展。
2. 因應地球暖化問題（Environment）
   各國政府承諾達成碳中和。
3. 經濟效率（Economic efficiency）
   能源成本對於民眾生活和各產業的國際競爭力影響甚鉅。

三個E都很重要，但優先順序會因國家的狀況、立場而改變。

4 義大利

義大利對俄依存度和能源自給率

接下來要看的是義大利。義大利的初級能源結構以天然氣占比42％，和石油占比36％為大宗。雖然再生能源的占比有18％，但核能的比重卻是「0」，相當特別。

而在自給率方面，2001年時僅不到20％，但2012年突破21％，2020年則是來到了25％。

2020年時，在義大利的能源進口量當中，來自俄羅斯的占比為石油11.1％、天然氣43.3％，對俄依存度相當高。

從俄羅斯的角度來看，在天然氣出口對象國當中，義大利的占比為12％，僅次於德國，排名第二，但比重其實並不高。

至於再生能源的部分，則是水力的占比特別突出。不過，自2010年起，太陽能、生質能和風力，都有成長。

日本311大地震帶來的衝擊

在核能發電方面，福島第一核電廠在311大地震當中的事故，對義大利帶來了很大的衝擊。原本義大利在1960年代有3座核子反應爐，後來由於

義大利的零核電戰略

· 義大利由於缺乏自產能源，所以政府很早就開始推動核能開發，以期穩定供應能源。
· 1960年代中期，已啟用3處核能發電廠。
· 1973年爆發石油危機時，更加速推動核能開發計畫。
· 1987年，也就是在車諾比核災隔年所舉辦的公民投票當中，選民否決了加速釋出大型核能發電廠興建用地的法令。
→不論是現役或興建中的核電廠，在義大利都已不復見。
· 2008年上台執政的貝魯斯柯尼政府，原本為了供電穩定與經濟效益，已經制訂了重啟核電所需的法令。然而，由於2011年福島第一核電廠發生災變，使得94％的民眾，都對重啟核電的公投投下了反對票。
→於是義大利重新擬訂國家能源戰略，完全排除了核能。

1973年爆發石油危機，義大利當局有意增設核電廠。然而，就在1987年，也就是車諾比核災的隔年，義大利舉辦了公民投票，決定不推動核電廠興建。此後，不論是現役或興建中的核電廠，在義大利都已不復見。2008年上台執政的貝魯斯柯尼（Silvio Berlusconi）政府，原本為了供電穩定與經濟效益，已經制定了重啟核電所需的法令。然而，由於2011年福島第一核電廠發生災變，使得義大利重新舉辦公民投票，結果有94％的民眾，都對重啟核電廠投下了反對票。於是義大利便重新擬訂國家能源戰略，排除了核能。

聯手北非國家，追求去俄化

在俄烏戰爭爆發後所祭出的去俄化政策方面，義大利自2022年5月起就已禁止學校及公共場館的空調溫度設定低於25度，踏出了在天然氣領域去俄化的第一步。

幸運的是，義大利和突尼西亞、阿爾及利亞等國之間有管線相通。相較於德國等其他歐洲國家，義大利在進口天然氣方面較具地理優勢。不過，進口天然氣畢竟還需要與產氣國談判，不可能說轉換就轉換。所以，在確定替代的輸氣方案之前，政府還是需要呼籲民眾節約用電。於是，（當時的）總理德拉吉便向民眾喊話，喊出了「要和平，還是要開空調？」這個非常令人印象深刻的訊息，一句話就道盡了義大利能源政策的變化。

此外，以往義大利的天然氣進口，有四成都仰賴俄羅斯供應，因此目前正在與非洲各國談判，期能分散天然氣的供應來源。義大利國營石油公司埃尼（ENI）是石油、天然氣業界的大企業。該公司已於2022年4月與阿爾及利亞國家石油公司（Sonatrach）談妥，要自同年秋季起，透過跨地中海天然氣管線（Trans-Mediterranean Pipeline）提高天然氣進口量，預計自2023～2024年，每年將確保取得90億立方公尺的天然氣。還有，2022年ENI在埃及西部沙漠裡的梅萊哈（Meleiha）礦區發現了新的石油和天然氣。為了讓這些能源出口到歐洲，尤其是出口到義大利，ENI已和埃及天然氣控股公司（EGAS）達成共識，要將天然氣的生產、出口量極大化。

與非洲、高加索地區之間設有完善的天然氣管線

接下來我們要談義大利得天獨厚的天然氣管線布局。義大利與中亞國家

要和平，還是要開空調？

- 自2022年5月起，禁止學校及公共場館的空調溫度設定低於25度。
- 義大利的天然氣進口，有近45%都仰賴俄羅斯供應。
- 評估自阿爾及利亞等非洲國家進口。
- 在確定替代的輸氣方案之前，還是需要呼籲民眾節約用電。
- 2022年，義大利時任總理德拉吉喊出口號：「要和平，還是要開空調？」

義大利的去俄化戰略

- 以往義大利的天然氣進口，有四成都仰賴俄羅斯供應。烏克蘭情勢升高後，義大利已與非洲各國展開談判，期能分散天然氣的供應來源。
- 義大利的大型國營石油、天然氣公司ENI已於2022年4月與阿爾及利亞國家石油公司談妥，要自2022年秋季起，透過跨地中海天然氣管線提高天然氣進口量，預計自2023～2024年，每年將確保取得90億立方公尺的天然氣。
- 2022年4月13日，ENI回報在埃及西部沙漠裡的梅萊哈礦區，發現了新的石油和天然氣。當天ENI就與埃及天然氣控股公司達成共識，要將天然氣的生產、出口量極大化。
  →目的是要讓這些能源出口到歐洲，尤其是出口到義大利。

亞塞拜然，以及突尼西亞、利比亞、阿爾及利亞等非洲國家之間，都有天然氣管線相連，各界都很看好它們未來輸送量將大幅成長。我將逐一介紹這幾條管線。

第一條是跨地中海天然氣管線。這條管線其實是自阿爾及利亞到突尼西亞的「跨撒哈拉天然氣管線」（Trans-Saharan Gas Pipeline）的延伸，因此是取道西西里島，再通往義大利。

第二條是阿爾及利亞－薩丁島－義大利天然氣管線（Galsi）。這條管線從突尼西亞與阿爾及利亞邊境的「庫第特多拉烏修」（Koudiet Draouche）出發，經薩丁島（Sardegna）與義大利相連。

第三條則是綠溪管線（Greenstream Pipeline）。它是從利比亞的梅利塔（Mellittah）出發，直通義大利西西里島的傑拉（Gela）。

第四條是亞得里亞海天然氣管線（Trans Adriatic Pipeline）。這條管線是從

圖表6-12　西班牙、義大利與北非之間的天然氣管線

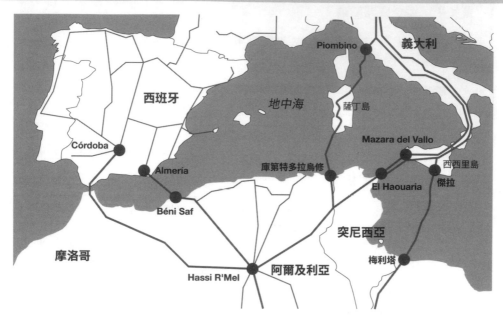

（資料來源）作者編製

亞塞拜然出發，經希臘穿過阿爾巴尼亞和亞得里亞海，再與義大利互連。

綜上所述，義大利和擁有廣大天然氣田的非洲、亞塞拜然之間有多條管線相連，除了俄羅斯以外，還有其他進口天然氣的途徑，這與德國很不一樣。實際上，義大利自俄羅斯進口的天然氣數量確實在下降，而從亞塞拜然、阿爾及利亞進口的數量則逐步上升。

義大利如何因應地球暖化

2017年11月，義大利於公布了一份「國家能源戰略」（SEN2017），後來又在2020年1月擬訂了「國家能源及氣候綜合計畫」（PNIEC），作為因應地球暖化問題的對策。PNIEC是根據歐盟執委會（European Commission）於2016年發表的一份《全歐洲人共享清潔能源》（*Clean Energy for All Europeans*）包裹法案，以及2019年發表的「歐洲綠色政綱」所研擬出來的內容。當中載明義大

義大利如何因應地球暖化？

· 義大利以歐盟方針為基礎，推動國內各項因應暖化的措施。
· 於2017年11月公布「國家能源戰略」（SEN2017），提出國家邁向脫碳的各項方針。
· 於2020年1月擬訂「國家能源及氣候綜合計畫」（PNIEC）。
　→是根據歐盟執委會於2016年發表的《全歐洲人共享清潔能源》包裹法案，以及2019年發表的「歐洲綠色政綱」，所研擬出來的內容。當中載明義大利在到達「2030年」這個中繼點之前，將於能源領域祭出哪些方針，進而朝2050年的目標邁進。

利在到達「2030年」這個中繼點之前，將於能源領域祭出哪些方針，進而朝2050年的目標邁進。

　　後續義大利在能源戰略上，為逐步實現去俄化，不只要確保天然氣供應無虞，還要提高再生能源發電占比，後者對去俄化有益，又可減緩地球暖化，堪稱一石二鳥的能源，將是一大關鍵。

5 西班牙

西班牙的初級能源

　　再來看看西班牙的狀況。

　　西班牙初級能源結構上的特色，在於石油占比高達44％，比重相當高。其他各項的占比分別是天然氣24％，再生能源20％，以及核能的10％。

　　在能源自給率方面，原本在2001年還有27％，2008年就已下降到21％。所幸後來跌深反彈，到2014年時一舉突破30％，可惜2019年又回到28％。綜上所述，自2001年起，西班牙的能源自給率主要在20～30％游走。

　　在西班牙2020年的各類能源進口量當中，俄羅斯在石油方面占了1.8％，天然氣則是10.4％，對俄依存度可說是偏低。

　　至於再生能源的細項方面，從1990～2020年，是以核能及水力的占比

較高。其中比較特別的是自2000年起，風力的占比開始攀升。以2000年為例，風力與核能的比重幾可說是並駕齊驅，來到約33％的水準。

在此，我要說明西班牙在再生能源方面所面臨的風險。2021年夏天，歐洲的風力偏弱，各國的風力發電都表現疲軟，其中又以高度依賴風力發電的西班牙受創最深。當時西班牙的電力批發採用現貨價，一年之內飆漲到平均1MW（千瓩）185.3歐元，等於翻漲近四倍。過度依賴發電量易受天候左右的再生能源，國家恐將面臨嚴重缺電的風險——西班牙就為我們示範了典型的案例。

再者，西班牙國內缺乏化石燃料資源，石油、天然氣等能源皆仰賴進口。1970年代爆發的石油危機，成為開啟西班牙發展核電、節能和國內煤炭的契機。不過，受到1979年美國三哩島核災、1986年烏克蘭車諾比核災的影響，西班牙停止了核電廠的新建計畫；另一方面，目前的西班牙政府已提出要讓現有核電廠繼續運轉的方針，想必今後核電占比仍會維持一定程度的水準。

西班牙政府站在「因應地球暖化問題」和「能源安全」的觀點，祭出了「燃料轉換」的措施，要從使用石油、國內煤炭，轉為使用天然氣，同時也喊出了要推動再生能源的開發。然而，電業公司卻抨擊政府設定的規範電價，認為將造成業者的鉅額虧損。他們還批評錯誤的再生能源政策引發了太陽光電、太陽熱能產業的泡沫化，都是強推政策的政府該負責，更痛批這些錯誤的政策讓西班牙企業喪失了國際競爭力。綜上所述，目前西班牙政府與電業公司之間，存在著關係交惡的問題。

歐洲風電易受天候影響

· 2021年夏天，歐洲的風力偏弱，各國的風力發電都表現疲軟，其中又以高度依賴風力發電的西班牙受創最深。
· 當時西班牙的電力批發採用現貨價，一年之內飆漲到平均1MW（千瓩）185.3歐元，等於翻漲近四倍。
→過度依賴發電量易受天候左右的再生能源，國家恐將面臨嚴重缺電的龐大風險。

天然氣與液化天然氣的供應

接著我要說明西班牙天然氣管線和液化天然氣接收站的現況。首先，在天然氣管線方面，西班牙從連接奈及利亞和阿爾及利亞的「跨撒哈拉天然氣管線」，延伸出了兩條管線。

第一條是馬格里布—歐洲天然氣管線（Maghreb–Europe Gas Pipeline）。它是跨撒哈拉天然氣管線的延伸，經摩洛哥通往西班牙。第二條則是麥加茲（Medgaz）管線，它取道阿爾及利亞的班尼薩夫港（Beni Saf），與西班牙相連。

因此，西班牙的進口天然氣當中有超過四成是出產自奈及利亞，對俄羅斯的依存度有限。然而，2021年11月1日，阿爾及利亞竟以「與摩洛哥交惡」為由，停止自馬格里布—歐洲天然氣管線出口天然氣到西班牙。後來兩國關係更加惡化，迄今仍無法預估何時才會恢復供氣。

附帶一提，阿爾及利亞是非洲最大的天然氣生產、出口國，在全球也是名列前茅。當地所產的天然氣大部分都透過管線或製成液化天然氣輸往歐

圖表6-13　西班牙與阿爾及利亞、摩洛哥之間的天然氣管線

（資料來源）JOGMEC

洲，甚至還有了要用管線直通法國，再連接到德國的初步規畫。

接著，再來看看液化天然氣的接收站。西班牙國內設有六處液化天然氣接收站，占了全歐洲的約三分之一。拿2022年1月拍攝的衛星照片（圖表6-14）檢視停泊在接收站附近的船隻數量，和前一年的1月相比，數量竟有近3倍的落差。這主要是受到馬格里布─歐洲天然氣管線停用的影響。2021年3月，西班牙自美國進口的天然氣數量，竟比自阿爾及利亞進口的還要多。

綜上所述，西班牙由於與非洲之間有天然氣管線相通連，又有液化天然氣接收站，所以對俄依存度低，除了俄羅斯之外，還有其他進口天然氣的管道。這些都是西班牙在能源結構上的特色。

圖表6-14 巴塞隆納液化天然氣接收站的船隻停泊狀況
　　　　（2021年1月27日、2022年1月27日）

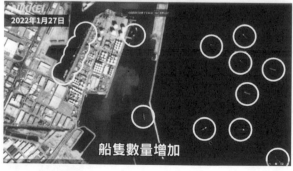

西班牙如何因應地球暖化

　　西班牙在2020年11月公布了一份「脫碳長期策略2050」（Estrategia de Descarbonización a 2050），以因應地球暖化問題。此外，西班牙更於2021年3月通過了「國家能源及氣候綜合計畫2021-2030」（PNIEC），明文揭示政府在朝向2050年目標邁進之際，於中繼點（即2030年）之前的能源領域方針。

　　「脫碳長期策略2050」當中提到，西班牙要以「在2050年之前達到碳中和」為目標，提出三大因應方案：第一項是要降低溫室氣體的排放，達到較1990年減少90％的水準；第二項是要讓50％的排放部門轉型電氣化，並增設發電量達250GW的再生能源發電設備，以期讓再生能源在最終能源消費當中的占比，從2020年的20％提升到97％；第三項是要透過提高能源效率、行為改變和循環經濟，降低約50％的初級能源消費量。

　　至於在未來的能源戰略方面，除了要確保來自非洲和美國的能源供給之外，西班牙更應該著重如何提高「再生能源」的占比，這將是一大關鍵，畢竟後者有益於能源穩定供給和減緩地球暖化。

西班牙如何因應地球暖化

· 西班牙政府在2020年11月公布了一份「脫碳長期策略2050」，宣示要以「在2050年之前達到碳中和」為目標。
· 三大因應方案：
　1. 溫室氣體的排放，要達到較1990年減少90％的水準。
　2. 透過「50％的排放部門轉型電氣化」「增設發電量達250GW的再生能源發電設備」等措施，讓再生能源在最終能源消費當中的占比，從2020年的20％提升到97％。
　3. 透過提高能源效率、行為改變和循環經濟，降低約50％的初級能源消費量。
· 2021年3月通過「國家能源及氣候綜合計畫2021-2030」，作為後續10年的期中目標。

6　荷蘭

荷蘭對地球暖化的危機意識

　　對於國土有四分之一都是填海造陸而來、海拔低於海平面的荷蘭來說，地球暖化所造成的海平面上升是相當嚴重的問題。荷蘭早已修築堤防，保護國土免受海面上升侵襲，其中又以1932年完工的「攔海大壩」（阿夫魯戴克大堤，Afsluitdijk）和1997年完工的「巨型移動防浪牆」（馬士朗大壩，Maeslantkering），最為人所知。

　　近年來，憂心海平面上升的荷蘭民眾提升了對地球暖化問題的關注，要求政府更強力地因應地球暖化問題。

　　2019年，環保NGO團體對荷蘭政府提起訴訟，要求政府提高2020年溫室氣體排放減量的目標。荷蘭最高法院裁判政府當局必須於2020年之前降低溫室氣體的排放量，達到比1990年減少25％的水準。換言之，這是一個「司法部門下令要求行政部門」的罕見判決。

圖表6-15　海平面上升對荷蘭的影響

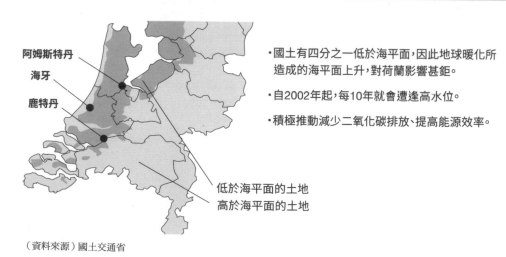

阿姆斯特丹
海牙
鹿特丹

・國土有四分之一低於海平面，因此地球暖化所造成的海平面上升，對荷蘭影響甚鉅。

・自2002年起，每10年就會遭逢高水位。

・積極推動減少二氧化碳排放、提高能源效率。

低於海平面的土地
高於海平面的土地

（資料來源）國土交通省

這項判決出爐後，荷蘭政府便祭出了多項積極對策，包括將高速公路白天的速限由130公里調降為100公里，暫停會大量排放溫室氣體的工程建案等。現在荷蘭政府提出的目標，是要在2030年之前達到較1990年減碳49％，2050年之前達到減碳95％，並且盡速轉型為碳中和經濟，以便兼顧經濟成長與保障能源安全。

開採天然氣導致地震頻傳

荷蘭的初級能源結構以天然氣和石油占最大宗。以2020年的初級能源結構來看，天然氣占45％，石油占37％，生質燃料和廢棄物占7％，煤炭為6％，風力和太陽能則是3％，核能為2％，水力占0.0005％。至於2020年荷蘭的對俄依存度，在石油方面是26.5％，煤炭是44.8％，天然氣是30.3％。

荷蘭的天然資源豐富，出產石油、天然氣，其中天然氣更是全歐洲最大的產氣國之一。因此，天然氣是荷蘭國內最主要的能源生產來源，被用來當作產業及室內暖氣的重要燃料。

位在荷蘭東北部的格羅寧根（Groningen）天然氣田，是全球規模最大的天然氣田之一，在歷史上是荷蘭國內天然氣生產的主要供給來源。

然而，2018年1月和2019年5月荷蘭發生地震，造成逾萬棟房屋受災，而地震的起因，正是由於格羅寧根天然氣田的開採活動所致。結果，社會上、政治上都施加了極大的壓力，要求格羅寧根天然氣田盡早結束開採。因此，荷蘭政府於2018年3月及2019年9月降低了天然氣需求，改用格羅寧根以外的其他供氣來源，並宣布將在2022年中結束格羅寧根的天然氣開採（編注：受俄烏戰爭影響，結束開採時間延後至2024年10月）。這項決定使得荷蘭國內的天然氣供給和對外出口，皆急劇減少。

2013～2018年荷蘭國內的天然氣產量減少了55％，能源進口依存度更是從29％上升到了72％。在這一連串的變動影響下，荷蘭在2018年首度成為天然氣進口國，2020年的發電燃料來源，主要是天然氣（57％）和風力（13％），還有煤炭（8％）及石油（1％）。

俄烏戰爭爆發後，格羅寧根的天然氣開採會不會重啟，引發各界關注。另一方面，荷蘭於東北部依姆薛芬（Eemshaven）港新設的浮動式天然氣接收站已於2022年完工，因此擁有了另一個確保天然氣來源的新途徑。

7 芬蘭與瑞典

接下來說明芬蘭和瑞典的狀況。

俄烏戰爭爆發後，以往沒有加入北大西洋公約組織的芬蘭和瑞典，分別於2022年5月15、16日，正式宣布申請加入北約。這兩個國家過去都因為擔心一旦加入北約，恐將觸怒鄰國敘利亞，因而選擇了中立的立場。不過，在目睹俄羅斯進軍烏克蘭之後，兩國便決定加入北約。

另一方面，俄羅斯則是宣布將自同年5月14日起，停止向芬蘭供應電力。這些電力約占芬蘭電力消費需求的10％，還勉可承受，然而俄羅斯宣布得實在太突然，讓芬蘭措手不及。

這兩個國家的能源戰略關鍵，在於如何在能源層面保護國計民生免受俄羅斯的威脅。2016年時，芬蘭和瑞典的能源自給率分別是55％和71％，尚有一定程度的儲備。

以下是兩國在2020年的對俄依存度。芬蘭對俄羅斯的能源依存度，在石油方面是84.0％，天然氣是67.4％，煤炭則為30.7％。目前芬蘭正在和愛沙尼亞共同規畫浮動式天然氣接收站，以期能在天然氣方面擺脫對俄羅斯的依賴。單就數字來看，芬蘭對俄羅斯的依存度相當高，但在芬蘭的初級能源消費結構當中，石油占24％，天然氣占7％，煤炭則占9％，由此可知實際上對俄羅斯的依存度並沒有那麼高。

瑞典、芬蘭能源自給率與初級能源供應結構（2016年）

國名	能源自給率	核能	水力	風力與生質能等	石油
瑞典	71%	34%	11%	25%	24%
芬蘭	55%	19%	4%	33%	25%

（資料來源）日本能源經濟研究所

瑞典對俄羅斯的能源依存度，在石油方面是7.7％，天然氣是12.7％，煤炭則為19.5％。不過，在瑞典的初級能源消費結構當中，石油只占整體的21％，天然氣3％，煤炭3％，占比都不高。除了上述幾項之外，再生能源的占比是46％，核能則有27％，可見再生能源與核能的比重占了絕大多數。

至於在核電廠所產生的核廢料最終處置場的興建方面，瑞典和芬蘭近來都有大動作的進展。

瑞典在2022年1月通過了最終處置場的興建計畫，預計將於2030年初開始實際處置核廢料。有民意調查顯示，瑞典近八成的民眾都支持核能。這固然是因為瑞典鄰近俄羅斯，民眾對於保障能源安全的問題意識相當高，另一方面，我也聽說瑞典包括中央政府、地方政府和發電業者等與核電有關的單位，都與當地民眾保持密切聯繫，再小的意外事故或問題，都會立即通知。而如此勤於聯繫的做法，讓核電贏得了民眾的支持。

芬蘭在2015年時，核准了全球第一座核廢料最終處置場安克羅（Onkalo）的興建案，預計自2025年啟用商轉。「Onkalo」在芬蘭文當中的意思是「洞窟」。屆時它會設在芬蘭西南部奧爾基洛托島（Olkiluoto）地下400～450公

瑞典 & 芬蘭再生能源在總發電量當中的占比（2020年）

瑞典			芬蘭		
水力	44.16%		水力	23.00%	
核能	30.08%		核能	33.78%	
風力	16.93%		風力	11.51%	
生質能	4.72%		生質能	15.95%	
垃圾	2.11%	總計	垃圾	1.29%	總計
太陽能	0.64%	98.64%	太陽能	0.37%	85.90%
煤炭	1.10%		煤炭	7.96%	
天然氣	0.07%		天然氣	5.37%	
石油	0.21%		石油	0.39%	

（資料來源）國際能源總署（IEA）

尺處，再以「深地層處置」（deep geological repository）的方式，將放射性廢棄物埋入地下深處。

在日本或法國，是將核廢料再處理後，將當中的鈾等元素萃取出來再利用，再處理掉剩下的高放射性廢棄物。而瑞典和芬蘭對於使用過的燃料棒，會直接進入最終處理，不會進行萃取鈾和鈽的「再處理」，值得作為後端處理方案的參考。

看了瑞典和芬蘭的案例，我們可以明白一件事：提高核能或再生能源的占比，化石燃料的占比就會降低，對俄羅斯的依存度也會下降。因此再生能源的發展，在安全保障與國防方面也扮演了舉足輕重的角色。

綜觀芬蘭和瑞典的能源戰略，我希望各位能了解一個背景因素：它們在申請加入北大西洋公約組織前，都已在能源自給的因應對策上做好充分準備，即使不幸暴露在俄羅斯的威脅之下，能源都能供給無虞。

8 重要性與日俱增的土耳其

重要管線集結之地

土耳其的面積約為日本的兩倍，人口約8,400萬人（編注：2023年12月底約8,530萬人），首都位在安卡拉（Ankara），是個泱泱大國。它在地緣政治上的定位，是位居歐亞大陸的歐洲與亞洲接壤處，位置極為重要。而歐洲和亞洲其實就是隔著土耳其境內的博斯普魯斯海峽（Bosporus）相望。

因此，目前土耳其是各路管線交會的地方，被稱為「土耳其走廊」。這條走廊將來自俄羅斯、裏海和中東的天然氣輸送管線往土耳其發展，再從土耳其延伸到歐洲。因此，在能源方面，土耳其是串聯俄羅斯與歐洲、裏海與歐洲，以及中東與歐洲的樞紐。

土耳其與俄羅斯的特殊關係

土耳其從很早期就是北大西洋公約組織的成員，但俄羅斯卻給它邦交國

土耳其

· 面積780,576平方公里（約為日本的2倍），人口8,361萬人（2020年），首都安卡拉。

· 位居歐亞大陸的歐洲與亞洲接壤處，位置極為重要。

· 堪稱「能源樞紐」，將來自俄羅斯、裏海和中東的天然氣輸送管線串聯至包括歐洲在內的國際市場。

· 土耳其是北大西洋公約組織成員，但俄羅斯卻給土耳其邦交國等級的禮遇，土耳其也沒有參與歐盟等國對俄羅斯的經濟制裁。

· 根據報導指出，2022年6月土耳其和俄羅斯外交部長在一場會談當中，商議企業遷移事宜，包括俄羅斯天然氣工業股份公司和俄羅斯寡頭（新興財團）等43家俄國企業，都要將歐洲據點遷移至土耳其的伊斯坦堡。

等級的禮遇，而它也沒有參與歐盟等國對俄羅斯的經濟制裁，立場相當獨特。根據媒體報導，2022年6月，土耳其和俄羅斯外交部長在一場會談當中，商議企業遷移事宜，包括俄羅斯天然氣工業公司和俄羅斯寡頭等43家俄國企業都要將歐洲據點遷移至伊斯坦堡。這表示在歐洲國家已無容身之處的俄國企業，都要將歐洲據點轉移至土耳其的伊斯坦堡。

俄羅斯和土耳其會如此水乳交融，和它們的國土大小有關。如圖表6-16所示，以往土耳其的領土遍及現今北非、中東和巴爾幹半島各國，也就是所謂的鄂圖曼土耳其帝國；而俄羅斯在蘇聯時期擁有相當遼闊的領土，甚至就冷戰時期經濟互助委員會（COMECON）的層面而言，有很多國家都在蘇聯勢力的影響範圍。

因此，俄羅斯和土耳其在「昔日曾有遼闊領土」這件事情上，是有共通點的兩個國家。我的土耳其朋友常會談到鄂圖曼土耳其帝國的歷史，俄羅斯朋友則很感嘆蘇聯政權瓦解。據說這樣的土耳其人和俄羅斯一見面，就會互相加油打氣——儘管它們在克里米亞戰爭中，曾是彼此敵對的國家。

接下來談談從俄羅斯通往土耳其的管線——南方天然氣走廊（Southern Gas Corridor）。

前文在說明俄國對外關係時，曾概述從俄羅斯通往歐洲的幾條管線。其中，從俄羅斯直通德國的北溪管線，以及通往烏克蘭的德魯茲巴輸油管，都

圖表6-16　第一次世界大戰前的鄂圖曼土耳其帝國

（資料來源）https://www.ch-ginga.jp/feature/ottoman/background/

因為俄羅斯入侵烏克蘭而停止了運作。

　　如此一來，俄羅斯勢必要考慮取道土耳其，再將天然氣銷往歐洲。而這條路線，其實就是圖表6-19下方的藍溪天然氣管線和南方天然氣走廊，它們都是從俄羅斯通往土耳其的管線。目前，俄羅斯只要是向歐洲出口天然氣，都必須通過這些管線。

　　圖表6-17上的①、②是北溪管線，目前無法發揮功能。③、④也無法運轉，尤其是④，儘管名叫德魯茲巴（Druzhba，俄文中的「友誼」），但在俄烏戰爭爆發後，很難想像這條管線還能繼續運轉。

　　至於「⑤」的土耳其溪，和「⑥」藍溪管線，都是經土耳其將俄羅斯的天然氣輸出到歐洲，而①、②、③、④恐將無法正常運轉，故取道⑤、⑥輸送的天然氣便愈來愈多。

　　「⑦」是從裏海周邊國家、中亞各國經土耳其輸往歐洲的管道。要是少了「⑦」，中亞或裏海各國就必須取道俄羅斯才能輸氣到歐洲。如今改經土

圖表6-17　自俄羅斯通往歐洲的管線

烏克蘭危機爆發後，能源管線主要幹道已逐漸從烏克蘭轉往土耳其

	名稱	輸送能力 （10億立方公尺／年）	現況
①	北溪1號	55	減少60%
②	北溪2號	55	凍結
③	亞馬爾管線	33	部分受阻
④	德魯茲巴	142	部分受阻
⑤	土耳其溪	31	增量輸氣
⑥	藍溪	19	增量輸氣
⑦	南方天然氣走廊（SCP、TANAP、TAP）	86	增量輸氣

（資料來源）Energy Geopolitics Limited of Japan

耳其，也讓它們成功地擺脫了對俄羅斯的依賴。

　　我用圖表6-18來說明上述這些管線的輸氣狀況。首先，有哪些國家會輸氣到土耳其呢？答案是包括亞塞拜然、土庫曼、哈薩克等裏海周邊國家的天然氣；而伊拉克和阿拉伯聯合大公國的天然氣，也會輸往土耳其；此外還有來自埃及、以色列的天然氣。至於土耳其的北方，則是與俄國相臨。

　　早期在裏海周邊國家尚未透過管線與土耳其相連時，所有天然氣出口都必須取道俄羅斯，並曾在通航費上受到俄國壓榨。後來蘇聯瓦解，分為多個國家，裏海周邊國家出口歐洲的天然氣便順勢改走土耳其路線。

　　再看到圖表6-19左側，被圈起來的納布科、TAP和ITGI。納布科是通往奧地利的管線，TAP、ITGI則是連通到義大利的管線。這些管線都是取道土耳其，再與義大利、奧地利、巴爾幹半島各國和希臘相連。巴爾幹半島各國與義大利，都很重視這些取道土耳其的管線，將它們視為拓展能源戰略的活棋。

圖表6-18 中亞及中東國家向土耳其輸送天然氣的流向地圖

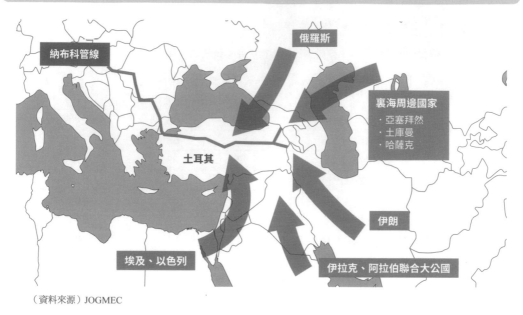

（資料來源）JOGMEC

圖表6-19 歐洲天然氣管線分布

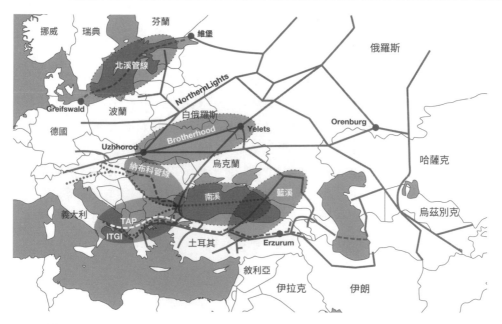

（資料來源）JOGMEC

取道土耳其的去俄化

讓我們再更具體地來看看各國的去俄化和去煤戰略。

位在圖表6-20正中央、最大的圓餅圖，代表的是義大利。義大利所使用的天然氣有31.2％是自俄羅斯進口。這部份目前已透過來自土耳其的管線，設法推動去俄化。儘管義大利還有來自北非的天然氣管線，或是進口液化天然氣等方法，但這條取道土耳其的管線意義仍然相當重大。

右下角是希臘。在希臘的能源結構當中，石油占了一半，天然氣的占比也很高，而這些天然氣有46.8％是來自俄羅斯。希臘打算利用來自土耳其的管線，讓這46.8％的天然氣占比早日去俄化。

保加利亞的天然氣有84.4％來自俄羅斯，因此想追求去俄化，就必須要有與土耳其相連的管線。塞爾維亞的天然氣需求有85.3％要仰賴俄羅斯，又因為煤炭的消費占比較高，所以取道土耳其的管線便顯得格外重要。北馬其頓也一樣，天然氣100％仰賴自俄羅斯進口，所以來自土耳其的管線更是不可或缺。

圖表6-20 南歐天然氣需求國＆巴爾幹半島的去煤與去俄化

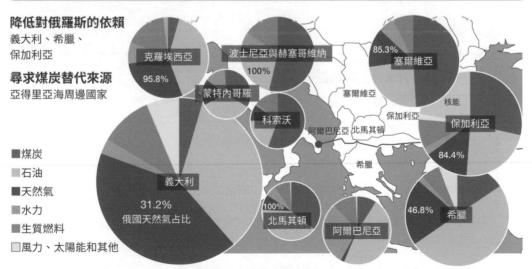

（註）義大利、希臘為2019年數據，其他為2018年數據。圓餅圖為約略大小。
（資料來源）根據IEA統計、BP統計、GazpromExport編製、JOGMEC

　　至於在土耳其輸出的天然氣方面，其實義大利早自2020年12月起就已開始進口。我想義大利應該沒有預料到俄羅斯會入侵烏克蘭，但這條管線及時完工，對義大利而言的確很走運。此外，由於羅馬尼亞、保加利亞、匈牙利、奧地利和德國，有納布科管線通過，希臘、塞爾維亞也有管線串聯，所以這些國家才能仰賴土耳其進口的天然氣，推動去煤與去俄化。

　　綜上所述，自土耳其輸出天然氣的管線，滿足了義大利、希臘等南歐大國的需求，對於巴爾幹半島各國推動去煤、去俄化的發展也有很重要的意義。

　　如今，俄羅斯已無法使用烏克蘭路線出口天然氣，也無法透過直通德國的管道送氣。想出口天然氣到歐洲，勢必要取道土耳其。此外，站在亞塞拜然、哈薩克和土庫曼等裏海國家的角度而言，若不想經過俄羅斯，就必須穿越土耳其才能將天然氣輸往歐洲；而伊朗和伊拉克也必須取道土耳其。因此，這種天然氣管線在土耳其集結的情況，將愈來愈鮮明。

　　就這樣，土耳其、土耳其走廊的存在意義愈來愈重要。如今土耳其走廊的運輸規模幾已堪比原有的烏克蘭路線，想必今後各國還會朝提高量能的方向發展。

存在感與日俱增的土耳其走廊

●對天然氣出口國的意義
・俄羅斯獲得繞道烏克蘭的路線。
・亞塞拜然、哈薩克、土庫曼等裏海國家繞道俄羅斯的路線。
・伊朗、伊拉克的出口路線。

●依賴土耳其走廊的天然氣進口國（歐洲、巴爾幹各國的去俄化、去煤戰略）
・義大利（南方天然氣走廊SGC），2020年12月已開始輸氣。
・羅馬尼亞、保加利亞、匈牙利、奧地利、德國（納布科管線）。
・希臘和塞爾維亞。

●土耳其走廊的量能，已發展到幾可與原有烏克蘭匹敵的規模

第 7 章

印度

最大課題是如何確保
全球最多人口的能源需求，
並支持經濟成長

1 印度在國際社會上的定位

首先，我們要來看看印度在國際社會上的定位。

印度既加入了中國主導的上海合作組織（SCO），又是美日澳印四方安全對話（QUAD）的成員。腳踏兩條船的印度，立場其實有點尷尬。俄烏戰爭爆發後，它並沒有加入歐美、日本的制裁行列，仍持續採購俄羅斯原油。由於印度和中國這兩個大國持續向俄羅斯採購，使得對俄制裁的實際效果大打折扣。

印度和中國的關係相當緊張，但這並不代表它和美國之間向來保持良好的關係，甚至還有部分民眾懷抱反美情緒。印度長年來都在國防安全上仰賴俄羅斯，就連國防裝備也多為俄國製。印度是全球擁有最多人口的國家，對它而言，俄羅斯的天然氣不只攸關國家安全保障，在民眾生活、因應地球暖化問題方面，地位同樣舉足輕重。

全球人口最多的國家

根據2022年7月聯合國公布的數據，印度人口有14億1,200萬人，中國則有14億2,600萬人。不過，由於中國人口在2023年轉趨減少，因此目前印度人口已超越中國，榮登全球第一的寶座。

此外，2022年印度國內的汽車銷量達472.5萬輛，較前一年成長25.7％，超越了銷量僅約420萬輛、較前一年衰退5.6％的日本，成為全球第三名，僅次於中、美兩國。

各位所屬的世代，說是要和足以影響全球的印度經濟成長同進退，一點也不為過。就讓我們好好地來看看箇中詳情。

化石燃料自給率年年下滑

圖表7-1呈現的是主要國家的能源自給率變化。由圖中可知，印度的能源自給率年年下滑。這是由於印度的能源自給狀況，追不上經濟加速成長的緣故，已成為印度的一大課題。

圖表7-1　主要國家總能源自給率變化

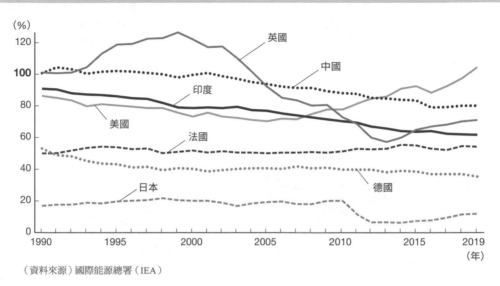

（資料來源）國際能源總署（IEA）

　　圖表7-2左圖是各國的石油進口量變化。粗線代表的是印度的石油進口量，呈現一路攀升的趨勢。在這張圖表當中，印度和中國是一路攀升，美國和日本則是走跌。

　　圖表7-2右圖代表的則是各國的煤炭進口量變化。在前五大煤炭進口國當中，粗線代表印度的煤炭進口量。以虛線表示的中國，進口量雖有成長，但印度的成長更急更猛。2013年時，印度的煤炭進口量已超越日本。

　　印度的石油消費、生產量方面，前者一路攀升走高，但後者卻逐漸下滑，兩者之間逐漸拉開差距；煤炭的生產量則是高於消費量，達到自給自足的水準。不過，由於印度的燃煤火力發電量也一路攀升，所以現況還能維持多久，不得而知。至於天然氣則呈現顯著成長，但生產量卻減少。

　　圖表7-3列出了印度的石油進口來源國。印度向伊拉克、沙烏地阿拉伯、阿拉伯聯合大公國、美國、奈及利亞、科威特、墨西哥、阿曼和俄羅斯進口石油。就數量上而言，由於印度距中東較近，因此伊拉克、沙烏地阿拉伯和阿拉伯聯合大公國的占比較高，而美國的進口量也高得出乎意料，特別引人好奇。另外，自2021年1月到2022年1月，印度向俄羅斯進口石油的數

圖表7-2 印度的石油、煤炭進口狀況

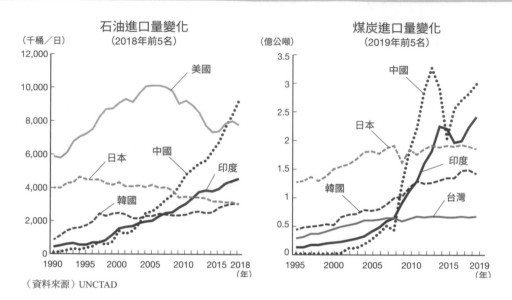

石油進口量變化
（2018年前5名）

煤炭進口量變化
（2019年前5名）

（資料來源）UNCTAD

圖表7-3 印度的石油進口來源國（2021年4月～2022年1月）

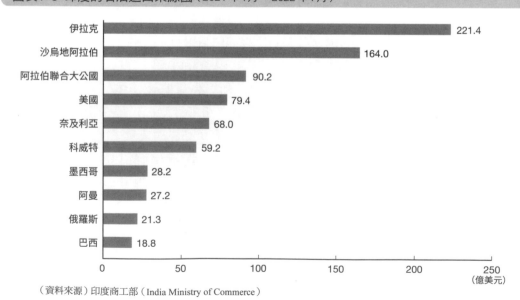

（資料來源）印度商工部（India Ministry of Commerce）

量都沒有明顯變化。不過，越接近2022年6月，進口量就逐漸上升。這恐怕是因為俄烏戰爭爆發後，全球各國紛紛禁運俄國石油時，印度選擇接受進口所導致的結果。據媒體報導，印度用很低廉的價格接收了俄國石油。

再簡單談一下印度的天然氣進口量。印度的天然氣進口量持續攀升，主要進口來源國依序是卡達、安哥拉、奈及利亞、阿拉伯聯合大公國和美國。

印度電力政策上的課題

輸配電耗損是印度在電力供應上相當嚴重的問題——印度在輸電、配電之際，會產生近30%的耗損，和日本的4.7%，或中國的7%相比，都高出了一大截。印度在輸配電系統的維護、整建等方面，的確有技術層面的問題，但造成耗損真正的原因，在於有太多人不想繳納電費，所以竄改量測用電量的電表等不法行為，層出不窮。為防止電表遭違法變造，自2015年起，印度施行了一個名叫「綜合電力開發計畫」的專案，推動改換智慧電表、配電系統資訊化，和為避免竊電而在人口稠密區推動的電力纜線地下化。

再者，「低價供電給農民」這項優惠措施，也被認為是印度電力政策上的一大課題——因為印度的農民占比相當高，卻只需要繳交低廉的電費，於是壓力便全都落到了電力公司頭上。就電力開發的投資回收角度而言，給農民的電價優惠，的確是一大發展上的瓶頸。

綜上所述，印度在供電上的課題，就是要在如此幅員遼闊的國家布建輸電網，並避免竊電，還要改善輸配電耗損，並確實向每一位用戶收取電費。

印度的輸配電耗損問題

・印度的輸配電耗損約28%，和日本的4.7%，或中國的7%相比，都高出一大截。
・在輸配電系統的維護與整建等方面，的確有技術層面的問題，但還有竄改量測用電量的電表等不法行為，以及拒繳電費所造成的損失。
　→2015年起，政府開始施行稱為「綜合電力開發計畫」的專案。為防止電表遭違法變造而推動改換智慧電表、配電系統資訊化，和為避免竊電而在人口稠密區推動的電力纜線地下化。
・低價供電給農民的優惠措施，也被認為是一大課題。

2 再生能源

接著，再來看看印度的再生能源。

圖表7-4是印度自1990～2019年的能源供給量變化。2019年時，煤炭占總量的45％，石油占25％，生質能占20％，天然氣則占6％。觀察自1990年起的趨勢變化，會發現印度的煤炭和石油供給量逐步上升，而生質能的燃料供給則呈現下滑——在這個地球環境與人類生活密不可分的時代，可說是與時代背道而馳。

在水力、風力和太陽能等再生能源的發電量方面，儘管目前是的確呈現增加的趨勢，但比重也僅止於3％。而煤炭則有45％，石油占25％，天然氣為6％，也就是說化石燃料占了超過75％。

圖表7-4 能源供給量變化（1990～2019年）

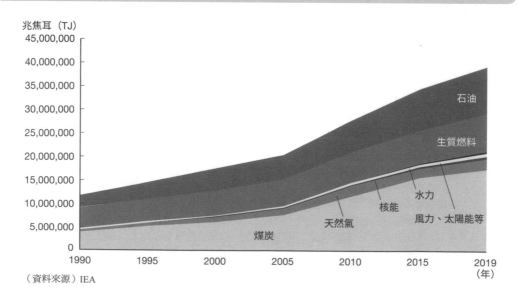

兆焦耳（TJ）

（資料來源）IEA

印度的太陽能發電

　　太陽能發電的生產量在印度總發電量當中的占比仍低，卻占了全球總生產量的7％，排名僅次中國、美國和日本，位居第4。因此，一般認為印度是個很有潛力發展太陽能發電的國家。觀察圖表7-5，可看出巴基斯坦、阿富汗一帶適合發展太陽能發電，而印度適合發展太陽能發電的地點，則在孟買一帶、新德里北側、邦加羅爾（Bengaluru）和清奈（Chennai）。

　　這裡我要特別說明一點：印度的太陽能發電設備都是仰賴中國供應。印度的太陽能發電標案，以「每度單價2盧比」這種破盤低價得標的案例，屢見不鮮——它們都是以中國供應的低價太陽能光電設備為前提計價。相較於全球各主要國家，印度的太陽能發電廠設置成本最低，只需要日本的三分之

圖表7-5 印度的太陽能發展潛力

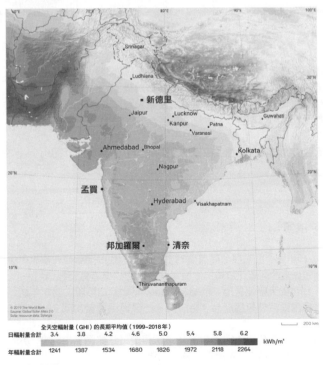

（資料來源）Solargis

一，發電成本甚至比中國還便宜。

　　這裡隱藏的問題是：自2020年起，印中關係因邊界問題而受到重創。莫迪政府為擺脫對中國的依賴，大力推動太陽能發電產業的國產化政策，從發電模組到相關儀器設備都適用。2020年8月，印度對太陽能電池（solar cell）、模組和變頻器（solar inverter）開徵進口關稅；到了2020年底，市場上還出現了以「投標階段就使用國產品」為前提，即可適用電費加成的標案。

　　印度政府已宣布，將為印度太陽能發電公司（SECI）和印度再生能源發展協會（IREDA）提撥約3億美元的補助，全速推動太陽能發電所需的環境建置。我在探討中國的專章中也提過，中國在太陽能發電和風力發電相關產業的設備方面，全球市占率一枝獨秀，穩居龍頭。過去印度長期運用這些低價設備，以低成本發電。如今莫迪政府已開始擺脫對中國的依賴。

　　這裡我要介紹一個印度的案例，那就是位在拉賈斯坦邦（Rajasthan）的太

印度太陽能發電設備的對中依賴

● 印度的太陽能發電標案，一再以「每度單價2盧比」的破盤低價得標。
　‧ 以導入中國供應的低價太陽能光電設備產品為前提。
　‧ 相較於全球各主要國家，印度的太陽能發電廠設置成本最低（日本的三分之一）。
　‧ 發電成本甚至比中國還便宜

● 印度以往的太陽能光電導入目標，都是以「使用中國的低價進口設備」為前提。

如何擺脫對中依賴

‧ 自2020年起，印中關係因邊界問題而受到重創，莫迪政府開始轉向擺脫對中依賴。
‧ 推動太陽能發電產業的國產化政策，從發電模組到相關儀器設備都適用。
‧ 2020年8月，印度對太陽能電池、模組和變頻器開徵進口關稅；同年年底，市場上還出現了以「投標階段就使用國產品」為前提，即可適用電費加成（2.92盧比／度）的標案。
‧ 印度政府已宣布，將為印度太陽能發電公司和印度再生能源發展協會，提撥約3億美元的補助，全速推動太陽能發電所需的環境建置。

陽能發電廠。拉賈斯坦邦位在孟買西北方，巴基斯坦附近。而印度平均一年有300天是晴天，不論是日照時間或日照量都是日本的近1.5倍。印度在拉賈斯坦邦的沙漠上，架設了約1,000萬片太陽能發電板，足以覆蓋大片沙漠。如此有效運用人口稀少的沙漠地帶，推升了再生能源的發電量。這座電廠還導入了機器人，負責為太陽能發電板清除沙子和塵埃，甚至還有數百人負責監控。

印度的風力發電

　　接下來要談的是風力發電。印度的風力發電占全球風力發電量的5％，僅次於中國、美國和德國，排名第4，但一般認為它的發展潛力不如太陽能來得高。不過，印度政府倒是很積極地推動風力發電，在2017年時，還將原本的躉購制度改為競標。目前印度導入的都是陸域風力發電，還沒有任何離岸風電的設置實績，主要是受限於國內供應鏈與基礎建設不足的緣故。

　　這裡我要介紹坦米爾那都邦（Tamil Nadu）的風力發電案例。坦米爾那都邦和斯里蘭卡隔水相望，是印度最大的風力發電聚落。當地政府體認到再生能源的重要性和必要性，便在1985年設置了一個立案的獨立機構「坦米爾那都能源發展協會」（Tamilnadu Energy Development Agency）。時至今日，坦米爾那都已成為印度在風力發電方面的領頭羊。此外，位在坦米爾那都邦轄下的穆潘達爾風力發電廠（Muppandal Wind Farm），總裝置容量達1,500MW（千瓩），

坦米爾那都邦的風力發電

· 坦米爾那都邦是印度最大的風力發電聚落。
· 當地政府體認到再生能源的重要性和必要性，便在1985年設置了立案的獨立機構「坦米爾那都能源發展協會」。
· 坦米爾那都已成為印度在風力發電方面的領頭羊。
· 轄下穆潘達爾風力發電廠的總裝置容量達1,500MW，是印度最大風力發電廠。

以「印度最大風力發電廠」而聞名。

印度的水力發電

印度的水力發電占全球總產量的4%，排名接在中國、巴西、加拿大、美國和俄羅斯之後，位居第6。水力發電在2000年代曾備受印度當局重視，寄望它能成為取代燃煤、燃氣發電的再生能源選項。政府擬訂了極具企圖心的水力發電計畫，加上民間戮力執行的結果，讓水力發電量能在2007年的成長率竟高於印度整體發電量能的成長率。

不過，目前水力發電的重要性在印度已逐漸下滑，反而是太陽能發電和風力發電受到的關注節節攀升——因為在印度，取得水力發電用地的難度相當高，且工期和財務成本不穩定。再者，即使有心想回收興建水力發電廠的成本，還要擔心用戶會不會誠實繳費，無不法竊電情事。還有，前文提過，供電業者只能向農民收取極低廉的電費，也是一大隱憂。綜上所述，水力發電在經營上的障礙過多，導致目前比重逐步下滑。基於以上這些因素，預估未來印度的水力發電，恐怕不會出現太大幅的成長。

水力發電規模逐漸下滑

· 在2000年代曾被視為是可取代燃煤、燃氣發電的再生能源選項。
· 政府擬訂了極具企圖心的水力發電計畫，加上民間戮力執行的結果，在2007年時，水力發電量能的成長率竟高於印度整體發電量能的成長率。
→在能源安全保障的討論當中，水力發電的聲量已漸轉弱，反而是太陽能發電和風力發電受到的關注節節攀升。
→印度的水力發電領域有用地取得方面的問題，且工期和財務成本不確定，電費單價也偏低。有人甚至還預估水力發電在短期內會呈現萎縮走勢。

印度的生質能發電

　　以下方框中，談的是印度在生質能方面的使用狀況。在生質能源的原料方面，較受矚目的來源是家畜排泄物、牛糞、甘蔗渣。印度飼養的牛隻數量龐大（包括水牛在內），很早就開始用牛排泄物所產生的甲烷，作為烹調所需的瓦斯等燃料來使用。他們也會把甲烷用在生質能發電上，再把這些電用於燈光照明，或作為抽取地下水時的動力來源。附帶一提，那些用於產生能源的排泄物、殘渣還會在經乾燥後，當作田裡的肥料來使用。

　　沼氣裡所含的甲烷，對溫室效應的影響極大，若能妥善運用，有助於因應地球暖化問題。換言之，只要好好利用甲烷，它們就不會被排放到大氣當中，抑制暖化的效果極佳；而露天燃燒麥稈等廢棄物，會讓空氣汙染變得更嚴重，也是一大問題，若能利用麥稈作為生質能源之原料，也有助於環境改善。

　　至於在生質能的用途方面，印度預計要在2030年以前，在汽油中加入20％的乙醇，柴油中加入5％的生質柴油。目前乙醇的部分預估在2025年之前就能提早達標。此外，印度還預計要在2023年之前，在國內設置5,000個壓縮沼氣廠。印度電力部（Ministry of Power）強制要求電力設施必須混燒5％的生質能，並已於2022年10月起正式施行這項規定。部分發電廠甚至還被要求自2023年起，就要將混燒率提高到7％。綜上所述，印度已祭出多項政策，希望能更積極地運用生質能。

印度相當積極發展生質能

- 在生質能源的原料方面，較受矚目的是家畜排泄物、牛糞、甘蔗渣。
- 包括水牛在內，印度飼養的牛隻數量龐大，很早就開始用牛排泄物所產生的甲烷，作為烹調所需的瓦斯等燃料來使用。
- 他們也會把甲烷用在生質能發電上，再把這些電用於燈光照明，或作為抽取地下水時的動力來源。
- 用於製造能源的排泄物、殘渣還會在經乾燥後，當作田裡的肥料來使用。
- 沼氣裡所含的甲烷，對溫室效應的影響極大，若能妥善運用，有助於因應地球暖化問題。

印度生質能發電的目標

1. 乙醇方面：印度在2018公布的〈生質燃料國家策略〉（National Policy on Biofu-
els）中，提出「要在2030年之前，於汽油中加入20%乙醇，柴油中加入5%生質柴
油」的目標。
   ※在乙醇方面，達標期限預計可以提前至「2025年之前」。
   ※印度交通部長尼廷‧加德卡里（Nitin Gadkari）表示，將向印度最高法院取得必要
   許可，強制要求汽車製造商必須生產彈性燃料（flex fuel）引擎。
2. 沼氣方面：印度預計要在2023年之前，在國內設置5,000個壓縮沼氣廠。
3. 生質能混燒方面：印度電力部強制要求電力設施必須混燒5%的生質能，並已於2022
年10月起正式施行這項規定。
   部分發電廠甚至還被要求自2023年起，就要將混燒率提高到7%。

印度的核能發電

最後要來看看印度的核能發電廠。目前，印度並沒有太多商轉中的核電
廠。放眼全球，現役核電廠還是以美國、法國居多。不過，若以興建中的核
電廠來看，則是中國遙遙領先，印度居次，現正在進行6個核電廠的興建工
程（編注：截至2024年初，根據國際原子能總署，印度興建中的核子反應爐為7座，僅
次於中國）。

3 成長中的印度經濟

前面談過印度的化石燃料與再生能源現況。在本節當中，我們要來看看
成長中的印度經濟。

印度2050經濟展望

圖表7-6是印度和中國的人口結構比較。如圖所示，可以看出印度的年
輕人口眾多，而中國則已邁向高齡化。儘管中國的經濟成長氣勢如虹，但印

度擁有廣大的青壯人口,將成為未來推動經濟成長的力量。

　　根據諮詢機構資誠(PwC)的〈2050年的世界〉(The World in 2050)調查報告預測,印度的GDP將在2050年之前超越美國,成為全球亞軍──第1名是中國,第2名是印度,第3名是美國,第4名是印尼,第5名是巴西,第6名是俄羅斯,墨西哥排第7,接著第8名才是日本,德國第9名,英國則是第10名。這樣看來,今後印度經濟可望大幅成長。

想盡辦法,讓天然氣管線繞道巴基斯坦

　　誠如我們在本章開頭所述,印度的能源自給率偏低。那麼,印度對於確保能源穩定供給以支撐經濟持續成長,究竟有哪些規畫呢?

　　圖表7-7呈現的是印度液化天然氣接收站和天然氣管線的建置狀況。「●」代表的是目前運轉中的液化天然氣接收站,基本上都位在西岸,東岸只有一處;「◎」代表的是規畫興建中,目前在東岸有一處,西岸則有三處。東岸主要是接收來自東南亞的天然氣,西岸則是接收來自中東的天然氣。總之請您記住;印度東、西兩岸在經濟上,分屬於截然不同的經濟交流

圖表7-6　印度和中國的人口結構比較

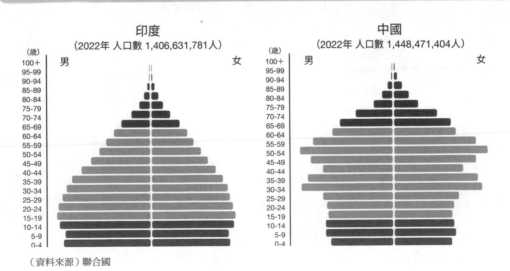

（資料來源）聯合國

網絡。

　　附帶一提，以資訊科技聞名的邦加羅爾，則是位在南側中央處，有「■」符號的地方。它位在高地上，地位儼然就像是矽谷，這裡聚集了許多頂尖大學、研究機構，他們會派遣技術人員前進全球各地。

　　我在圖表7-7的天然氣管線鋪設圖上畫了兩個箭號，我先從右側的管線開始說明。這是一條從緬甸通往印度的管線。原本緬甸與中國之間已有管線串聯，如今和孟加拉、印度之間，也鋪設了相通的管線。而在左側的箭號標示處，則是連接土庫曼這個巨大的天然氣田。儘管土庫曼已為中國供應大量

圖表7-7　印度國內液化天然氣接收站與天然氣管線的建置狀況

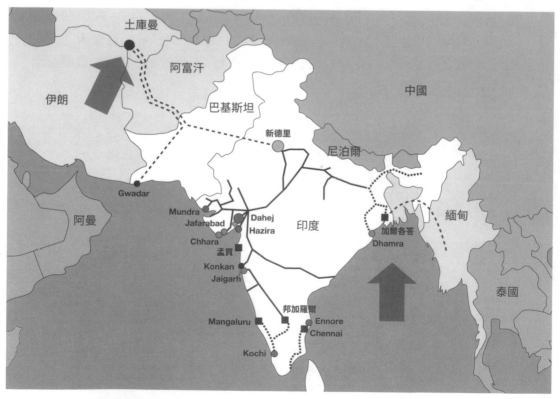

（資料來源）根據EIA資料繪製

的天然氣，但目前仍規畫了一項自土庫曼經阿富汗、巴基斯坦，再通往印度的管線鋪設專案。一旦完工落成，這條管線將成為印度的一大能源供應來源。不過，考量到目前印度和巴基斯坦之間的外交關係，要實現恐怕不是那麼容易；而與阿富汗之間的談判，也絕非易事。

另一方面，印度還有建置海底天然氣管線的想法，打算從天然氣產能很高的伊朗，穿過海底，鋪設一條通往印度的管線。除了從伊朗出發之外，還有從阿曼出發的路線規畫。假如這些路線可以實現，那麼印度就可以繞道而行，從海底串聯管線，不必顧忌橫亙在中東與印度之間、在外交上和印度有許多問題的巴基斯坦，有助於大幅強化能源穩定供給。就支持經濟成長的角度而言，這是印度當局極力想成就的一項建設規畫。

而在東岸，由於緬甸、馬來西亞就在不遠處，想必印度應該會持續加強與緬甸和東南亞產油、產氣國之間的連結。

4 印度如何因應地球暖化

接下來說明印度如何因應地球暖化問題。目前，印度的二氧化碳排放量在全球排名第三。各界預估，隨著今後印度的經濟成長，碳排量還會再向上攀升。莫迪總理在格拉斯哥的COP26氣候峰會當中宣布，要在2070年之前，讓印度的溫室氣體排放量實質歸零，是印度當局首次提及淨零碳排的具體目標時程。不過，在全球許多國家都以2050、甚至2060年為目標的主流之下，「2070年」這個時間實在很難令人由衷地讚賞。

在《格拉斯哥氣候協議》當中，載明了「要努力達成全球平均氣溫升幅，控制在攝氏1.5度以內」的目標。然而，當時最大的爭議焦點在於燃煤發電——印度和中國對於協議草案中「逐步廢止」（phase out）燃煤發電的敘述，表示了反對。結果，最後各國是以「逐步減量」（phasing down）這個相對輕描淡寫的用詞，通過了協議，而它也是目前在氣候變遷綱要下的新目標。

莫迪總理在COP26的演說當中，說明印度國內非化石燃料的發電裝置容量，在過去七年間增加了25％，在全國總發電裝置容量當中的占比已達四

成。這裡所指的，應該是再生能源和生質能。再者，他也提到印度人口占全球的17％，碳排量僅5％。莫迪總理透過上述這些內容，強調印度早已針對2015年簽訂的《巴黎協定》，擬訂達成目標的相關計畫，並持續踏實地邁進。

印度更進一步具體地提出了以下五項新目標：在2030年之前，要將非化石燃料的裝置容量提高到500GW；要讓再生能源發電量達到總電力量的50％；要讓從現在起到2030年這段期間預估會排放的溫室氣體減少10億公噸；還要讓印度每單位GDP的二氧化碳排放量減少45％以上；並於2070年之前達到淨零碳排。

莫迪表示，要達成這些目標，需要先進國家提供資金和技術。他呼籲先進國家提供印度1兆美元的資金援助，並主張不只氣候變遷的目標達成進度需要管理，就連資金面的援助也應納入管理。相較於美、日和歐盟提出要以2050年為淨零目標，中、俄表示要在2060年達到淨零，莫迪總理則提出要在2070年達成淨零目標，印度的時程晚了10年、甚至20年之久，引起了一些批判。至於工商業界則認為，莫迪總理這番宣言雖然展現了他的企圖心，卻也相當務實，而要實際達成這些目標，需要相當大規模的投資——當然也包括來自先進國家的援助。

印度目前面臨的挑戰，就是進口價格飆漲的原油造成貿易逆差，以及主要肇因於車輛普及所導致的嚴重空氣汙染。印度考慮的主要解決方案之一，就是推廣電動車。當局祭出了購車補助、生產獎勵制度等方案，要促進電動

印度在 COP26 中的減碳談判

· 印度的莫迪總理宣布，要在2070年之前，讓溫室氣體的排放量實質歸零。
　→是印度當局首次提及淨零碳排的具體目標時程。
· 《格拉斯哥氣候協議》納入了「要努力達成全球平均氣溫升幅，控制在攝氏1.5度以內」的目標。
· 在最大的爭議焦點——燃煤發電方面，印度和中國反對協議草案中「逐步廢止」燃煤發電的敘述。
　→最後各國達成共識，改用「逐步減量」這個相對輕描淡寫的用詞。

印度訂立 2070 淨零碳排目標

‧莫迪總理在 COP26 的演說當中，說明印度國內非化石燃料的發電裝置容量，在過去七年間增加了 25%，在全國總發電裝置容量當中的占比已達四成。

→強調印度已針對 2015 年簽訂的《巴黎協定》，擬訂達成目標的相關計畫，並持續踏實地邁進。

‧提到印度人口占全球的 17%，但碳排量僅占 5%。還進一步具體地提出了以下五項新目標：

1. 在 2030 年之前，要將非化石燃料的裝置容量提高到 500GW。
2. 在 2030 年之前，要讓再生能源發電量達到總電力量的 50%。
3. 要讓從現在起到 2030 年這段期間預估會排放的溫室氣體，減少 10 億公噸。
4. 要讓印度經濟的（每單位 GDP 的碳排量）碳排放密集度減少 45% 以上。
5. 於 2070 年之前達到淨零碳排。

車產業發展，並設定了要在「2030 年達到電動車普及率 30%」的目標。

　　根據以上這些內容，我們不妨來想一想：在印度的能源戰略當中，究竟什麼才是最重要的？印度當局恐怕不會說「因應地球暖化問題最重要」吧？想必「確保能源穩定供給」、「能源的經濟效率」這兩項支持印度擺脫中國、高速成長的戰略，才是他們當務之急的優先事項。

　　以上我說明了印度在國際社會上的定位，及其再生能源、成長中的經濟概況，以及他們如何因應地球暖化問題。一般認為，印度在 2050 年就會成為全球第二大經濟體，對於當前的年輕世代而言，2050 年正好是各位最能在社會上大顯身手的時候。建議各位好好深入地了解支持印度成長發展的能源戰略，對未來將有莫大幫助。

資源＆能源的3E戰略

1. 能源安全（Energy security）
   包含：主權獨立、國家安全、能源的穩定供給。確保資源、能源穩定供應，有助於國家的穩定發展。
2. 因應地球暖化問題（Environment）
   各國政府承諾達成碳中和。
3. 經濟效率（Economic efficiency）
   能源成本對於民眾生活和各產業的國際競爭力影響甚鉅。

三個E都很重要，但優先順序會因國家的狀況、立場而改變。

在不同情境下，哪個E對國家最重要？

1・因應地球暖化問題	1・能源經濟效率	1・國家主權獨立、國家安全、穩定供給
2・能源經濟效率	2・因應地球暖化問題	2・能源經濟效率
or	or	or
3・國家主權獨立、國家安全、穩定供給	3・國家主權獨立、國家安全、穩定供給	3・因應地球暖化問題

在《格拉斯哥氣候協議》與俄烏戰爭爆發，以及能源價格飆漲的背景下。

第 8 章

東南亞、台灣、韓國、澳洲和巴西

協助日本保障能源安全的夥伴

1 東南亞國家協會

在本章當中，我們要來看看東南亞國家協會、台灣、韓國、澳洲和巴西。

東協的基本資料

首先要看的是東協（ASEAN）。所謂的東協，指的是東南亞國家協會，由十個國家在經濟、社會、政治、國防安全和文化方面，推動區域合作。

東協最早是在1967年，由印尼、馬來西亞、菲律賓、新加坡和泰國這五個國家所發起，後來又加入了汶萊、越南、寮國、緬甸和柬埔寨，會員擴大為十國。

東協高度的發展潛力，備受各界關注——因為它的人口總數極多，但GDP總額相對偏低，還有很大的成長空間。

相較於歐盟27國的5億人口、北美自由貿易協定（美國、加拿大和墨西哥）

ASEAN（Association of South - East Asian Nations）

· 東南亞國家協會：東南亞十國在經濟、社會、政治、國防安全和文化方面，推動區域合作而成立的組織。

年分	
1967	東協成立（五個會員國：印尼、馬來西亞、菲律賓、新加坡、泰國）
1984	汶萊加入
1995	越南加入
1997	寮國、緬甸加入
1999	柬埔寨加入，形成東協10國

（資料來源）日本外務省

全球各區域經濟整合組織

東協的人口多，但GDP總額相對偏低，深具發展潛力。

	會員國數量	人口（人）	GDP總額（兆美元）
東協	10	6.0億	1.865
歐盟（EU）	27	5.0億	16.242
北美自由貿易協定（NAFTA）	3	4.5億	17.138
南方共同市場（MERCOSUR）	5	2.7億	2.812

「北美自由貿易協定」成員國：美國、加拿大和墨西哥
「南方共同市場」成員國：阿根廷、巴西、巴拉圭、烏拉圭和玻利維亞（夥伴國：智利、蓋亞那、蘇利南、秘魯、厄瓜多和哥倫比亞）

（資料來源）國際貨幣基金的世界經濟展望資料庫（IMF World Economic Outlook Database）

的4.5億人口，或是南方共同市場（MERCOSUR）涵蓋的2.7億人口，東協的人口有6億，況且各界預估它的人口還會持續成長。另一方面，東協的GDP總金額僅1兆8,650億美元，比起歐盟或北美自由貿易協定，已經少了一個位數；即使是和南方共同市場相比，金額也還是小巫見大巫。

再者，東協還持續發展區域整合。東協自由貿易區（AFTA）的概念於1992年提出，至2010年時，東協五個會員國之間的關稅就幾乎已經全面取消，東協經濟共同體（AEC，由東協10國組成的區域合作計畫）上路後，更促使整個東南亞的國際競爭力一飛沖天。

比方說，某項產品的零件分別生產自泰國、馬來西亞和印尼，如果想把它們都送到柬埔寨去組裝，但每個零件都要被課徵關稅的話，成本就會被墊高。然而，透過AEC機制，業者可在印尼、泰國和馬來西亞採購零件，再送到柬埔寨，如同在同一個國家裡，東南亞整體的競爭力因而得以提升。從外資的角度來看，插旗東協各國也變得更方便。東協的區域整合，意義非凡。

東協決議要在2015年之前，要建立以「經濟共同體」、「政治安全共同體」、「社會文化共同體」等三大主軸組成的「東協共同體」（編注：於2015年12月31日正式成立），並致力推動相關措施。如此一來，目前總人口達6億人的東協，就可與印度、中國等人口規模達14億人的國家抗衡。

實際上，外界預估東協後續經濟規模將成長3倍，人口則將成長25％──而6億人口成長25％，也就是會達到7億5千萬人之多。為因應人口成長，一般認為至2035年之前，東協的能源需求將增加80％以上。而成長中的東協，已和中國、印度一起，成為促使全球能源市場重心往亞洲位移的驅動力。

東協的區域整合歷程

· 1976年：展開區域經濟合作
· 1992年：東協自由貿易區（AFTA）
· 2010年：創始會員國之間的關稅就幾乎已經全面取消
· 2015年：東協經濟共同體（AEC）
東南亞整體競爭力得以提升
→外資湧入

· 東協在2015年建立由「政治安全共同體」、「經濟共同體」及「社會文化共同體」這三大主軸形成的東協共同體。
→規模可與印度、中國抗衡。

東協的能源現況

東協是由樣貌相當多元的國家所組成。其中有些國家出產能源，有些則無；有些人口多，有些人口少，甚至連宗教也不盡相同。

圖表8-1簡單地整理出了東協各國的特色──縱軸呈現的是資源豐富與否，橫軸則是人口多寡。在圖表右上角的是資源豐富、人口眾多的國家，包括印尼、越南和緬甸；右下角則是資源匱乏，但人口眾多的國家，也就是泰國和菲律賓；左上則是資源豐富但人口較少的國家，包括馬來西亞，以及人口極少的汶萊；而左下則是人口少、資源也少的國家，新加坡、柬埔寨和寮

國就是屬於這一類。

　　東協人口金字塔的特色，就是年輕族群的人口很多，和年輕族群人數偏少的中國呈現鮮明的對比。印尼的人口有2億7千萬人，年輕族群占比相當高；菲律賓和越南同為人口1億左右的國家，也是以年輕族群居多。至於泰國則有約7千萬人口，年輕族群人口已漸減少，呈現先進國家式的人口金字塔。外界認為東協人口將從6億成長到7億5千萬，而年輕世代的增加，是人口結構上的一大特徵。

　　若以能源類別來看東南亞的初級能源總需求，並同步比較2000年和2017年，就會發現每一種能源的需求都在成長——煤炭增加了4倍，天然氣成長了2倍，石油和再生能源則分別增長了約5成。

　　首先要說明的是東協的煤炭。值得留意的是，印尼的煤炭產量全球第3，出口則為全球之冠；再者，越南的煤炭產量為全球第13名，出口則為第20名，進口排名第6。這代表什麼呢？早期越南是煤炭的出口國，但隨著國內經濟成長，煤炭已無多餘產量可供輸出，甚至還逐漸轉為需仰賴進口。

圖表8-1　東協各國資源與人口概況

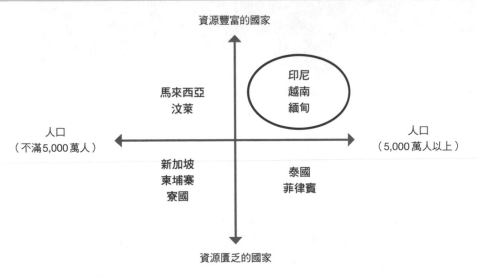

（資料來源）作者編製

接著再來看看天然氣的狀況。印尼的產量和出口量都排全球第12名，還出口液化天然氣到日本；馬來西亞的產量是全球第11名，出口則為第10名，也出口許多液化天然氣到日本。緬甸的天然氣出口量比國內產量還多，是因為它會透過管線，將天然氣出口到中國的緣故。此外，泰國和新加坡的特色，是天然氣的進口量相當可觀。

圖表8-2是印尼和整個東南亞的地圖。當年我還在公部門服務時，曾參與印尼鋪設天然氣管線的專案，要串聯產出天然氣的蘇門答臘，以及人口眾多、能源仰賴進口的爪哇島。這個專案是考慮到當時的貨幣危機（1997年亞洲金融危機），因此決定在人口稠密的爪哇整建能源基礎設施，以減少能源進口，省下外匯支出，同時又能因應地球暖化問題。而我們（日本）所做的，

圖表8-2 東南亞地圖

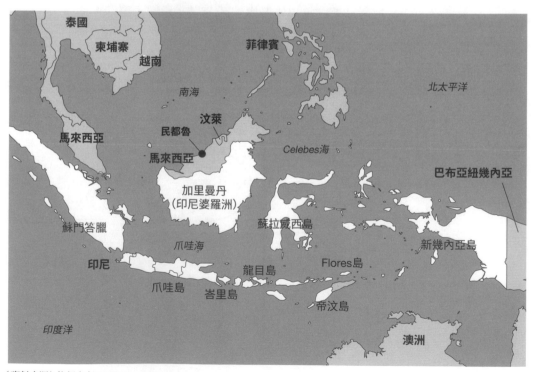

（資料來源）旅行之友 ZenTech

是提供經濟方面的協助。另一方面，我們也考慮到未來印尼經濟成長更蓬勃之後，在液化天然氣方面恐無多餘量能可供出口。

　　而位在地圖中央的則是馬來西亞，圓點處是「民都魯」（Bintulu），是馬來西亞的液化天然氣接收站。很多人一聽到日本自馬來西亞進口液化天然氣，想必都會認為是從馬來半島進口。其實液化天然氣的生產地點是民都魯，位在靠近汶萊的加里曼丹島上。

　　最後，我再簡要說明一下東協各國的用電來源及結構。首先，汶萊是仰賴國內開採的天然氣來確保供電無虞。柬埔寨則是以煤炭和水力為主，而水力基本上是屬於自產能源。印尼則有過半數的電力都要仰賴燃煤支應，而它也是全球最大的煤炭出口國，至於剩下的用電，則以石油、天然氣、水力和地熱發電來支應。寮國以水力發電為主，馬來西亞是以燃煤、燃氣和水力來維持電力供給。緬甸靠的是天然氣和水力，不過目前中國正在水源上游興建水庫，因此後續供電能否一如往常，仍有隱憂。菲律賓的燃煤發電約占半數，其他除了天然氣和水力之外，地熱發電的比重也很高，是一大特色，而且還積極發展風力和太陽能發電。新加坡是以燃氣發電為主。至於泰國的特色，是燃氣占比相當高，生質能也不容小覷。越南是水力發電的占比最高，緊接著是燃煤和燃氣。

東協各國的能源特色

- 馬來西亞　　出口液化天然氣到日本。
- 印尼　　　　全球最大的煤炭出口國、擁有地熱發電。
- 越南　　　　水力發電為主。
- 緬甸　　　　透過管線出口天然氣到中國（中國在上游興建大型水庫）。
- 菲律賓　　　地熱發電比重高。
- 泰國　　　　擁有離岸油田、生質能發電。
- 汶萊　　　　自產天然氣。
- 柬埔寨　　　煤炭和水力，水力為自產。
- 寮國　　　　水力發電為主（中國在上游興建大型水庫）。
- 新加坡　　　天然氣為主。

中國開發湄公河的影響

接著，我要說明中國的湄公河開發案。中國在該國國內人興土木設置水庫，目前有已經完工的，也有施工中的，還有後續預計興建的。中國也在湄公河的上游開發水庫。而在湄公河的下游，則有緬甸、寮國的水力發電廠在運轉發電，各界都相當憂心水庫興建後會對發電廠造成何種影響。不僅如此，河流生態系會不會遭到破壞，或是漁獲量會不會減少，也都令人憂心。

在東協當中，有些國家的化石燃料蘊藏量得天獨厚，也有些國家先天資源不足。而相較於中東、北美、南美或歐洲，亞洲缺乏適合發展再生能源的

圖表8-3 東協各國的太陽能資源發展潛力

（資料來源）美國國際開發署（USAID）暨美國國家再生能源實驗室（NREL）〈Exploring Renewable Energy Opportunities in Select Southeast Asian Countries〉

地點，太陽能和風力發電更是如此。不過，部分地區的太陽能資源相當充足，後續發展備受矚目。至於在風力資源方面，菲律賓、柬埔寨、越南、泰國和緬甸等國，可說是較具優勢，後續發展值得期待。

以上是東協的資源能源現況概述。

2 台灣

出口導向型的經濟結構

接著要說明的，是台灣的現況。

台灣自1960年代起，便推動出口導向工業化政策，並獲致可觀的成長。在這個階段之初，台灣主要是出口美國製造商在台設廠生產的電視等家電。對外商而言，在台設廠的目的就是要運用便宜的勞動力，省下組裝的成本。不過，後來隨著經濟起飛，台灣的人力成本和匯率節節高漲，光是在台灣組裝成品，已無法維持出口競爭力。於是台灣自1970年代後期起，便開始積極扶植半導體產業。

成立於1987年的台灣積體電路製造公司（TSMC，簡稱台積電），如今在全球的半導體代工生產領域已擁有超過60％的市占率。目前，台積電正在與索尼集團（SONY）合作，共同於熊本縣建置半導體新廠。預計在2024年之前，就會運用台積電的先進技術，在當地生產汽車、工業機器人都不可或缺的運算晶片（編注：台積電熊本廠已於2024年2月24日正式啟用）。

台灣的能源現況

台灣的初級能源供給以石油、煤炭和天然氣為大宗。觀察圖表8-4，就可了解台灣2020年度的初級能源供給結構：石油36％、煤炭34％、天然氣20％、核能8％，生質能、風力和太陽能等占1％，水力則占0.2％，表示初級能源供給有90％都是仰賴化石燃料。

2020年台灣的石油主要進口來源國，為沙烏地阿拉伯占比33％，美國占20％，以及科威特占20％等，對中東的依存度達72％。至於煤炭的主要

來源國,則以澳洲占48%、印尼28%、俄羅斯17%。液化天然氣的主要進口來源國有占比28%的卡達,27%的澳洲,以及占14%的俄羅斯。

2050展望:再生能源占總發電量60%以上

2015年,台灣為響應《巴黎協定》後續的簽訂與生效,立法明訂「在2050年之前,溫室氣體的排放量要比2005年減少50%」的減碳目標。接著,台灣的國家發展委員會在2022年時又公布了一份〈2050淨零排放路徑〉。在這份路徑規畫當中,國發會提出要以「四大轉型」、「兩大治理基礎」為主軸,推動淨零排放。

這裡所謂的「四大轉型」,是指「能源轉型更安全」、「產業轉型更具競爭力」、「生活轉型更永續」、「社會轉型更具韌性」這四大項目。在保障能源安全方面,則是提到要在2050年時,將2021年高達97.4%的能源進口依存度,降到50%以下。再者,所謂的「兩大治理基礎」,則是指為打造實現碳中和的環境,要推動「科技研發」,並建立「氣候法制」。

圖表8-4 台灣能源供給量變化(1990～2020年度)

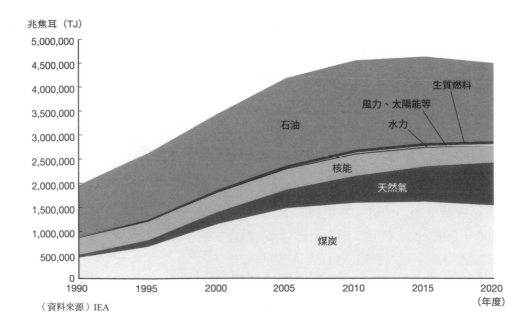

(資料來源)IEA

　　觀察台灣各產業在2019年的二氧化碳排放量，會發現電力領域的碳排量最多。因此，目前台灣已規畫要將再生能源在總發電量當中的占比，於2050年提高到60～70％。而在這項計畫當中，還有一個目標，就是要在2030年之前推動太陽能和風力發電——太陽能在2025年之前，合計要導入20GW，2026～2030年則要每年導入2GW；離岸風力發電則是在2025年之前，合計要導入5.6GW，2026～2030年則要每年導入1.5GW。

　　至於非再生能源的發電方面，氫能發電要邁向9～12％，火力發電則要透過二氧化碳的「捕捉、封存和再利用」（CCUS）技術，朝發電量占比20～27％的目標邁進。

3 韓國

韓國的能源戰略

　　韓國自1970年代起，就一直以包括造船等在內的化學重工業為核心，發展相關產業，並以此作為國家經濟的根基。自1980年代至1990年代，韓國又靠著扶植高附加價值型產業等措施，大舉成長。如今，半導體、汽車、造船、鋼鐵等，已成為韓國的主要產業。隨著經濟突飛猛進地發展，韓國的能源消費量自1970年起便呈現飛躍式的增長。

　　從初級能源的供應占比來看，韓國的石油和煤炭占比最高。2020年度的石油占37％，煤炭占27％，天然氣占18％，核能則占15％，還有生質燃料占2％，風力和太陽能共占1％，水力則只有0.1％，等於初級能源的供給有82％仰賴化石燃料。單就2018年而言，韓國是國際能源署（IEA）的成員國當中，再生能源在能源供給總量占比最低的國家。

　　2019年韓國的主要石油進口來源國，包括占27％的沙烏地阿拉伯，占14％的美國，還有占14％的科威特，等於對中東的依存度達68％。再者，韓國2019年的主要液化天然氣進口來源國，則包括占27％的卡達，占19％的澳洲，還有占14％的美國，以及占12％的馬來西亞。至於在煤炭方面，韓國是僅次於中國、印度和日本的進口大國。2019年時，自澳洲進口的量占

了35％，印尼占21％，俄羅斯則占了20％。韓國的化石燃料蘊藏量非常稀少，因此能源供給量絕大多數都仰賴進口。

2020年時，韓國的文在寅總統公開宣示，韓國要在2050年之前讓碳排量實質歸零，也就是實現「碳中和」。2021年，韓國政府正式宣布，要以2030年為目標，讓溫室氣體排放量較2018年減少40％；然而尹錫悅總統上任後，改變了文在寅前總統的非核政策，設定以2030年為目標，要讓核能在總發電量當中的占比達到30％以上。

另外，韓國產業通商資源部於2022年宣布在國務會議上通過「新政府能源政策方向」。當中提到要重新建構可行且合理的能源組合，並針對核能發電、再生能源和燃煤發電提出了一些論述。

在核電方面，韓國將以2030年為目標，透過重啟「新韓蔚（Shin-Hanul）核電廠」3、4號機組的興建工程，並在確保安全無虞的前提下，讓現有機組持續運轉等措施，讓核電在總發電量當中的占比提高到30％以上。至於再生

圖表8-5 韓國能源供給量變化（1990～2020年）

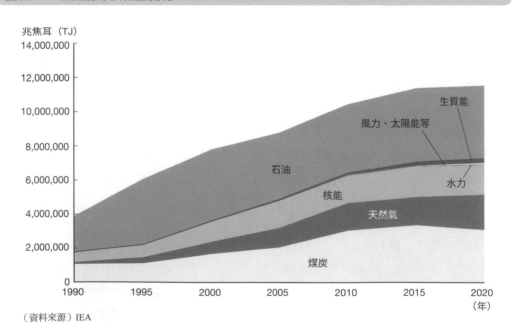

（資料來源）IEA

能源方面，要考量太陽能、離岸風力等再生能源的特性，並合理提高它們的比重。而在燃煤火力發電方面，要顧及供需狀況和系統負載，朝合理縮減的目標邁進。

綜上所述，由於韓國的供電相當仰賴化石燃料，所以在能源方面的海外依存度偏高。當局祭出了縮減燃煤發電和提高核能及再生能源占比等措施，期能跳脫這樣的能源結構。

4　澳洲

澳洲與日本的關係

再來看看澳洲的情況。

澳洲是資源大國，尤其煤炭的出口量僅次於印尼，高居全球第二，天然氣出口則排名全球第五。

就能源貿易的層面而言，澳洲和日本是彼此很重要的夥伴。

在自澳洲進口的能源方面，日本煤炭進口總量約有6成是來自澳洲；液化天然氣則有4成是來自澳洲。由此可知，日本在煤炭與液化天然氣方面，對來自澳洲的進口依賴甚深。

那麼，澳洲眼中的日本又有什麼樣的地位呢？在澳洲的煤炭出口對象國當中，日本排名第一，中國第二，第三名則是韓國。在液化天然氣的出口對象國方面，日本排名僅次於中國，屈居亞軍，占澳洲出口總量約37％，比重相當高。澳洲原本出口給中國的煤炭，近期因兩國關係惡化而減少，預估日本在澳洲煤炭出口的相對地位還會再向上提升──這一點稍後我會再說明。

綜上所述，日本和澳洲可說是對彼此都非常重要的兩個國家。

資源大國澳洲

全球煤炭出口量前5大國（2020年）

排序	國名	出口量（千噸）
1	印尼	459,136
2	澳洲	392,934
3	俄羅斯	217,510
4	美國	85,062
5	南非	78,597

全球天然氣出口量前5大國（2020年）

排序	國名	出口量（百萬立方公尺）
1	俄羅斯	256,305
2	美國	131,852
3	卡達	126,750
4	挪威	110,144
5	澳洲	100,460

（資料來源）美國能源資訊管理局（EIA）

澳洲的能源出口對象

● 日本自澳洲的進口狀況
　· 煤炭→占總進口量的59.1%（2021年）
　· 天然氣→占總進口量的39.1%（2020年）
● 日本在煤炭與液化天然氣等方面，對來自澳洲的進口依賴甚深。

● 澳洲的煤炭出口對象
　→日本排名第一，中國第二，第三名則是韓國（2021年）
● 澳洲的天然氣出口對象（2020年）
　→中國是澳洲最大的液化天然氣出口對象（推估約406億立方公尺）。
　→對日本的液化天然氣出口量約占澳洲整體出口的37%。

澳洲與中國的關係

　　這裡我們要來說明一下澳洲與中國的資源貿易狀況。

　　2021年，澳洲出口到中國的煤炭因外交問題而被迫暫停，液化天然氣的出口量也衰退。觀察中國自2015～2021年的煤炭進口狀況，其實一直都是以來自澳洲和印尼的進口量居多。可是到了2021年，來自澳洲的進口量竟突然歸零。這是因為澳洲要求針對COVID-19新冠病毒的起源展開獨立調

查，引發中國反彈，遂以非正式的形式禁止了澳洲煤炭的進口，直到2022年才逐漸重啟。後續澳洲對中國的煤炭和天然氣出口將如何發展，備受各界關注。

澳洲的資源與能源生產據點

再來檢視澳洲的煤炭、液化天然氣生產據點。

煤炭主要在澳洲的東部生產，地點則主要在昆士蘭的博文盆地（Bowen Basin），以及新南威爾斯的獵人谷（Hunter Valley）這兩個區域。

接著要說明的，是由日本企業主導的大型液化天然氣開發案。首先是位在達爾文（Darwin）外海的「依序思（Ichthys）天然氣田」，業者透過長達890公里的海底管線，從這裡將天然氣運送到達爾文，並轉換為液化天然氣。這項開發案是由日商INPEX主導，我在初期發想階段也曾參與。

再者是「西北大陸棚（North West Shelf）天然氣田」。它位在依序思的西南方，將天然氣透過管線從海底天然氣田輸送到陸地城鎮──卡拉薩（Karratha），並在此轉換為液化天然氣，是由三菱商事、三井物產共同出資成立

圖表8-6　澳洲的煤炭及液化天然氣生產據點

● 兩大煤炭生產據點
　・昆士蘭的博文盆地
　・新南威爾斯的獵人谷

● 日本企業主導的大型液化天然氣開發案
　→依序思液化天然氣專案
　→開發依序思天然氣、凝析油田，運送至西北部的達爾文生產

● 西澳洲的伯斯
　・金、鐵礦石和鑽石等礦產資源豐富
　・城市因資源開採的熱潮而成長發展

（資料來源）作者編製

的「MIMI」公司負責開發的一項專案。

單就資源方面而言,位在地圖左下方的伯斯(Perth)也是非常著名的城市。它靠著資源開採的熱潮而成長發展,且印尼和新加坡就近在咫尺。其實澳洲自古以來,發展的重心都集中在墨爾本、雪梨和阿德萊德(Adelaide)等東部城市。如今東協與澳洲的連結正逐漸成形,兩者之間以能開採到鐵礦石、鋁礬土和鑽石等資源的伯斯為核心,不斷深化彼此的連結。

以上是針對澳洲資源及能源方面的說明。

5 巴西

巴西的金融概況

本章最後要說明巴西的狀況。巴西有2.1億人口,面積851萬平方公里,首都是巴西利亞(Brasília)。圖表8-7當中標記「●」的地方,就是我以往曾旅居的地方。

1973年爆發第一次石油危機,以及1979年爆發第二次石油危機時,巴西的石油需求有90%都仰賴進口,使得石油的進口金額大增。

到了1980年代,巴西又陷入了嚴重的通貨膨脹。80年代前半的通膨率約為100%。100%是什麼概念呢?就是今年花100萬日圓可以買得到的東西,明年要花200萬日圓才能買得到;1985年時,巴西的通膨率已突破200%,也就是今年要價100萬日圓的商品,明年要花300萬才買得起;到了90年代,巴西的通膨率已逼近3,000%,1993年約1,900%,1994年則約2,000%。物價膨脹到了這個程度,就已經是所謂的惡性通膨(Hyperinflation)。

我於1991～1994年旅居巴西利亞,當時就是處在這種高度通膨的狀態。我至今都還記得很清楚,當時日子真的過得很辛苦——領到了錢之後,隔天起價值就會不斷地縮水,所以當下就要把錢換成物資。那時候我就已親眼目睹,金錢往來會如何把人際關係攪亂得天翻地覆。

到了1993年,巴西政府才開始償還累積負債。這個償還行動,和我向巴西當局表示若該國政府再不償還積欠的債務,就無法再向全球各國籌募資

金有關。我告訴當時決定暫停償債的國民議會說：「巴西在足球場上獲勝稱霸，遵守的是和全世界一樣的規則。在金融的世界也一樣，必須遵守全球共通的規則。」才順利地說服了他們。當時是1993年3月，在我向81位上議院議員說明過後，有43位議員投下贊成票，其餘則選擇棄權，結果是43比0，巴西政府終於開始還債了。

當時巴西的財政部長是卡多索（Fernando Henrique Cardoso，任期1993～1994年）。到了1995年，他就任總統，公布了一份《黑奧計畫》（*Plano Real*），當中包括與國際金融界協商等。後來，巴西的通膨率便從66％、16％、7％，再降到3％，逐漸趨於緩和。

不過，能讓這場長期通膨落幕，除了巴西當局出面與國際金融界協商之外，其實背後還有「從石油進口國轉出口國」的這段過程加持。稍後我會再詳述。

此外，巴西還曾主辦探討如何因應全球環保議題的國際會議。1992年，

圖表8-7　巴西主要城市

· 人口2.1億人，面積851.2萬平方公里（日本的23倍），首都為巴西利亞。

· 第一次石油危機（1973年）和第二次石油危機（1979年）時，巴西的石油需求有90％都仰賴進口，使得石油的進口金額大增。

· 80年代起就深受嚴重通膨所苦。
①1980年通膨率90％，1985年226％
②1990年通膨率2,948％，1993年1,927％（開始清償累積負債），1994年2,076％。
③1995年（卡多索總統上任，推動《黑奧計畫》）通膨率降至66％，1996年16％，1997年7％，1998年3％。

· 1992年，聯合國環境與發展大會（地球高峰會）在里約召開。

（資料來源）日本外務省等

圖表 8-8　作者於里約地球高峰會會場，1992 年

第 1 屆聯合國環境與發展大會（地球高峰會）就是在里約熱內盧召開。2021 年第 26 屆聯合國氣候峰會在格拉斯哥召開時，各國已針對氣候變遷訂定出了大方向的綱要等，而一切的開端正是始於 1992 年的巴西里約熱內盧。

　　圖表 8-8 是我的照片，拍攝於 1992 年地球高峰會的會場──這段經歷我在第一章已說明過，真教人懷念。

巴西的能源現況

　　我將 1990 ～ 2019 年巴西的能源供給量結構，大致排列如圖表 8-9。巴西的特色是生質能占比非常高。在 2019 年時，已開始運作風力和太陽能，但比重尚低；而水力也和生質能一樣，占比相當高。再生能源的比重偏高，可說是巴西能源結構上的一大特色。此外，和 1990 年起的各年度相比，天然氣的比重逐漸增加，核能也榜上有名──雖然數量還微乎其微。

　　從圖中可以看出，巴西的經濟規模年年成長，且它仍是個再生能源大國。

　　我將巴西的生質燃料發展概況簡單整理如圖表 8-10。巴西是全球第二大燃料乙醇生產國，規模僅次於美國，而出口更是全球第一。巴西用甘蔗作為原料，而美國則是以玉米作為原料，來生產生質酒精。對巴西而言，發展生

質燃料是一項相當重要的政策。經歷石油危機後，巴西政府自1970年代起開始推動「國家酒精計畫」（Pro-Alcohol），成為能源政策上的一大轉機。這段時期，巴西積極投入汽油的替代燃料——「燃料乙醇」的生產技術研發、製造和運用。美國研發乙醇燃料的目的，是為了發展汽油混合燃料，也就是用來混合的產品；巴西則是要研發全面取代汽油的乙醇。這個差異的背景因素，是因為當年爆發石油危機後，巴西為購買石油所支付的金額大增，引發國內通貨膨脹而學到的教訓。目前，巴西也有純乙醇車在街頭行駛。我當年旅居巴西時也搭過，甚至自己也開過純乙醇車。

　　圖表8-10的照片，就是巴西的加油站。這裡分享一則趣聞：巴西的加油站基本上都會同時供應乙醇和汽油，萬一不小心加錯，那可就不得了了。加錯時，加油站員工往往會放下其他工作，專心為車輛清洗油箱。清洗完畢後，車子還是可以正常行駛。

　　生質燃料的能源效率落後汽油20～30%，但價格僅約汽油的六成。再加上它的二氧化碳排放量比汽油少，是一種很環保的燃料。

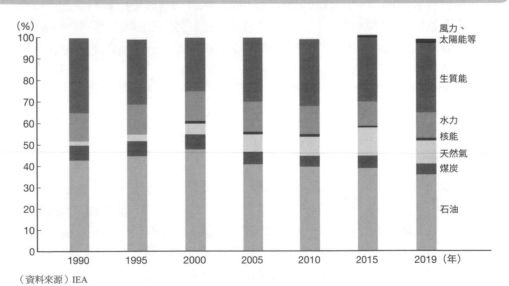

圖表8-9　巴西的能源供給結構（1990～2019年）

（資料來源）IEA

圖表8-10 巴西的生質燃料

· 巴西在燃料乙醇方面是全球第二大生產國，規模僅次於美國；出口則是全球第一。
· 燃料乙醇的原料是甘蔗（美國則是玉米）。
· 經歷過石油危機後，巴西政府自1970年代起開始推動「國家酒精計畫」（Pro-Alcohol），積極投入汽油的替代燃料——「燃料乙醇」的生產技術研發、製造和運用，目前有純乙醇車在街頭行駛。
· 能源效率：落後汽油20～30%。
  價格：約為汽油的六成。
  二氧化碳排放量比汽油少，較環保。
· 彈性燃料車(FFV)
  混合使用汽油和乙醇做為燃料的汽車。
· 歐洲強制使用E10（巴西基本上是E20）(編注：「E」代表乙醇，10代表乙醇在複合燃料中所占的比率)。

巴西的加油站。©AFP

近年來，因應地球暖化問題、脫碳蔚為風潮，彈性燃料車也應運而生。這對巴西來說，可說是一大助力。所謂的彈性燃料車（Flexible Fuel Vehicle，簡稱FFV），就是汽車搭載的引擎要使用混合汽油和乙醇的燃料。歐洲要求彈性燃料車必須使用E10，也就是在汽油當中添加10%乙醇的燃料；而巴西基本上則是要混合20%的乙醇。全球各國如今都在致力推動混合生質燃料的汽油，以降低化石燃料的使用率，進而減少二氧化碳排放量。但巴西早在1970年代就已開始推行，極具領先優勢。

巴西於2006年達成石油自給自足。讓我們來看看巴西石油進口和出口量的變化，首先請看圖表8-11上1990年的狀況，當時還只有進口，沒有出口。到了1995年，開始出現些微的出口。自此之後，進口量便年年遞減，而出口量卻節節攀升。巴西從1970年代的石油危機當中學到教訓，卯足全力在國內開發石油之後，終於以這樣的形式展現出成果。

再者，美國的生質乙醇是以玉米為原料製成。然而，這項發展其實兼具能源政策和農業政策的面向，政府有意藉此協助農友改善生活的意圖非常鮮明——美國之所以會積極推動生質乙醇的發展，是因為把玉米當作製造能源的原料來銷售，收購價格會比當作糧食來得更高，農友收入便可隨之提升。

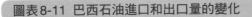

圖表8-11 巴西石油進口和出口量的變化

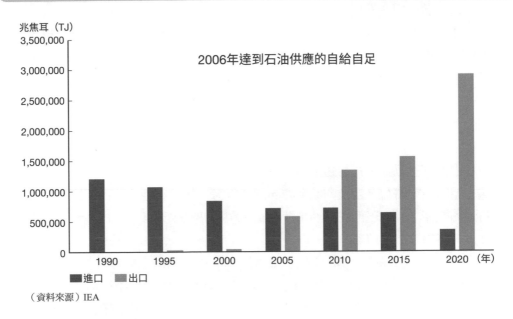

（資料來源）IEA

不過，此舉推升了玉米價格，進而引發非洲的貧窮和全球的糧食安全保障問題，值得我們特別留意。

全球頂尖的深海石油開採技術

接下來要介紹的，是巴西國家石油公司（Petrobras）。這家國營石油公司是「新七姐妹」之一，擁有卓越的深海（Deep Sea）探勘、開採技術。這裡所謂的深海，指的是水深4,000到6,000公尺處；超深海（Ultra Deep Sea）則是指水深6,000到1萬1,000公尺處。巴西國家石油公司擁有全球頂尖的技術，能在這麼深的地方探勘、開採。

目前已知在里約熱內盧外海的康坡斯（Campos）油田，和聖多斯（Santos）海底盆地等處，都蘊藏著豐富的深海或超深海油田，而當初發現這些油田的也是巴西石油公司。

在超深海油田當中，有所謂的「鹽層下」（pre-salt）油田，也就是蘊藏在

岩鹽層下方的油田，開發難度相當高。巴西國家石油公司不僅發現了這些油田，甚至還已經發展到了開採的階段。

不僅如此，巴西國家石油公司還已正式跨足外海作業領域，也就是以大型船隻當作基地，向下鑽探深海，開採到石油或天然氣之後就儲存在近海，並自近海處運送至各地。這一套設備的名稱稍長，叫做「石油、天然氣浮式生產儲卸裝置」（FPSO）。在這項技術上，巴西國家石油公司也是全球的翹楚。巴西方面預估，正式投入FPSO開採後，石油產量將會大增，可望成為非OPEC國家的第2名。所謂的非OPEC國家，當中也包括了美國和俄羅斯，表示巴西野心勃勃，打算超車美國或俄羅斯。再者，巴西不僅在國內近海開採，還跨足安哥拉、奈及利亞等非洲國家近海，開發當地的深海油田。除了石油的生產之外，巴西在石油精煉、銷售和石油化學領域，市占率也都在全球大有斬獲，名列前茅。

1998年，串聯玻利維亞聖克魯斯（Santa Cruz）和巴西阿雷格港（Porto Alegre）的天然氣管線鋪設完成後，為南美最窮國—玻利維亞打開了一條活路。當初巴西透過這條管線從玻利維亞進口了天然氣，但隨著巴西國內的產量增加，串聯巴西全國各地的管線也已建置完備，自玻利維亞進口天然氣的需求便逐漸降低。而積極開發頁岩氣的阿根廷，對玻利維亞的天然氣需求也同樣下滑。找不到買家的玻利維亞便規畫了要透過管線，將天然氣從玻利維亞運送到秘魯的液化天然氣專案。綜上所述，巴西的石油、天然氣開發，其

巴西國家石油公司

巴西的國營石油公司（新七姐妹之一）。

· 擁有卓越的深海（水深4,000～6,000公尺）及超深海（水深6,000～11,000公尺）探勘、開採技術。
· 接連在里約熱內盧外海的康坡斯，和聖多斯海底盆地等處，發現蘊藏量豐富的深海、超深海油田（包括鹽層下油田）。
· 運用石油、天然氣浮式生產儲卸裝置（FPSO），正式進入開採程序。
  →巴西預估石油產量將會大增，可望成為非OPEC國家的第2名。
· 跨足開發安哥拉、奈及利亞外海的深海油田。
· 石油精煉、銷售、石油化學領域，全球市占率名列前茅。

實也對周邊國家的能源政策影響甚鉅。

再生能源發電量全球第三

巴西的再生能源發電量僅次於中、美兩國，全球排名第三。水力和生質能，撐起了巴西的再生能源發展，尤其生質乙醇的產量，據說更是全球第一。巴西再生能源在能源總量當中的占比，自1990年起就一直居高不下，當中除了水力和生質能之外，風力和太陽能也都有成長。巴西的水力發電量全球第二，風力發電量則名列全球第七。

再者，亞馬遜雨林素有「地球之肺」的稱號。在全球先進國家紛紛大量排放二氧化碳之際，亞馬遜森林卻在吸收二氧化碳——從這個角度來看，亞馬遜森林是吸收地球二氧化碳的肺。

不過，在《自然氣候變遷》（*Nature Climate Change*）這本期刊當中，有專家提出「亞馬遜森林的二氧化碳排放量，其實高於吸收量」的論述。根據估計，亞馬遜森林在10年間排放到大氣當中的二氧化碳量，比吸收量還多出了將近20%。

專家指出，這個現象其實是受到森林火災及違法伐林的影響所致，巴西

圖表8-12　「地球之肺」只是幻想嗎？

● 地球之肺
  ・南美亞馬遜是全球最大的熱帶雨林（全區共600萬700 ）。
  ・發揮「吸收大量二氧化碳，釋放氧氣」的功能。
● 2010年～2019年，亞馬遜全區的吸、排碳狀況已經逆轉（根據《自然氣候變遷》）。
  ・碳排量高達166億公噸，但吸收量僅139億公噸。
  ・10年間排放到大氣當中的二氧化碳量，比吸收量還多出了將近20%。
  ・受到森林火災及違法伐林的影響。

（資料來源）日本外務省等

政府應更積極監控違法伐林，並嚴防森林火災發生。因此，巴西前總統波索納洛（Jair Bolsonaro，任期2019～2022年）曾被批評對亞馬遜森林的保護，以及對亞馬遜森林在全球環保議題上所扮演的角色，實在太過消極。

　　不論如何，巴西既然曾是地球高峰會的主辦國，外界希望它能為保護亞馬遜森林多盡一份心力；另一方面，巴西政府則強調，不能容忍這些非巴西人的專家學者，趾高氣揚地對巴西的政策說三道四。亞馬遜森林這片地球之肺固然重要，也需要顧及巴西的獨立性。然而即使如此，各界還是希望巴西政府回歸，再次擔任因應地球環境問題的領頭羊。

第 9 章

中東

**強化能源自主，
又與俄羅斯、中國連結，
是全球最大的油田產區**

1 中東的基本資訊

首先簡單介紹一下中東。

圖表9-1是中東的地圖。中東有沙烏地阿拉伯、伊朗、伊拉克、阿拉伯聯合大公國（UAE）、卡達、科威特和阿曼這些產油、產氣國，也有巴林、約旦、以色列、巴勒斯坦、葉門、黎巴嫩、敘利亞等幾乎不產石油、天然氣的國家。儘管如此，中東地區仍是全球舉足輕重的能源供應者。

另一方面，中東也有局勢動盪的問題。從兩伊戰爭到以巴問題，還有伊朗發展核能的疑雲等，問題重重。

在宗教和語言方面，中東以伊斯蘭教徒居多，基本上都是屬於阿拉伯語系。不過，伊朗使用的是波斯語，以色列則信奉猶太教，使用希伯來語。再者，伊斯蘭教分為遜尼派（Sunni）和什葉派（Shia），兩者之間的差異甚至還

圖表9-1 中東地圖

· 能源產出豐富的國家：沙烏地阿拉伯、伊朗、伊拉克、阿拉伯聯合大公國、卡達、科威特和阿曼。
· 能源相對缺乏的國家：巴林、約旦、以色列、巴勒斯坦、葉門、黎巴嫩、敘利亞等。
· 全球重要的能源供應地區。
· 局勢動盪：兩伊戰爭、以巴問題，還有伊朗發展核能等。
· 宗教和語言：多半是伊斯蘭教徒，使用阿拉伯語。

（資料來源）https://icsdulp.blogspot.com/2021/03/blog-post_367.html

遜尼派與什葉派

●遜尼派與什葉派是伊斯蘭教的兩大派別。
●因爭奪穆罕默德的接班大位而分裂。

●西元632年，伊斯蘭教創立者穆罕默德逝世。
‧遜尼派：（多數派，占整體的9成）→認為應以能力決定繼承人，而非血統。
‧什葉派：（少數派，占整體的1成）→認為穆罕默德的子孫才適任。

●雙方會在同一座清真寺朝拜等，並沒有交惡。
●近來甚至還有伊斯蘭教徒不知道自己究竟是遜尼派還是什葉派。

會造成國家之間的斷交，影響程度可見一斑。

　　以近期而言，宗教問題成為衝突導火線的事件，包括2016年沙烏地阿拉伯（遜尼派）和伊朗（什葉派）斷交；2017年時，卡達由於與伊朗的關係過度密切，使得包括沙烏地阿拉伯在內的波灣國家，以及埃及等位處於非洲大陸的部分伊斯蘭教國家，公開表示要與卡達斷交。

　　還有，近年來美國對中東地區的涉入程度降低，使得對立結構從原本的「美國（＋沙烏地阿拉伯）vs. 伊朗」，變成了「沙烏地阿拉伯（＋美國）vs. 伊朗」的態勢，而以色列更在其中發揮了極大的影響力。挺以色列立場鮮明的川普政府，又讓對立結構中多了幾分「以色列＋美國 vs. 阿拉伯國家」的色彩。波斯灣戰爭後，駐紮在波斯灣地區的美軍是對伊朗政府最大的威脅。美國在中東地區設有多處基地，以2023年的狀況來說，美國以各種形式在科威特、伊拉克、巴林、卡達、約旦、阿拉伯聯合大公國、埃及、沙烏地阿拉伯、敘利亞、阿曼、以色列等地，都設置了基地。後續這些基地會有什麼變化，還是會維持不變？這一點也很值得關注。不過，從小布希到歐巴馬，改朝換代之後，美國降低了對中東地區的涉入，也使得對立結構中的勢力構圖出現了變化——以往總是躲在美國背後的沙烏地阿拉伯，代替美國承擔起過去美國在中東所發揮的部分功能。另一方面，就如沙烏地阿拉伯和卡達斷交所示，阿拉伯國家彼此之間，也有他們的對立結構。

　　綜上所述，中東地區的特色，就是整個區域都因宗教和衝突而處於動盪

渾沌的局勢之中。

資源豐富的中東

接下來要說明中東各國的石油蘊藏量（圖表9-2）。在前10大蘊藏國當中，就有沙烏地阿拉伯、伊朗、伊拉克、科威特和阿拉伯聯合大公國這5個國家位在中東；以產量來看，前10大產油國當中，也有5個國家位在中東，分別是沙烏地阿拉伯、伊拉克、阿拉伯聯合大公國、伊朗和科威特；至於前10大出口國當中，也有5個國家位在中東，分別是冠軍的沙烏地阿拉伯，第3名的伊拉克，第5名的阿拉伯聯合大公國，第6名的伊朗，以及第9名的科威特。儘管出口量第2名是俄羅斯，但在前10大當中，中東就有5國上榜，可見中東在全球的石油出口量當中，扮演著相當吃重的角色。

再來看看天然氣的蘊藏量（圖表9-3），名列前茅的有伊朗、卡達、沙烏地阿拉伯和阿拉伯聯合大公國；產量部分則有伊朗、卡達和沙烏地阿拉伯，共計3國擠進前10大；出口部分則有卡達名列第3，沒有其他中東國家上榜——主要原因之一是中東尚未鋪設與鄰國相連的管線，無法出口天然氣。

圖表9-2 全球各國的石油蘊藏量、生產量和出口量

全球石油蘊藏量前10大國（2020年）

排名	國名	蘊藏量（百萬桶）
1	委內瑞拉	303,806
2	沙烏地阿拉伯	297,527
3	加拿大	168,088
4	伊朗	157,800
5	伊拉克	145,019
6	俄羅斯	107,804
7	科威特	101,500
8	阿拉伯聯合大公國	97,800
9	美國	68,757
10	利比亞	48,363

全球石油生產量前10大國（2020年）

排名	國名	生產量（千噸）
1	美國	712,729
2	俄羅斯	524,404
3	沙烏地阿拉伯	519,583
4	加拿大	252,187
5	伊拉克	202,038
6	中國	194,769
7	阿拉伯聯合大公國	165,622
8	巴西	159,191
9	伊朗	142,736
10	科威特	130,147

全球石油出口量前10大國（2018年）

排名	國名	出口量（千桶／日）
1	沙烏地阿拉伯	7,341
2	俄羅斯	5,196
3	伊拉克	3,976
4	加拿大	3,177
5	阿拉伯聯合大公國	2,427
6	伊朗	2,231
7	美國	2,048
8	奈及利亞	1,889
9	科威特	1,838
10	哈薩克	1,532

（資料來源）BP、EIA

此外，伊朗和沙烏地阿拉伯等國目前沒有生產液化天然氣，也是原因之一。

回顧日本的原油進口來源國，就會發現日本分別自沙烏地阿拉伯、阿拉伯聯合大公國、卡達、科威特、伊朗、巴林、阿曼、伊拉克等國進口，對中東的依存度達88.3％，可說是少了中東就停擺。在天然氣方面，進口來源國的第3名是卡達，接著是阿拉伯聯合大公國、阿曼，對中東的依存度降至21％。至於煤炭則沒有仰賴中東，而是有7成自澳洲進口。

綜上所述，日本在石油和天然氣方面，對中東依賴甚深，其中又以石油最為顯著。

在考慮對中東依賴程度的問題時，「咽喉點風險」是一個無從迴避的議題。中東地區有荷莫茲海峽、蘇伊士運河與曼德海峽等咽喉點。聽過「曼德海峽」的人或許不是那麼多，這是位在葉門、紅海和吉布地（Djibouti）之間的海峽。船隻必須先通過此地，才能經過蘇伊士運河；而穿過蘇伊士運河的船隻，也必須通過曼德海峽，才能進入印度洋。因此，萬一當地爆發戰亂，從中東進口到日本的能源就會有斷供的風險。

附帶一提，在全球各國的二氧化碳排放量當中，伊朗排名第6，沙烏地

圖表9-3 全球各國的天然氣蘊藏量、生產量和出口量

**全球天然氣蘊藏量
前10大國（2020年）**

排名	國名	蘊藏量（兆m³）
1	俄羅斯	37.39
2	伊朗	32.1
3	卡達	24.67
4	土庫曼	13.6
5	美國	12.62
6	中國	8.4
7	委內瑞拉	6.26
8	沙烏地阿拉伯	6.02
9	阿拉伯聯合大公國	5.94
10	奈及利亞	5.47

**全球天然氣生產量
前10大國（2020年）**

排名	國名	生產量（百萬m³）
1	美國	914,621
2	俄羅斯	638,490
3	伊朗	250,786
4	中國	194,014
5	卡達	171,319
6	加拿大	165,195
7	澳洲	142,516
8	沙烏地阿拉伯	112,100
9	挪威	111,454
10	阿爾及利亞	81,456

**全球天然氣出口量
前10大國（2019年）**

排名	國名	出口量（百萬m³）
1	俄羅斯	256,305
2	美國	131,852
3	卡達	126,750
4	挪威	110,144
5	澳洲	100,460
6	加拿大	76,094
7	荷蘭	42,828
8	土庫曼	42,667
9	馬來西亞	38,224
10	哈薩克	35,979

（資料來源）BP、EIA

阿拉伯則排名第9。另外，在人均碳排量方面，前10名當中就有7個中東國家，卡達甚至排名第1，科威特居次，阿拉伯聯合大公國排名第3，巴林名列第4。這些國家的人口較少，所以人均碳排量的數字相當可觀。

圖表9-4 日本的原油、天然氣和煤炭進口來源國

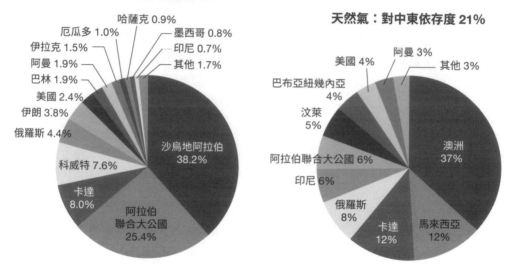

原油：對中東依存度88.3%

哈薩克 0.9%
厄瓜多 1.0%
墨西哥 0.8%
伊拉克 1.5%
印尼 0.7%
阿曼 1.9%
其他 1.7%
巴林 1.9%
美國 2.4%
伊朗 3.8%
俄羅斯 4.4%
沙烏地阿拉伯 38.2%
科威特 7.6%
卡達 8.0%
阿拉伯聯合大公國 25.4%

天然氣：對中東依存度21%

美國 4%
阿曼 3%
其他 3%
巴布亞紐幾內亞 4%
汶萊 5%
澳洲 37%
阿拉伯聯合大公國 6%
印尼 6%
俄羅斯 8%
卡達 12%
馬來西亞 12%

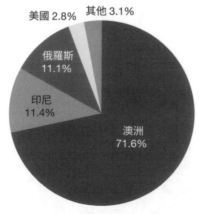

煤炭：自澳洲進口，不仰賴中東

美國 2.8%
其他 3.1%
俄羅斯 11.1%
印尼 11.4%
澳洲 71.6%

（資料來源）經濟產業省「資源、能源統計年報」2018年資料、財務省「日本貿易統計」2018年資料

圖表9-5　咽喉點風險

	2000 年代	2015 年	2018 年
法國	71.8	65.5	62.7
德國	45.0	58.4	55.8
英國	12.7	8.5	11.1
美國	48.3	42.5	29.3
中國	142.5	149.6	151.2
日本	177.3	167.6	180.2
韓國	163.6	175.8	171.4

咽喉點占比(%)

· 咽喉點：重要航線集中的地點

（資料來源）根據國際能源總署（IEA）〈Oil information 2020 data base〉、中國進口統計資料編製。

OPEC成立：中東產油國脫離大型石油公司獨立

　　要了解OPEC，各位要先知道以往大型石油公司是用何等不利的條件，來剝削中東產油國的利潤，作為理解中東的背景知識。

　　當時，由於產油國缺乏自行開採的技術與人才，因此大型石油公司和他們簽訂的石油開採合約，在財務條件方面對產油國相當不利。雙方簽訂的是所謂的「特許合約」（concession contract），大型石油公司只要支付一筆固定的金額給產油國，之後就是開採越多賺越多。在這樣的機制下，獲利並不會分紅給產油國，定價權更是掌握在大型石油公司手中，就算產油國再怎麼期盼，也無法自行漲價。

　　在這樣的情勢下，阿拉伯聯盟（Arab League）於1945年宣布成立。它的成立目的是要建立阿拉伯世界的政治合作組織，以便協調各產油國的石油政策，並統一各國面對國際大型石油公司的態度。1959年2月，大型石油公司在未事先取得產油國同意的情況下，就擅自宣布調降原油的公告價格。對此抱持強烈不滿的產油國便在阿拉伯聯盟經濟委員會主導下，於1959年4月在開羅召開了第一屆阿拉伯石油會議，還邀請了非阿拉伯國家的石油大國——委內瑞拉和伊朗的代表列席（伊朗雖然位處中東地區，信仰也同為伊斯蘭教，但由

於主要語言為波斯語，故不屬於阿拉伯國家）。

　　1960年8月，大型石油公司再度於未獲產油國事前同意的情況下，逕自調降原油價格。此舉促使沙烏地阿拉伯、委內瑞拉、伊拉克、伊朗和科威特這5個國家終於揭竿起義，於次月齊聚巴格達，成立石油輸出國家組織（Organization of Petroleum Exporting Countries，簡稱OPEC），並將總部設在維也納。到了1970年代，全球最大的石油生產國──沙烏地阿拉伯掌握了OPEC的主導權，並從大型石油公司手中搶回石油的定價權，引發了兩次石油危機。

　　當年的第二次石油危機，首先是因為1978年10月產油大國伊朗的局勢動盪加劇，使得石油價格飆漲，OPEC便決定跟進調漲10％。後來，1979年1月爆發伊朗革命，再加上美國的石油需求大增，使得石油價格更進一步暴

圖表9-6 OPEC成員國地圖

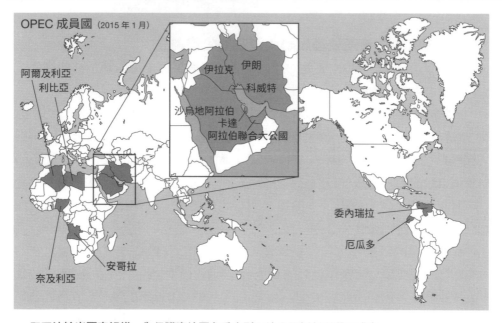

・即石油輸出國家組織，為保護產油國免受大型石油公司剝削利潤而成立。
・可透過調節產量等方式，大幅影響原油價格的組織。

*編注：截至2024年1月，OPEC總共有12個成員國，包括：阿爾及利亞、利比亞、剛果共和國、赤道幾內亞、加彭、奈及利亞、伊朗、伊拉克、科威特、沙烏地阿拉伯、阿拉伯聯合大公國、委內瑞拉。
（資料來源）作者根據Library.com數據資料編製

漲。對此，儘管OPEC有意調整價格，但在油價天天飆漲的情況下，OPEC無力維持統一油價，凝聚會員國共識也宣告失敗的結果，導致原油價格不斷失控飆升。而這樣的狀態一直持續到了1980年底，甚至到後來，油價也仍持續處於高檔。

產油國地位抬頭

　　1970年，OPEC在利比亞成功創下產油國主導調整油價的先例，其他產油國也紛紛跟進；還有，1972年大型石油公司與產油國達成共識，簽訂《利雅德協定》，同意推動將大型石油公司掌握的石油開採事業股權，部分移轉給產油國。這些決定使得大型石油公司手中的原油定價權，逐漸轉給了產油國。

　　到了1973年爆發第一次石油危機時，OPEC才真正完全掌握了石油的定價權。1973年10月，以色列和阿拉伯國家之間的第4次以阿戰爭開打後，OPEC遂運作漲價，原油較10月之前的價格翻漲了約4倍之多。這個動作確立了OPEC在國際社會的地位。而在1979年爆發的第二次石油危機，除了受到伊朗革命、兩伊戰爭的影響之外，還加上全球需求上升，使得石油價格大漲，導致全球經濟大動盪。

　　綜上所述，由於產油國的談判能力突飛猛進，連帶使得石油的相關合約內容遭到大幅修改。歷經石油危機後，產油國紛紛啟動油田、管線和煉油設備的國有化，更進一步排除了大型石油公司的影響力。因此，大型石油公司相繼退出這些中東產油國家，國營石油公司順勢接手石油開採業務，不再假手外商。

　　這一連串的變化也影響了非OPEC的產油國，紛紛改採生產分享合約（Production Sharing Contract，簡稱PSC）或服務合約（Service Contract）。「生產分享合約」始於印尼，後來蘇聯、非洲也都採行了這樣的做法。合約保障產油國可依原油產量多寡，向石油公司收取開發費和分紅報酬，但在這一套機制下，除非業者開採的石油達到約定產量，否則就無法獲利。至於「服務合約」則是始於委內瑞拉，在伊拉克和伊朗也可看到這樣的合約。業者在開發作業階段就要支付部分報酬，因此即使成功開採到石油，也無法賺得高額獲利。

透過OPEC＋與俄羅斯合作

　　2022年OPEC的成員國共有13國（除了5個創始國外，還有阿爾及利亞、利比亞、剛果共和國、赤道幾內亞、加彭、奈及利亞、安哥拉、阿拉伯聯合大公國）（編注：安哥拉於2024年退出）。草創之初，OPEC在原油領域的全球市占率無與倫比，但2019年已衰退到41.5％，影響力呈現疲態。2019年「OPEC＋」正式成立，由10個國家（俄羅斯、亞塞拜然、哈薩克、墨西哥、巴林、阿曼、馬來西亞、汶萊、蘇丹、南蘇丹）與傳統OPEC會員國合作，共同因應石油市場的變化。新加入的這10個國家握有全球石油產量的20％，使得OPEC＋總計握有全球至少60％的市占率，等於再度掌握全球過半數的石油產量。在OPEC＋當中，又以沙烏地阿拉伯和俄羅斯的產量占大宗。自OPEC＋成立後，沙烏地阿拉伯和俄羅斯就成為決定全球石油價格的領袖。

圖表9-7　俄羅斯：OPEC＋的一員

- **OPEC+**
  「OPEC+」是由石油輸出國家組織（OPEC）和非成員國的10個主要產油國所組成，俄羅斯也是其中一員，產量占整個OPEC+約23%。

- **沙烏地阿拉伯表達支持俄羅斯的立場**
  2021年起，美國不斷呼籲OPEC+增產石油，當時沙烏地阿拉伯力挺俄羅斯拒絕增產的立場，以避免OPEC+分裂。2022年5月5日，由沙烏地阿拉伯和俄羅斯主導的OPEC+召開了部長級會議，決定6月的產量將維持微幅增產（沙國和美國的關係變得有些尷尬）。

■OPEC成員國　■非OPEC成員國

| 俄羅斯 23.81% 10.01百萬桶/每日 | 伊拉克 10.26% 4.31百萬桶/每日 | 科威特 6.07% 2.55百萬桶/每日 |

阿拉伯聯合大公國 6.83% 2.87百萬桶/每日

伊朗 5.95% 2.50百萬桶/每日

沙烏地阿拉伯 23.68% 9.95百萬桶/每日

其他OPEC成員國 13.95% 5.86百萬桶/每日

其他非OPEC成員國 9.45% 3.97百萬桶/每日

（資料來源）S&P Global Platts

2 伊朗

　　自本節起，我們要分別來看看中東各主要國家的狀況。首先就從伊朗開始談起。

深受制裁所苦，無法出口天然氣

　　伊朗擁有面積遼闊的國土，人口有8,917萬人（2023年），是中東人口數極為龐大的國家。1979年爆發伊朗革命後，伊朗國王巴勒維（Mohammad Reza Pahlavi）流亡海外，伊朗成了一個以伊斯蘭基本教義（Islamic Fundamentalism）為本的國家。首都位在德黑蘭，而在各國多以阿拉伯語為主要語言的中東地區，伊朗卻選擇以波斯語作為官方語言。

　　當年我在經產省服務，曾因阿薩德干（Azadegan）油田談判等議題，與伊朗有相當深厚的淵源。伊朗是個歷史悠久，文化也相當發達的國家，然而近年來在與西方國家的關係方面，說它是長期處於「孤立狀態」，一點都不為過——畢竟它現在還因為疑似發展核武，而受到西方的制裁。

　　在伊朗和卡達的國界上有天然氣田，偏卡達的一端稱為北方氣田（North Field），鄰伊朗的一端則稱為南帕斯氣田（South Pars）。伊朗的天然氣蘊藏量排名全球第2，卡達則為全球第3，而兩者其實都是出自相鄰的天然氣田。如今液化天然氣出口已是卡達引以為傲的產業，倘若西方解除對伊朗的制裁，開放開發這些油田，那麼想必伊朗也會和卡達一樣，出現高度經濟成長。

　　至於伊朗受到制裁的原委，是由於美國在1996年（也就是柯林頓執政的時代）制訂了一項《伊朗及利比亞制裁法》（Iran and Libya Sanctions Act，ILSA）。而會制訂這項法律，據稱是因為伊朗取得大規模毀滅性武器，並支援國際恐怖組織，所以美國才決定對那些參與伊朗石油精煉的企業，或是與其銀行交易往來有關的企業祭出制裁。這項法律到了2001年的小布希總統時期又再延長，甚至在2010年時，歐巴馬政府還訂定了《對伊朗全面制裁、究責和剝奪權利法》（Comprehensive Iran Sanctions, Accountability, and Divestment Act of 2010），

圖表9-8 伊朗地圖

- 人口：8,917萬人　面積：1,648,000km³
- 1979年伊朗革命後，建立伊朗伊斯蘭共和國
- 首都：德黑蘭　語言：波斯語

（資料來源）日本外務省、JOGMEC

- 1996年　柯林頓政府頒布《伊朗及利比亞制裁法》，認為伊朗取得大規模毀滅性武器，並支援國際恐怖組織。此法案於2001年延長。
- 2010年　歐巴馬政府頒布《對伊朗全面制裁、究責和剝奪權利法》
- 伊朗發展核武問題（疑似製造高濃縮鈾）
  - 2005年　聯合國安理會決定發動制裁，禁止各國移轉核能技術與相關物資給伊朗，並凍結金融資產。
  - 2015年　伊朗與英美法俄中德共同簽署《伊朗核協議》，由國際原子能總署查核，確認是否解除對伊朗的制裁。
  - 2018年　川普總統退出《伊朗核協議》，重啟制裁→伊朗也退出。
  - 2021年　美國拜登政府有意重回《核協議》，伊朗也釋出談判誠意。
  - 2022年　伊朗拆除核設施裡的監視器。

強化了對伊朗的制裁內容。

　　追根究柢，伊朗的核武發展疑雲，是該國疑似製造了超出核電運轉所需的過量高濃縮鈾，還將這些濃縮鈾用於核武。一旦伊朗擁有核武，將影響到以色列、沙烏地阿拉伯等國，周邊國家將大感憂心。因此，聯合國安理會於2005年決定要對伊朗發動制裁，禁止各國對伊朗移轉核能技術與相關物資，並凍結伊朗的金融資產。到了2015年，伊朗與英國、美國、法國、俄羅斯、中國和德國共同簽署《聯合全面行動計畫》（JCPOA，簡稱《伊朗核協議》），聯合國因而解除了對伊朗的制裁。而為確保伊朗確實遵守這項計畫，伊朗必須同意一項條件，那就是要接受國際原子能總署（IAEA）查核。

　　然而，後來川普總統竟退出了這項計畫，並對伊朗發動制裁，推翻了原本的共識。既然美國退出，伊朗當然也跟著不玩，情勢頓時天翻地覆。川普總統曾將美國大使館遷往耶路薩冷，在外交上特別偏袒以色列。或許是因為這個緣故，讓他對伊朗採取了相當嚴厲的態度。

　　後來拜登總統上台，並於2021年表示美國有意重回《伊朗核協議》。而

圖表9-9　荷莫茲海峽封鎖帶來的能源危機

· 荷莫茲海峽是位在波斯灣和阿曼灣之間的海峽。
· 全球石油消費量的兩成（海運石油則逾三成）行經此處。
· 全球液化天然氣超過三成（日本進口量的14％）行經此處。
· 伊朗過去曾多次威脅英國、美國和沙烏地阿拉伯等「敵對國」，揚言要封鎖荷莫茲海峽。

（資料來源）JOGMEC

　　伊朗也表示樂觀其成，便與各國展開是否重回核協議的談判。然而，IAEA卻在2022年通過了譴責伊朗的決議，使得談判又陷入僵局。這項譴責是因為伊朗拆除了設在核設施裡的監視器；另一方面，伊朗也主張美國雖表示有意重回《核協議》，卻沒有解除對伊朗的制裁。雙方相持不下。

　　綜上所述，伊朗雖有豐富的石油和天然氣蘊藏量，卻因為這項制裁禁令而處於無法生產、出口的狀態。

　　接著，還要再說明一下荷莫茲海峽的封鎖危機。荷莫茲海峽是位在波斯灣和阿曼灣之間的海峽。全球石油消費量的兩成，以及海運石油的三成都會通過這裡；而全球液化天然氣總產量的三成以上，也都會取道此地；至於日本的液化天然氣進口量則有14％會行經這道海峽，無疑是一個重要的咽喉點。伊朗過去曾多次威脅英國、美國和沙烏地阿拉伯等敵對國，揚言要封鎖荷莫茲海峽。

俄羅斯與伊朗的關係

　　伊朗對於國內的鐵公路建設著力甚深，全國預計將鋪設3,300公里的鐵路，2022年還有一條串接裏海和波斯灣的四線道高速公路開放通車。此後，俄羅斯靠著和伊朗之間的合作，擁有了一條不必取道歐洲的航運新路線。伊朗將可望成為串聯亞洲、俄羅斯和歐洲的航運樞紐。2002年，俄羅斯、印度

和伊朗這三個國家達成共識，將推動「國際南北運輸走廊」（International North-South Transport Corridor，簡稱INSTC）──也就是從印度出發，經伊朗、亞塞拜然，再到俄羅斯的路線構想實現。俄烏戰爭爆發後，俄羅斯更深化了與伊朗之間的合作關係。2022年7月，普丁總統出訪伊朗，雙方達成共識，認為在南北走廊當中，有必要興建一條連接伊朗北部拉希特（Rasht）和阿斯塔拉（Astara）的鐵路。

另外，伊朗石油部也宣布將於2022年9月起，每日自俄羅斯進口900立方公尺的天然氣，並經亞塞拜然輸入伊朗，還與俄羅斯天然氣工業公司簽訂了規模高達460億美元的能源合作備忘錄。甚至更有報導指出，俄羅斯在攻打烏克蘭之際，使用了伊朗製的無人機等武器，顯見雙方在軍事方面的連結也日益深厚。

日本與伊朗的關係

談到日本與伊朗之間的關係，請各位只要先記得「日章丸事件」即可。1951年，由於伊朗宣布要將石油收歸國有，英國的石油巨頭「英伊石油公司」（Anglo Iranian Oil Co.，即現在的BP）想必會承受相當龐大的損失。英國對此深感憂心，便派遣海軍至中東地區阻撓伊朗產石油運出國外。換言之，就是封鎖了荷莫茲海峽。此舉是先進國家──英國為了讓伊朗石油無法出口，所做的阻撓。

在這樣的情勢下，日本的出光興產公司瞞著包括英國在內的各個國家，

日章丸事件（1953年）

· 伊朗於1951年宣布石油國有化之後，英國擔心英商石油巨頭英伊石油公司將蒙受損失，便派遣海軍至中東地區，阻撓伊朗產石油運出國外。

· 在這樣的情勢下，日本的出光興產公司瞞著包括英國在內的各個國家，派出自有油輪「日章丸」前往伊朗，穿過英國海軍的封鎖，成功載運伊朗石油回到日本靠港，成為國際知名的「挑釁英國」事件。

· 經過這起事件後，伊朗政府和民眾對日本的印象大好。

派出自有油輪「日章丸」前往伊朗，穿過英國海軍的封鎖，成功載運伊朗石油回到日本，成為國際知名的「挑釁英國」事件。另一方面，在經過這起事件後，伊朗政府和民眾對日本的印象大好。整起事件後來被寫成了小說作品《名叫海賊的男人》（海賊とよばれた男），甚至還被搬上了大銀幕。

　　我個人也造訪過伊朗好幾十次，是個相當親日的國家。我印象最深的就是不只伊朗政府親切，就連走在街上，不論是什麼地方，只要看到日本人，伊朗人都會表現得特別親切，連表情都特別溫和。

　　日本與伊朗之間的能源史當中，還有一個重大事件，那就是圖表9-10上的阿薩德干油田。它位在伊朗和伊拉克國界附近，是全球規模數一數二的油田。2000年時，日本並未經過國際競標，便直接取得了開發這片油田的優先議約權。當時我在日本經濟產業省資源能源廳服務，擔任石油天然氣課長一職，並出任本案談判代表。後來我於2002年離開該項業務，而日本則在2004年時，正式取得了開發權。

　　不過，後來伊朗因研發核武而受到經濟制裁，日本的油田開發團隊也不得不退出當地，這件事我迄今仍深感遺憾。不久之後，這個案子改由中國石油天然氣集團取得了開發權。然而，不知道是不是因為經濟制裁的關係，開發遲遲沒有進展，最後開發權竟慘遭沒收。

　　綜上所述，伊朗不僅石油蘊藏量豐富，就連天然氣的蘊藏量在全球也是

圖表9-10　阿薩德干油田

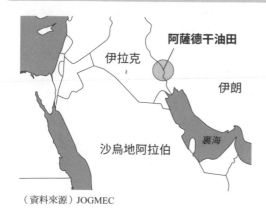

阿薩德干油田

伊拉克

伊朗

裏海

沙烏地阿拉伯

・規模全球數一數二的油田。
・日本未經國際競標，便直接取得了優先議約權。
・日本於2004年正式取得開發權。
・伊朗因研發核武而受到經濟制裁，日本的開發團隊不得不退出當地。
・中國石油天然氣集團取得開發權後，開發遲遲沒有進展，最後開發權竟慘遭沒收。
・如今由於經濟制裁解除，此油田的開發權再度受到各國矚目。有報導指出，法國的道達爾能源集團較居上風。

（資料來源）JOGMEC

名列前茅。可惜卻因為一再受到制裁，而成為開發、生產進度落後，就連出口也遲遲不見成長的國家。

3 伊拉克

接下來再談談伊拉克。它的正式名稱是伊拉克共和國，人口約4,449萬人（2022年），面積43萬平方公里，首都則位在巴格達。國土特色就是幾乎與歷史上的美索不達米亞文明的發祥之地重疊。至於在語言方面，是以阿拉伯語和庫德語作為官方語言，但阿拉伯語較常使用。在政治制度方面，自從民主化之後，伊拉克便採取議院內閣制，元首是總統，經議會選舉產生；而掌握行政權的總理，則是由總統任命。

伊拉克戰爭

這裡我要先介紹伊拉克戰爭。這場戰爭雖然名叫伊拉克戰爭，但如果根據戰爭爆發的脈絡來看，有時也會稱它為第二次波斯灣戰爭。它是以美國為

圖表9-11　伊拉克地圖

· 伊拉克共和國
· 人口：4,449萬人
· 面積：430,000km^3
· 首都：巴格達

· 國土幾乎與美索不達米亞文明的發祥之地重疊。
· 阿拉伯語

（資料來源）外務省

伊拉克戰爭始末

· 2003年3月20日
以美國為主體，聯合英國、澳洲和波蘭等國出兵攻打伊拉克，進而展開一場軍事干涉行動。
以「持有大規模毀滅性武器」為由，所發動的攻擊。

· 2003年5月1日。
小布希總統發布「主要作戰行動結束」，卻在沒有發現大規模毀滅性武器的情況下，持續交戰。

· 2010年8月31日
歐巴馬總統再次宣布「戰鬥任務結束」和「伊拉克自由行動」（Operation Iraqi Freedom）結束。自隔天起展開「新曙光行動」（Operation New Dawn），以便為美軍撤退後，由伊拉克當局單獨維持治安做準備。

· 2011年12月14日
美軍完全撤退，歐巴馬總統正式宣布戰爭結束。

主體，並於2003年3月20日起加入英國、澳洲和波蘭等國組成聯軍，以「伊拉克持有大規模毀滅性武器」為由，出兵攻打伊拉克，進而展開一場軍事干涉行動。正規軍隊之間的交手已於2003年結束，但美軍完全撤離並宣告伊拉克戰爭結束的時間，其實是在2011年12月14日。

不過，隨著戰爭落幕，美軍撤退後，當地仍持續發生暴動，使得伊拉克深受政治情勢動盪所苦。

伊拉克的石油

基爾庫克（Kirkuk）油田是伊拉克的主要油田。

它位在伊拉克北部，底格里斯河中游東北側，是伊拉克最大的油田。當初是由土耳其石油公司（TPC，後於1929年更名為伊拉克石油公司〔簡稱IPC〕）發現這片油田，並於1934年開始量產。基爾庫克油田所生產的石油，占伊拉克石油出口量的將近一半，全部都是透過一條與土耳其南部傑伊漢港相連的「基爾庫克－傑伊漢管線」（Kirkuk-Ceyhan Oil Pipeline），出口到國外。

伊拉克的石油蘊藏量達1,431億桶，高居全球第3名，也是OPEC創始成員國之一。它在1990年入侵科威特後遭到制裁，禁止出口石油至1996年。

這項禁令使得伊拉克在第一次波斯灣戰爭後，有好幾年的石油產量都大減85％。而制裁一直持續到2003年，在美國主導的推翻海珊（Saddam Hussein）政權進攻行動成功後才解除。

自1979年海珊掌權以來，其實伊拉克並沒有開採太多石油。直到2003年海珊被處決，加上2014年教派衝突成定局後，石油開採量才逐漸增加。根據聯合國的推估，2018年時石油已占伊拉克收入的99％；到2021年時，石油部門產品更已占伊拉克外匯收入約92％。可以想見在未來幾年，伊拉克會繼續極大化石油、天然氣所帶來的收入。

4 卡達

接下來要談的是卡達。卡達人口僅298.6萬人（2022年），面積1萬1,570平方公里，國土面積和日本的秋田縣差不多，是個非常小的國家。首都位在杜哈（Doha），政治上屬於酋長國。

以色列自1996～2009年間，在杜哈設有貿易代表處（譯注：這個貿易代表處就是實質上的大使館，直到2009年才因以色列入侵加薩而關閉），儘管這只是暫行措施，仍顯示出卡達在中東阿拉伯國家當中，地位非常特殊。

至於在卡達曾發生過的國際大事，則有2017年的卡達外交危機。當時沙烏地阿拉伯、阿拉伯聯合大公國、巴林和埃及都宣布與卡達斷交。一般認為，是因為卡達和伊朗過從甚密，還援助穆斯林兄弟會等恐怖組織。2021年，在科威特居中斡旋之下，卡達才又與這幾個國家恢復了邦交。

2022年，世界盃足球賽在卡達舉辦，成了中東地區的第一個主辦國。但由於各界擔心賽事恐將在極度炎熱的環境下舉辦，故將原本照例在6、7月舉辦的比賽，改到了11、12月。

卡達航空舉世聞名，擁有多條國際航線，事業發展相當積極，與阿拉伯聯合大公國的阿聯酋航空（Emirates）、阿提哈德航空（Etihad Airways）都是彼此競爭的關係。

圖表9-12　卡達地圖

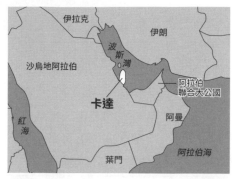

（資料來源）JOGMEC

· 人口：298.6萬人　面積：11,570km³
· 政治制度：酋長國
· 首都：杜哈
· 2017年，卡達發生外交危機。
　沙烏地阿拉伯、阿拉伯聯合大公國、巴林和埃及，都與卡達斷交。一般認為，是因為卡達和伊朗過從甚密，還援助穆斯林兄弟會所致。
· 2021年，卡達與前述國家恢復邦交。
· 2022年，卡達舉辦世界盃足球賽（中東地區第一個主辦國）。
· 擁有卡達航空。

圖表9-13　沙烏地阿拉伯與卡達斷交

2017年6月，以沙烏地阿拉伯為首的波斯灣國家，以及部分伊斯蘭國家宣布將與卡達斷交。各國封鎖了邊境，還切斷了與卡達之間所有的海、陸、空交通。

原因
1. 卡達援助穆斯林兄弟會等激進派組織
2. 與伊朗交好

公開宣布斷交

阿拉伯聯合大公國、埃及、
巴林、利比亞東部政府、
葉門、馬爾地夫、茅利塔尼亞

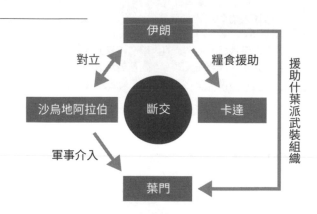

（資料來源）作者編製

高速成長的能源與教育

再來要介紹卡達快速成長的經濟與教育。

卡達的天然氣蘊藏量全球排名第3，在天然氣的出口量方面，儘管全數都是液化天然氣，但排名仍勇冠全球。其實卡達發展液化天然氣的歷史很短，1990年代才開始量產，如今卻已成為全球龍頭。而當初卡達會開始生產液化天然氣，日本的中部電力公司可說是居功厥偉；至於在貿易部分，則是由三井物產和丸紅扮演了吃重的角色。一方面因為當年卡達的液化天然氣生產，是專為中部電力開發的產品，所以對日出口的占比相當高，但後來由於與捷熱能源公司（JERA，由東京電力、中部電力出資成立）之間的長約未獲續約，所以近來卡達天然氣出口歐洲的比重逐漸提升。

天然氣的出口，讓卡達國民的人均GDP達到全球頂尖水準。卡達的國土面積僅約日本的3％，液化天然氣的出口量卻勇冠全球，因此是個相當富

卡達的經濟及能源實力

・天然氣蘊藏量全球排名第3，液化天然氣出口量勇冠全球。
・自1990年代開始生產液化天然氣。
　（伊朗的天然氣蘊藏量高於卡達，卻因西方制裁而無法生產液化天然氣）
・國民人均GDP為全球頂尖水準（國土面積約為日本的3％）。

・在教育方面，英、美的大學名校紛紛搶進設校辦學。
　（包括：喬治城大學、卡內基美隆大學、西北大學、倫敦大學等）
・擁有半島電視台（阿拉伯語的衛星頻道，「中東的CNN」）。

卡達的先進措施

・教育方面：英、美的大學名校紛紛搶進設校辦學。
　→包括：喬治城大學、卡內基美隆大學、康乃爾大學等
・體育方面：2022年世界盃足球賽主辦國。
・把環保當作國家戰略來推動。
　2012年，COP18氣候峰會在卡達杜哈舉辦，
　討論水資源的管理、能源造成的空氣汙染、氣候變遷。

裕的國家。

　　有了外匯當後盾，在教育方面，西方的大學名校紛紛搶進卡達，例如喬治城大學、卡內基美隆大學、西北大學、倫敦大學、康乃爾大學等，皆在卡達設校辦學。因此，卡達國民可接受全球一流水準的教育，而中東各國或甚至是全球各地的學生，前往卡達留學的情況也非常踴躍。

　　此外，卡達另一個享譽國際的是半島電視台。這個頻道會把阿拉伯語的衛星節目傳播到全球各地，被譽為是「中東的CNN」。

　　將卡達推上全球最大天然氣出口國寶座的天然氣田，就是圖表9-14所呈現的北方氣田。北方氣田位在卡達北部近海的波斯灣大陸棚裡，是全球規模數一數二的大型天然氣田。英國的殼牌公司在1971年時發現了這片大油田，到了1988年才啟動開採，生產的天然氣供卡達國內需求，也製成出口用的液化天然氣。仔細觀察這張圖，會發現這個天然氣田被伊朗和卡達的國界一分為二──靠近卡達的部分稱為「北方氣田」，靠近伊朗的部分則稱為「南帕斯氣田」。伊朗的天然氣蘊藏量排名全球第2，卡達則為全球第3，兩者其實都是出自相鄰的天然氣田。倘若西方解除對伊朗的制裁，開放開發這些油田，那麼想必伊朗也會和卡達一樣，出現高度經濟成長。

圖表9-14 北方氣田（卡達）和南帕斯氣田（伊朗）

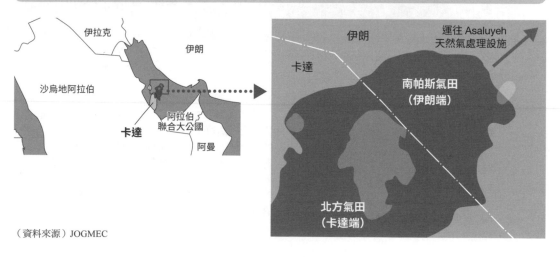

（資料來源）JOGMEC

5 沙烏地阿拉伯

接著要談的是沙烏地阿拉伯。人口有3,723萬人（2024年1月），面積約為215萬平方公里，首都位在利雅德，政治制度則是君主制。

沙烏地阿拉伯最具代表性的油田，就是加瓦爾油田（Ghawar），位於沙國東部，在距首都利雅德東方約200公里處，是全球最大的油田。

這片油田是由沙烏地阿拉伯國營石油公司「沙烏地阿美」的前身——阿美石油公司（Aramco）於1948年發現，1951年正式開始量產。這裡開採出來的石油會送到加瓦爾油田北方，阿布蓋格（Abqaiq）油田的儲油基地，經處理為阿拉伯輕質原油（Arabian light）後，再從拉斯塔努拉（Ras Tanura）港出貨。

沙烏地阿拉伯在能源方面的特色，就是雖然它的石油出口排名世界第一，但目前並沒有出口液化天然氣。可以想見，後續沙烏地阿拉伯開始出口液化天然氣的時機，終將到來。一般預期此舉將會對市場造成一大衝擊。此外，在核能發電方面，沙國也規畫將興建16座核子反應爐，後續沙國核電

圖表9-15　沙烏地阿拉伯王國地圖

（資料來源）JOGMEC

· 人口：3,723萬人　　面積：214萬9,690km³
· 首都：利雅德
· 政治制度：君主制
　2017年穆罕默德王儲表示：「要在2030年之前，推動沙烏地社會去石油化和產業多角化。」
· 石油出口量居全球之冠。
· 石油和天然氣加總的已探明蘊藏量和產量，均為全球之冠。
· 2022年5月沙烏地阿美的股價超越蘋果，成為全球第一大企業（總市值約2兆4,300億美元）。
· 哈紹吉事件（2018年，沙烏地阿拉伯異議記者在土耳其伊斯坦堡的沙國大使館內遭殺害的事件）。

發展的動向，包括它與中、法、韓等國的合作在內，備受關注。

2017年獲冊封上任王儲的穆罕默德（Muhammad bin Salman），發揮了他強悍的領導統御風格，主導國家建設並推動在2030年之前，讓沙烏地社會去石油化和產業多角化。也就是說，儘管沙國的石油、天然氣加總的已探明蘊藏量和產量，以及石油出口量均為全球之冠，王儲仍要改變這種依賴石油的國家經濟路線。他甚至對於已被卡達搶下「中東第一國」的世界杯足球賽主辦權，也表示有意爭取。

沙烏地阿拉伯於2017年與卡達斷交。此外，沙國還發生了一起不幸的事件——那就是2018年10月，沙烏地阿拉伯異議記者哈紹吉在土耳其伊斯坦堡的沙國大使館內遭到殺害。有報導指出，穆罕默德王儲疑似涉案，還被告上了法院。川普總統採取的態度是不顧這起事件的發展，繼續與沙國維持密切的關係。然而，2020年上任的拜登總統，則採取「穆罕默德王儲要負起責任」的態度。2022年7月，拜登總統出訪沙國，與穆罕默德王儲會談時，也表達了上述的立場。在這件事的影響發酵下，沙烏地阿拉伯在面對美國於俄烏戰爭爆發，能源價格飆漲之際，籲請沙國增加石油產量的回應並不積極。後來，2022年11月，拜登政府宣布穆罕默德王儲在這起事件當中享有豁免權。

與俄羅斯、中國的關係

回顧歷史，其實美國前總統羅斯福（Franklin Delano Roosevelt）曾於1945年2月14日，與沙烏地阿拉伯首任國王阿卜杜勒曾進行會談。據傳雙方達成約定，由美國負責沙烏地阿拉伯的國防安全，相對的，沙烏地阿拉伯則必須以合理的價格，供應石油給美國（以美金付款）。然而近來沙國卻在加強與俄羅斯、中國之間的連結。

沙國是透過「OPEC＋」這個組織，與俄羅斯合作、掌握主導權，進而操控全球石油價格。

再者，沙烏地阿拉伯也有意深化與中國之間的連結。2022年12月7日到10日，中國國家主席習近平訪問沙國。同年7月，拜登總統初次到訪時，沙國僅派出當地的地方首長迎接；12月卻派出外長外交大臣費薩爾（Faisal bin Farhan Al Saud）接機，上空還派噴射機噴出代表中國國旗的紅、黃煙霧，

以示歡迎。中國和阿拉伯各國,在歐美所主導的人權議題上都是受批評的一方。一般認為,他們在「對批評表示反彈」這件事情上,立場是一致的。

在12月8日「沙一中高峰會」後所發表的共同宣言當中,雙方簽署了全面策略夥伴協議,內容包括互不干涉內政、啟動石油與核電等能源領域的合作。習近平更對擴大原油貿易規模、強化油田探勘與開發上的合作,甚至是由中國國營企業來開發沙烏地阿拉伯的油田等,都表現出很強烈的意願。此外,中國在原油進口方面,目前對中東的依存度約為50%,但仍強調推動人民幣計價結算的態度不變。全球最大產油國與全球最大石油消費國的合作,備受各界關注。倘若中國真的改用人民幣支付購油款項,將更加速「去美元化」的發展。

沙烏地阿美:新七姐妹的核心角色

這裡要介紹一下「新七姐妹」。以往,埃克森、英國石油、殼牌等超級巨頭曾有一段時間被稱為「七姐妹」;如今,產油、產氣國的國營石油公司,則有「新七姐妹」之稱。

其中扮演核心角色的,就是「沙烏地阿美」這家沙烏地阿拉伯的國營企業。光是沙烏地阿美一家公司,就扛起全球石油生產量的10%。它在2022年5月上市,股價因上市而超車蘋果公司,成了全球總市值最高的企業。

沙烏地阿美石油公司

- 1988年11月8日
  沙烏地阿拉伯政府接收阿美石油公司的開採權與資產等,成立了國營石油公司「沙烏地阿拉伯國家石油公司」(沙烏地阿美)。

- 1993年7月1日
  將「沙烏地阿拉伯國營銷售與精煉企業」(SAMAREC)納入麾下。
  新增國內石油精煉與石油產品銷售事業部。

- 2022年5月11日
  股價逼近歷史高點。
  總市值約2兆4,300億美元(315兆2,000億日圓),超越蘋果,成為全球最大的企業。

「新七姐妹」市占率

· 7家新興石油巨頭（國際大型石油公司）的統稱。
· 石油生產量在全球的市占率（2020年）：
 1. 沙烏地阿美（沙烏地阿拉伯）10%
 2. 馬來西亞國家石油公司（馬來西亞）2.4%
 3. 巴西石油公司（巴西）2.6%
 4. 俄羅斯天然氣工業公司（俄羅斯）8.71%
 5. 中國石油天然氣集團（中國）1.7%
 6. 伊朗國家石油公司（伊朗）5%
 7. 委內瑞拉國營石油公司（委內瑞拉）2.7%
· 頗有凌駕早期崛起那些歐美石油巨頭的氣勢。

（資料來源）根據各企業官方網站編製

　　這裡再簡要介紹一下新七姐妹的其他成員。「新七姐妹」由馬來西亞國家石油公司、巴西石油公司、俄羅斯天然氣工業公司、中國石油天然氣集團、伊朗國家石油公司、委內瑞拉國營石油公司所組成。馬來西亞國家石油公司會出口液化天然氣到日本，所以和日本有關。巴西石油公司擁有的鑽探技術與專業知識，可開挖全球頂尖難度的深海——也就是深度極深的海底石油。「新七姐妹」這些公司，頗有凌駕歐美超級巨頭的氣勢。

6 阿拉伯聯合大公國

　　接著再來看看阿拉伯聯合大公國。該國人口有997萬人（2023年），面積8萬3,600平方公里，首都位在阿布達比，政治制度則是由七個酋長國所組成的聯邦制，所以被稱為阿拉伯聯合大公國。於2021年歡度建國五十週年的阿聯，其中又以阿布達比和杜拜這兩個酋長國最有名，而富傑拉（Fujairah）和沙迦（Sharjah）則有來自全球各地的班機起降；其他還有阿吉曼（Ajman）、

拉斯海瑪（Ras Al Khaimah）、歐姆庫溫（Umm Al Quwain）共七個酋長國。從日本的角度來看，阿聯是排名第2的原油進口來源國，在液化天然氣方面則排名第6。而阿聯的主要油田是紮庫姆（Zakum）油田。

紮庫姆油田位在阿聯首都阿布達比西北方約80公里處，也就是波斯灣大陸棚（水深12～18公尺）處，是阿聯最大的油田。

阿布達比海洋礦區公司（Abu Dhabi Marine Area，簡稱ADMA）在1963年發現了紮庫姆油田，下紮庫姆油田於1967年量產，上紮庫姆油田則於1982年投產。紮庫姆油田分為上、下兩個部分，分別開發，所以有時會被稱為下紮庫姆油田（Lower Zakum Oil Field）和上紮庫姆油田（Upper Zakum Oil Field）。下紮庫姆和上紮庫姆油田生產的原油，會分別透過海底管線輸送至波斯灣的達斯島（Das Island）和奢科島（Zirku Island），經處理後再出口。日本的「日本石油開發」（Jodco）公司在上、下紮庫姆油田都持有12％股權，長期參與它們的開發。此外，日本的科斯莫（COSMO）石油也在阿聯參與石油開發事業。而阿布達比的液化天然氣，最早其實是為東京電力公司所開發，也都供應給日本，可惜在當初的長約期滿之後就沒有再續約。

在中東國家當中，阿拉伯聯合大公國算是對石油、天然氣以外的再生能源，以及核能發電著力甚深的國家。目前，阿聯的巴拉卡核能發電廠（Barakah Nuclear Energy Plant）已開始運轉。當年這座核電廠招標時，日本企業也曾投標，不過最終是由韓國企業得標。阿聯現在就是在韓國企業的協助下，運作核電廠。

另位，阿聯還邀請海外大學設立分校，也擁有航線遍及全球的航空公司，和卡達頗有相似之處。

在教育方面，目前已有麻省理工學院（MIT）、紐約大學、索邦大學（Sorbonne University）、倫敦大學商學院等大學在阿聯插旗設校。

而在航空公司方面，阿聯酋航空以杜拜為樞紐，航線遍及全球各地；阿提哈德航空也建立了全球航線網絡。熟悉足球賽事的人，應該很常看到這幾家企業出現在贊助商名單上。

圖表9-16　阿拉伯聯合大公國地圖

（資料來源）JOGMEC

· 人口：997萬人　面積：83,600km^3
· 首都：阿布達比
· 政治制度：由7個酋長國組成的聯邦，包括：阿布達比、杜拜、阿吉曼、富傑拉、沙迦、拉斯海瑪、歐姆庫溫。

· 日本的原油進口來源國：阿聯為第2名。
· 日本的液化天然氣進口來源國：阿聯為第6名。
· 巴拉卡核能發電廠（由韓國協助建立）。
· 麻省理工學院、紐約大學、索邦大學、倫敦大學商學院皆設分校。
· 擁有阿聯酋航空、阿提哈德航空。

圖表9-17　阿聯的航空公司（阿聯酋航空、阿提哈德航空）

©AFP PHOTO/PASCAL PAVANI

©AFP PHOTO/EMMANUEL DUNANT

· 經中東飛往全世界。

· 中東國家利用足球提升全球知名度的策略：
　1.卡達航空
　　巴塞隆納足球俱樂部的贊助商
　2.阿聯酋航空
　　兵工廠足球俱樂部的贊助商
　3.阿提哈德航空
　　收購曼徹斯特城足球俱樂部

7 以色列

以色列天然氣開採蓬勃發展

以色列自1948年建國以來，一直都是能源進口國，仰賴來自他國的進口。2016年時，能源進口依存度達63％，數值相當突出。在進口來源國方面，以色列自2005年起，連續15年都透過艾里希（Arish）－阿什克隆（Ashkelon）管線，從北非第二大天然氣生產國——埃及進口天然氣，每年進口量達570億立方英尺；液化天然氣則是自美國進口。從這兩個國家進口的天然氣，滿足了以色列40％的天然氣需求。

至於在石油方面，2020年時，以色列自亞塞拜然進口的石油比重為42.6％，哈薩克為30.1％，美國有20.7％，俄羅斯則占6.25％，絕大多數都是仰賴自國外進口的能源來支應。

然而，以色列在2009年時，在地中海近海發現了塔瑪（Tamar）天然氣田，又於2010年發現了利維坦（Leviathan）天然氣田，成了一大轉捩點。後來，塔瑪天然氣田於2013年開始投產，利維坦則在2019年開始投產，使得

圖表9-18 以色列地圖

· 位在西亞的共和制國家。
· 北鄰黎巴嫩、東北接敘利亞，東有約旦，東、西兩側分別是巴勒斯坦自治區的約旦河西岸及加薩走廊，西南則與埃及的國境接壤。

· 總人口：950萬人（2023年為984.2萬人）
其中猶太人有604萬人（75.3％），阿拉伯人166萬人（20.7％），其他則有32萬人（4.0％）。

（資料來源）日本外務省

以色列的天然氣供應量大增，因而擺脫了仰賴能源進口的體質，實現了能源自主。之後，以色列又陸續發現了塔寧（Tanin）、卡里什（Karish）天然氣田，今後可望成為中東地區新興的天然氣供應國。其實在俄烏戰爭爆發後，埃及和以色列針對為歐盟供應天然氣一事，於2022年6月簽署了一份備忘錄。目前從以、埃兩國海上天然氣田開採的天然氣，已開始於埃及進行液化，再出口到歐洲。

這些天然氣田的開發，並沒有石油巨頭參與，而是由以色列本土企業和美國一些獨立經營的企業執行。開採出來的天然氣，則會透過阿拉伯天然氣管線或東地中海天然氣（East Mediterranean Gas，簡稱EMG）管線，出口到埃及和約旦。

以色列的能源政策

以色列政府於2020年承諾，要在2030年之前讓再生能源在初級能源供給結構中的比重達到30％。後來，這個目標在2021年的COP26氣候峰會上被修改，以色列改為承諾於2025年之前，逐步廢止使用燃煤來生成能源，並於2050年之前達到碳中和。

以色列當局自1990年代初期，就已強制規定所有供住宅用的新建築，都必須安裝太陽能溫水暖氣系統。因此，目前90％以上的以色列家庭，都使用這種暖氣系統。再者，以色列的國家基礎設施部推估，溫水暖氣用的這些

以色列的能源發展

・自1948年建國以來，都是能源進口國。
　天然氣：自埃及等國進口
　液化天然氣：自美國等國進口
　石油：自亞塞拜然、哈薩克等國進口
・2009年發現塔瑪天然氣田，2010年發現利維坦天然氣田。
　→塔瑪天然氣田於2013年開始投產，利維坦則在2019年開始投產。
　→發現塔寧、卡里什天然氣田。
　　　↓
今後可望成為中東地區新興的天然氣供應國。

太陽能發電板，滿足了國家總能源需求的4％。根據2018年的資料顯示，以色列的電力有70％來自燃氣發電，4％來自再生能源，而再生能源當中的95％，就是來自太陽能發電。

2022年1月，以色列國防部與本土能源企業合作，啟動一項專案，要在戈蘭高地（Golan Heights）北部設置最多41部風力發電機，來為國內數萬個家戶提供綠電。

外界預估，以色列這股趨勢今後將更加速發展，政策上將朝積極使用太陽能和風力等非化石能源的方向，逐步轉型。

美國與以色列的關係

以色列目前是美國在中東地區八個「主要非北約盟友」（MNNA，包含：埃及、約旦、卡達、巴林、科威特、摩洛哥、突尼西亞）之一，是美國在中東最大的盟國。

美國政府將以色列與美國的關係，定位為中東政策上的重要元素，相當重視能否和以色列維持密切的合作關係；而以色列的存在，也對美國的政策影響甚鉅。

以、美兩國的關係，始於美國於1948年時美國對猶太人建設祖國所提

以色列的再生能源政策概要

· 2030年之前，要將再生能源占比提高到30％。
· 承諾要在2025年之前，逐步廢止使用燃煤來生成能源。
· 承諾要在2050年之前，讓溫室氣體淨排放量歸零。

· 自1990年代初期，就強制規定所有供住宅用的新建築都必須安裝太陽能溫水暖氣系統。→90％以上的家庭使用
· 2018年的資料顯示，以色列的電力有70％來自燃氣發電，4％來自再生能源，當中95％來自太陽能發電。
· 2022年1月，在戈蘭高地北部設置最多41部風力發電機
　　　　　　　↓
預估今後將朝更積極使用太陽能和風力等非化石能源的方向，逐步轉型。

供的援助。起初，美國和以色列在軍事上的交集很有限，隨著美國強化對中東地區的經營，更加深了以色列在經濟、軍事層面對美國的依賴。美國主要是提供以色列海外援助。直到2003年爆發波斯灣戰爭，被伊拉克超車之前，以色列自1976～2004年都是美援最大的受益國。

在2016年的美國總統大選當中，川普提出了「將美國大使館遷到耶路撒冷」的政見，並成功當選。其實在川普上任之前，歷任總統也曾將大使館搬遷列為政見，後來因考量中東局勢緊張才作罷。然而，2017年12月6日，川普總統在記者會上宣布，將承認耶路撒冷為以色列首都，並決定將美國大使館從現在的台拉維夫遷到耶路撒冷。隔年，也就是2018年5月14日，美國駐以色列大使館正式搬遷至耶路撒冷，川普總統更表示：「對以色列而言，戈蘭高地（與以色列、黎巴嫩、約旦和敘利亞國界接壤的高地）在戰略上、安全保障上有其重要性，同時也為了區域穩定，美國完全承認戈蘭高地屬於以色列的時機，已然來到。」

以色列和伊斯蘭國家之間的緊張關係，究竟有多嚴重？只要看一個在足球場上的例子，就能明白。1974年之前，以色列隸屬於亞洲足球協會（AFC），在世界盃足球賽的預賽時，以色列球隊屢次因為被拒絕入境等因素而碰壁，很難和伊斯蘭國家同場競技。後來以色列離開AFC，改加入歐洲足球總會（UEFA）之後，在亞洲舉辦的世界盃預賽就進行得相當順利。包括中東在內的亞洲勢力在足壇崛起，全球的足球運動更是一路蓬勃發展。

蓬勃發展的高科技產業

以色列早期的主要產業是礦業和工業，但自1948年獨立之後，便以高科技產業為核心，在諸多領域扶植高科技產業蓬勃成長。

目前微軟、谷歌和英特爾等跨國企業，都在以色列設有研究室或分公司，以色列更被譽為是「中東的矽谷」。因此，在科學領域的研究方面，以色列其實是跑在世界的最前面。此外，以色列也在國內設有完善的制度，來援助、扶植創業家或新創企業。世界各國相當看好這些優質企業，以色列也成為各國願意積極投資的國家。

以色列的高科技產業

中東的矽谷

‧微軟、谷歌和英特爾等跨國企業，都設有研究室或分公司。

‧援助、扶植創業家或新創企業的制度完善。

↓

世界各國看好這些優質企業，以色列也成為各國願意積極投資的國家。

第 10 章

日本

**鄰國威脅環繞，
能源戰略必須強化國家安全保障
和產業競爭力**

1 日本能源史

本章要從能源的觀點切入，探討日本的現況——想必這應該是各位最關心的國家。在思考日本的能源議題之際，我希望各位能依循更長的時間軸來認識它。因此，這裡要先帶各位回顧一下日本的能源史。

培理來航與日本能源

在日本歷史上，1853年的「培理來航」廣為人知。隔年，也就是在1854年簽訂的《日美和親條約》，開放了下田和函館這兩個港口，終結了日本的鎖國，是歷史上相當重要的條約。

當時，美國為了在太平洋捕鯨，也為了和清朝通商，需要找到能讓船隻安全停泊的港口。而日本眼見那個原本該是大國的清朝，竟在鴉片戰爭中輸給了英國，便想設法閃避歐美列強所施加的壓力。

到這裡為止是大家耳熟能詳的故事，但其實培理來到日本的背景因素當中，暗藏著美國想「確保能源」的目的。

只要看看培理提出的三大要求，就可以明白這件事——他提出的三大要

圖表10-1 培理來航的背景因素，是為了確保美國的能源供應

· 1853年，培理率船艦來到日本浦賀，提出三大要求：
1. 日美之間的友好親善與貿易。
2. 日本對於遭遇船難而漂流到日本的船員，
   應保護其生命、財產安全。
3. 設置一個可供美國商船、捕鯨船補給煤炭、
   柴薪、水和糧食的港口。
· 會提出這樣的要求，背後的因素其實是當時
美國有愈來愈多工廠的機器設備全天候運
轉，為了讓人能在夜間工作，需要有照明用
的鯨魚油。

（資料來源）日本外務省等

求，分別是：①日美之間的友好親善與貿易。②日本對於遭遇船難而漂流到日本的船員，應保護其生命、財產安全。③設置一個可供美國商船、捕鯨船補給煤炭、柴薪、水和糧食的港口。

美國希望日本為「捕鯨船」補給物資；既然要補給，就需要港口。那又為什麼是捕「鯨」船呢？這些要求的背後，其實和「美國需要鯨魚油這種能源」有關。當年的美國，工業革命風起雲湧，愈來愈多工廠的機器設備全天候運轉，為了讓人能在夜間工作，需要有照明用的能源——也就是鯨魚油。而鯨魚油還可以作為機械設備的潤滑油、蠟燭和肥皂之用。

當時美國南北對立，而來到日本的培理隸屬於北方軍。當時，美國南部的經濟因為種植棉花而富庶豐饒，於是南方軍便想以此為基礎，策動獨立；相對的，北方軍只在軍力上比南方具優勢，經濟上並沒有像南方那樣的主要產業，只有捕鯨業還聊備一格。因此用鯨魚油製作蠟燭的行業，在北部各州蓬勃發展，只於大西洋捕鯨已不足以滿足需求，所以才跨足到太平洋，甚至還相中了日本，要把它當作捕鯨船的補給基地——這也是培理來航的背景因素之一。

綜上所述，可知美國先民當時就已經為了確保能源而在海外奔走。「培理來航」這件大大改變日本歷史的事件，背景因素其實是在工業革命下成長的美國，想設法確保能源供給無虞。

此外，培理要求日本為捕鯨船「補給煤炭」這件事，對日本的能源戰略帶來了很大的影響——為了要在函館為美方補給煤炭，北海道白糠町的釧路炭田改變了以往露天開採的做法，成為日本坑道開採煤礦的先驅，更成為煤炭開採事業擴及日本全國各地的契機。就這樣，「培理來航」也成為日本在能源戰略上的一大轉捩點。

煤炭：支持日本走向現代化與富國強兵

回顧煤炭的歷史，其實日本是自江戶時代末期起，開始使用筑豐、唐津等地開採到的煤炭。1854年簽訂《日美和親條約》後，為了在函館幫船隻補給煤炭，才開始在北海道開採煤礦。

進入明治時期（1868～1912年），由於鐵路通車，使得煤炭生產事業擴及日本全國各地，甚至還出口到上海、香港。因礦山意外頻傳，故當局訂定了

礦山安全的相關規範，也研發出毋須人力，改用機器的開採技術。這些努力使原本在1888年（明治21年）時，日本國內產量還只有200萬噸的煤炭，在1902年（明治35年）時達到了1,000萬噸。1901年日本官營的八幡製鐵所，也是在這個時期開始投產。自從官營八幡製鐵所落成之後，不只是以煤炭作為能源的輕工業興起，煉鋼、造船等行業也開始蓬勃發展。

煤炭不僅在日本國內運用，煤炭貿易也相當興盛。當年作為燃料用的煤炭，有七成仰賴進口，日本國產則占三成。國產煤炭用於工業燃料和一般船舶製造，高價的進口煤炭則是作為軍艦或煉鋼的原料。而國產煤炭則有約四成會出口到東南亞各國，自明治初期起，就已是賺取寶貴外匯的資源。

綜上所述，我們應該記住一點：常有人說「日本是缺乏資源的島國，但因民眾勤奮努力，才得以成功」，這種論述放在明治時代，其實是不對的。

圖表10-2 國產煤炭支持日本走向現代化與富國強兵

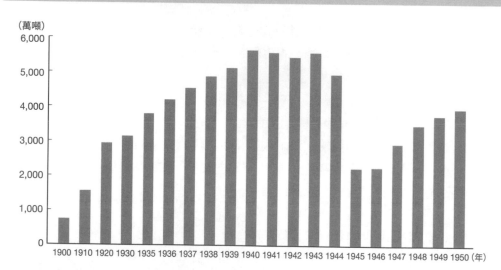

· 自從官營八幡製鐵所1901年投產之後，不只輕工業興起，煉鋼、造船等行業也開始蓬勃發展，可說是煤炭支持日本走向了現代化。日本海軍軍艦的燃料，在第一次世界大戰時從煤炭轉換為重油。到了第二次世界大戰時，石油已成為一項不可或缺的資源，但目前日本還無法自給自足石油。

（資料來源）https://www.enecho.meti.go.jp/about/whitepaper/2018html/1-1-2.html

請各位別忘了，支持日本走向現代化的，無疑正是當年「日本在煤炭這項主要能源可自給自足」。

日俄戰爭與第一次世界大戰期間的日本能源戰略

接下來，我要說明日本的戰爭史——因為當中包涵了許多探討能源戰略時，非常重要的元素。

日本艦隊在1904 ～ 1905年之間爆發的日俄戰爭當中，打敗了波羅的海艦隊的事蹟，廣為人知。當時的艦隊就是以煤炭作為動力來源。不過，在實戰時，日本艦隊用的並不是國產煤炭，而是進口英國威爾斯的卡地夫（Cardiff）煤炭。因為它的排煙量低，也就是不易排放黑煙，所以敵人不易確認船艦蹤跡，再加上它的能耗表現出色，可航行的距離更遠。

而在1914 ～ 1918年的第一次世界大戰當中，日本海軍的燃料從煤炭轉成了重油——因為以同樣重量而言，煤炭產生的熱量僅為重油的六成，而且重油不必像煤炭那樣辛苦搬運裝卸，運用效率更佳。日本海軍在預期艦艇燃料將改為重油後，便開始採購、儲備石油。1990年，日本海軍首度採購了儲備用的國產重油，數量多達3,700公噸，並於橫須賀設置了重油儲槽。

第一次世界大戰時，日本正值大正初期，每年在秋田、新潟可開採到的國內原油產量約為40萬公秉，足以支應國內需求。然而，後來民間開始出現農用發動機、漁船及工廠動力需求，家庭也有煤油爐暖氣、烹調用的煤油爐灶等多種油品運用需求，就連汽車也開始普及。因此，民間的石油消費量從年平均55萬公秉成長到60萬公秉。光靠國產原油，已不足以支應這些需求，所以日本便開始進口石油。

而這時軍艦也從燃煤專用的鍋爐，改造成油煤混燒，進入昭和時期（1926～1989年）後，又改成了重油專用的鍋爐。至於最早完工的純燃油戰艦，則是「大和」及「武藏」。然而，在太平洋戰爭（1941～1945年）期間，大正時期（1912～1926年）完工的軍艦也被派上了戰場。這是因為日本國內石油無法自給自足，軍方預期戰時可能無法確保足夠重油的緣故。第一次世界大戰（1914～1918年）後，爆發了經濟大恐慌，煤炭產量受到影響，一度大幅衰退。到了1930年代，軍需產業、海運和電力的燃煤需求，讓煤炭產量在1941年時達到了5,647萬公噸。

第二次世界大戰期間的日本能源戰略

第二次世界大戰期間，飛機的運用變得更加廣泛。戰鬥機的燃料當然不是煤炭，而是石油，於是石油便成了不可或缺的能源。然而自大正時期起，日本的石油就已無法自給自足。當時日本的石油有80％仰賴自美國進口，就連石油精煉成飛機燃料的相關技術，都要仰賴美國指點。

「仰賴進口」的能源結構，導致日本政府財政收支惡化。況且日本自日俄戰爭時期起，就因為海軍預算膨脹而壓迫到了政府的其他支出。儘管華盛頓海軍軍縮會議過後，海軍預算的膨脹狀況一度趨緩，但從甲午戰爭到太平洋戰爭結束為止，海軍預算一路增加。當時日本最具代表性的出口品是紡織品，而國家的經濟結構就是用紡織品賺來的外匯購買機器設備，打造軍艦。而戰爭開打後，又再多了「石油進口量增加」這個支出因素。

至於日本的石油進口來源國，則是以美國占大宗，依存度約80％。到了太平洋戰爭開打前的1939年，日本政府為了加強儲備，緊急進口石油，使得對美依存度飆升到90％。政府會推動大規模的石油儲備計畫，是因為除了既有的軍艦燃料需求之外，逐漸成為戰備主力的飛機也有燃料需求。

此時，這種極度仰賴美國的能源戰略，逐漸暴露出了弱點。1939年7月，美國通知將廢止《日美通商航海條約》。急於採購石油的日本，轉向印尼──它的宗主國荷蘭，在大戰中敗給了隸屬同盟國的德國──以確保石油供給，或在越南南部獲取石油。然而，到了1941年，美國宣布對日本實施石油禁運。接著太平洋戰爭全面爆發，1945年時，日本在印尼巨港等地占領的主要油田和煉油廠，石油產量都因為空襲而銳減。再加上航行路線暗號遭到破解，使得日本油輪被美國潛艦摧毀，導致石油運輸能力驟減。海軍是在開戰的兩年後，也就是1943年11月才成立海上護衛總司令部，顯然疏於對海上交通線的防衛。

在對日本本土的空襲方面，敵方也集中轟炸和石油相關的設施。第一場針對石油設施發動的轟炸，是1945年2月的日本石油橫濱製油所，之後是清水的東亞燃料（3月）、東京的日本石油（3月）、德山的第三海軍燃料廠（5月）、大竹的興亞石油、岩國陸軍燃料廠的煉油廠和儲油槽，還有宇部帝國燃料興業旗下的人造石油工廠等，以及四日市的第2海軍燃料廠（6月），都接連遇襲。這些針對石油設施的轟炸，直到日本戰敗的8月15日當天都還在

進行（秋田的日本石油）。

　　觀察當時負責擬訂能源戰略的政府機構籌設狀況，會發現在1920年，當石油被用來作為軍艦、飛機的燃料，重要性與日俱增之際，確保石油供應無虞已是日本政府最重要的課題。而當時在「海軍省」內，就已成立了軍需局，打造出整合海軍燃料問題的單一機制。不過這畢竟是僅止於海軍內部的措施，就政府整體而言，因應能源供應問題的腳步實在是慢了好幾拍。

　　1937年，日本政府將石油業務從商工省礦山局當中獨立出來，首度設置商工省燃料局，綜合統整燃料業務。當時部長、課長級的人物，都是自海軍、陸軍借調而來的，第一項任務就是要進口石油並妥善保管儲備。當時，全球主要國家都還沒有像日本這樣儲備大量石油，就某種層面而言，日本可說是全球第一個實施戰略石油儲備的國家，可惜為時已晚。

　　綜上所述，太平洋戰爭是一場「石油無法自給自足，成為關鍵要害」的戰爭。對日本而言極度重要的石油進口，竟有80%都仰賴遠方的美國，又無法在較近的東南亞確保石油供給，甚至後來更與美國淪為敵對關係，成了致命傷。因此，日本的能源戰略，從煤炭過渡到石油的這一波能源轉型（EX, Energy Transformation），在一戰到二戰這段期間可說是以失敗收場。

　　日本在能源方面，可說是對世界趨勢的掌握太慢，以致於無法搶先採取行動，最後才走向了不幸的結果。以上這些內容，當然不是為了備戰所做的說明，而是想讓各位明白：在考量一國的能源、資源和全球環境戰略之際，好好預測未來能源趨勢，至關重要。

2 日本在全球的定位

日本的初級能源供給

　　讓我們來看看日本的初級能源供給結構變化。

　　圖表10-3是日本自1950年代到2020年的初級能源供給結構變化。從圖中可以看出，煤炭一路都支撐著日本的能源供給；在石油方面，則是因為兩

次的石油危機而停止上升，最近甚至還呈現下降趨勢；天然氣則是自70年代起緩步增加，到2000年代占比已相當可觀；而核能則是在7、80年代陸續增加，到90、2000年代已有相當大的比重，不過誠如各位所知，核能自2011年起，便開始驟減；至於再生能源則是緩步成長；而水力則是持續保有一定程度的占比。

就當前2020年來看，電力來源占比為：天然氣39％、煤炭31％、太陽能7.9％、水力7.8％、石油6.4％、核能3.9％、生質能2.9％、風力0.9％、地熱0.3％。

日本政府在2021年《第六次能源基本計畫》當中，除了要在2030年做到節能之外，還宣布要將天然氣在這份能源結構中的占比大幅下修至20％，並規畫將石油大幅下修至2％、煤炭也要下修至19％；另一方面，則要將再生能源比重大幅推升至36～38％，核能20～22％。此外，在氫氣、氨氣方面，則規畫要達到1％。

圖表10-4呈現的是各主要國家的初級能源消費量比較。日本的石油占

圖表10-3 初級能源供應結構的變化

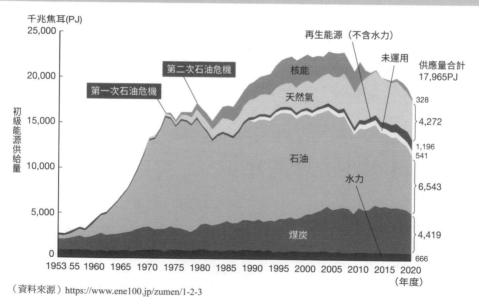

（資料來源）https://www.ene100.jp/zumen/1-2-3

比為38％，和全球、OECD或歐盟國家的差異並不大；再者，日本的天然氣消費量為22％，而OECD是29％，歐盟則是25％，其實相距不遠。

另一方面，日本的煤炭消費量為27％。儘管全球平均是27％，但OECD國家是13％，歐盟則是11％。因此就煤炭而言，儘管日本符合全球平均水準，但在先進國家當中，可說是占比特別高。而核能的2％，則比OECD的8％，或歐盟的11％來得少。

再者，日本的水力比重為4％，OECD國家為6％，歐盟則是5％，這個部分沒有太大差異；至於再生能源的7％，和OECD的8％相比，並沒有太大差別，但相較於歐盟的13％，就顯得偏少。

綜上所述，相較於OECD和歐盟，日本的煤炭消費量偏多，再生能源則

圖表10-4　全球主要國家初級能源消費量（2020年）

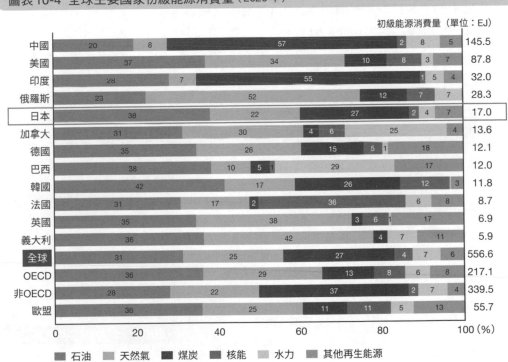

初級能源消費量（單位：EJ）

	石油	天然氣	煤炭	核能	水力	其他再生能源	合計
中國	20	8	57	2	8	5	145.5
美國	37	34	10	8	3	7	87.8
印度	28	7	55	1	5	4	32.0
俄羅斯	23	52	12	7	7		28.3
日本	38	22	27	2	4	7	17.0
加拿大	31	30	4	6	25	4	13.6
德國	35	26	15	5	1	18	12.1
巴西	38	10	5	1	29	17	12.0
韓國	42	17	26	12	3		11.8
法國	31	17	2	36	6	8	8.7
英國	35	38	3	6	1	17	6.9
義大利	36	42	4	7	11		5.9
全球	31	25	27	4	7	6	556.6
OECD	36	29	13	8	6	8	217.1
非OECD	28	22	37	2	7	4	339.5
歐盟	36	25	11	11	5	13	55.7

■ 石油　　■ 天然氣　　■ 煤炭　　■ 核能　　■ 水力　　■ 其他再生能源

（註）合計數字可能因四捨五入而有些微落差。
1EJ（1艾焦耳＝1018J）約相當於2,580萬公秉原油所產生的熱能。
（資料來源）BP統計2021

是稍微遜色。

在G7當中,各國的煤炭消費量占比分別是:美國10%、加拿大4%、法國2%、英國3%、義大利4%,德國則有15%。只要這些國家更進一步朝下調煤炭占比的方向轉型,那麼日本的27%,在G7當中就是獨占鰲頭、遙遙領先,屆時日本的處境,說不定會變得相當為難。

日本面臨的地緣政治風險

日本的咽喉點風險極高。近來,日本自美國進口液化天然氣的比重,逐漸攀升。而進口之際,航線必定會通過巴拿馬運河。再者,從中東進口石油或大然氣時,途中也會經過荷莫茲海峽、麻六甲海峽;若自澳洲進口,基本上就不會有任何咽喉點風險。綜上所述,從穩定確保能源供給的觀點而言,日本從平時就要特別關注荷莫茲海峽、麻六甲海峽及巴拿馬運河的狀況。尤其日本的能源自給率僅有11%,在G7當中已敬陪末座。而在天然氣和煤炭方面,對俄羅斯的依存度也偏高。

這裡我們要再來確認日本在地緣政治上的位置。與日本隔海相望的鄰國當中,有著不屬於西方陣營的擁核國——俄羅斯、中國和北韓。而且日本不

圖表10-5 日本的咽喉點風險

咽喉點占比(%)

	2000年代	2015年	2018年
法國	71.8	65.5	62.7
德國	45.0	58.4	55.8
英國	12.7	8.5	11.1
美國	48.3	42.5	29.3
中國	142.5	149.6	151.2
日本	177.3	167.6	180.2
韓國	163.6	175.8	171.4

地圖標示:Danish straits、土耳其海峽、蘇伊士運河、荷莫茲海峽、曼德海峽、麻六甲海峽、好望角、巴拿馬運河

・咽喉點:重要航線集中的地點

(資料來源)根據國際能源總署(IEA)〈Oil information 2020 data base〉、中國進口統計資料編製。

像歐洲的「英國和挪威」、「德國和法國」，或是「美國和加拿大」那樣，和鄰國之間有管線或輸電網相連。換言之，日本所處的狀態，就是附近根本沒有任何「可望較穩定供給的能源供應國」。

3 石油

接著再來說明石油的狀況。

日本的原油進口來源有88.3％都來自中東，對中東的依存度相當高。從沙烏地阿拉伯、阿拉伯聯合大公國、卡達、科威特、伊朗、巴林、阿曼、伊拉克等國進口的原油很多，甚至從俄羅斯進口的原油也有4％。

圖表10-6　日本的原油進口來源國（對中東依存度88.3%）

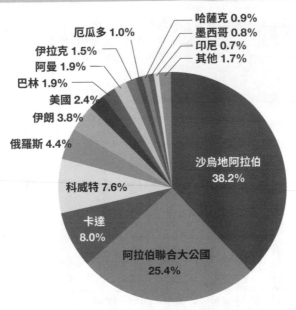

哈薩克 0.9%
墨西哥 0.8%
印尼 0.7%
其他 1.7%
厄瓜多 1.0%
伊拉克 1.5%
阿曼 1.9%
巴林 1.9%
美國 2.4%
伊朗 3.8%
俄羅斯 4.4%
科威特 7.6%
卡達 8.0%
沙烏地阿拉伯 38.2%
阿拉伯聯合大公國 25.4%

（資料來源）經濟產業省「資源、能源統計年報」2018年資料

擴大自主開發

圖表10-7是日本自主開發石油、天然氣的交易量，與國內油氣產量的圖表。所謂的自主開發石油、天然氣，指的是日本在國外參與開發的原油、天然氣，在實際開採後的進口量。將這些自主開發的石油、天然氣，和日本國內的油、氣產量加總起來，就可視為是日本可穩定確保的能源數量。

目前日本已參與開發的油田，包括INPEX公司（舊稱為「國際石油開發帝石」）在阿拉伯聯合大公國阿布達比開發的海上油田——紮庫姆油田，以及由包含「薩哈林石油天然氣開發股份有限公司」（SODECO）在內的多國聯盟投入開發、隸屬於薩哈林1號專案的柴沃（Chaivo）油氣田開發等。

綜上所述，由於日本企業的努力，使得日本的自主開發比例不斷攀升，目前已突破整體的40％。這是個令人放心的消息。而自主開發的主力，就是「INPEX」這家公司，總公司位在東京，是由國際石油開發（INPEX CORPORATION）和帝國石油（Teikoku Oil）整併後所成立，目前從事石油開發，亦於澳洲開發石油和天然氣。

圖表 10-7　日本自主開發石油、天然氣概況

（資料來源）https://www.globalnote.jp/p-cotime/?dno=2020&c_code=392&post_no=3222

石油儲備充分

接著再來看看日本在石油儲備、儲藏量方面的狀況。

日本自1973年以來，就透過民間儲備、國家儲備和產油國共同儲備等形式，來增加石油儲備量。目前，日本有相當於145天國內消費量的國家儲備，90天的民間儲備，以及6天的產油國共同儲備，合計儲備241天份的用量。

以往，日本其實不曾釋出過這些原油儲備。然而，2021年11月日本決定跟隨美國的腳步，售出部分國家儲備量。對日本而言，這可是自1978年啟動國家儲備制度以來，首度決定釋出。這個決定牽涉諸多因素，包括歐洲因風力不足導致風電減少，北溪2號暫緩使用，疫後經濟復甦、需求增加，OPEC＋不願增產，以及歐洲嚴寒冬季來襲，導致天然氣和石油短缺等。如此一來，這就不再只是歐洲的問題，而是全球能源價格都會連帶上漲。因此美國不能坐視不管，日本則選擇與美國同進退，決定賣出儲備石油。

再者，為了因應俄羅斯出兵烏克蘭後，能源價格上漲加劇的情況，國際能源署會員國在2022年4月7日經協調後，決定釋出石油。當時日本釋出了1,500萬桶原油。

綜上所述，即使是從能源安全保障的觀點來看，儲備也非常重要。例如在俄烏戰爭開打後，在能源方面出現「去俄化」這項安全保障上的需求時，供需就會變得吃緊。此時，「釋出儲備量」這個選項，可作為情勢動盪時的備案，故具備相當重要的功能。

INPEX公司（舊稱為「國際石油開發帝石」）

- 總公司位在東京。
- 2006年4月，由「國際石油開發」和「帝國石油」整併後所成立。
- 經營石油、天然氣與其他礦物資源之調查、探勘、開發、生產、銷售及該事業附帶之相關事業，並對經營該等事業之企業進行投、融資。
- 營業額（2021年）1兆2,443億6,900萬日圓。
- 員工人數約3,182人。
- 淨利（2021年）2,330億4,800萬日圓。

日本對國際釋出原油儲備

· 2021年11月，日本決定跟隨美國的腳步，售出石油國家儲備量的一部分（約420萬桶，2～3天份）。

　→對日本而言，這可是自1978年啟動國家儲備制度以來，首度決定釋出。

　→因應歐洲風力不足，北溪2號暫緩使用，疫後經濟復甦、需求增加，OPEC＋不願增產，以及嚴寒冬季來襲。

· 2022年4月7日，國際能源署會員國在經協調後，決定釋出石油儲備（國家、民間儲備），當時日本釋出了1,500萬桶（約240萬公秉）原油。

---

4 液化天然氣

　　接下來要說明的是液化天然氣。

　　首先請看圖表10-8，也就是日本天然氣的進口來源國結構。澳洲占37％、馬來西亞12％、卡達12％、俄羅斯8％、印尼6％、阿拉伯聯合大公國6％、汶萊5％、巴布亞紐幾內亞4％、美國4％、阿曼3％。對中東依存度為21％，澳洲＋東南亞國協則為64％。就能源安全保障的角度來說，天然氣遠比石油來得安全許多。

　　此外，日本對俄羅斯的天然氣依存度為8％，目前正與俄羅斯合作，共同開發「薩哈林」這個位在日本附近的天然氣田。如何讓這個專案持續進行下去，並和鄰國俄羅斯打好關係，想必至關重要。再者，美國的進口占比為4％，可見原為能源進口國的美國，如今已搖身變成了能源出口國。

積極參與外國的液化天然氣開發

　　日本企業也參與了自美國進口的液化天然氣開發。在路易斯安那州的卡麥隆專案當中，美國將原本的進口基地轉為出口基地，並由桑普拉（Sempra）能源公司與三井物產、三菱商事及日本郵船等企業共同合作，經營液化天然氣事業，並銷往海外；此外，在德州的「自由港」這個地方，則是由自由港

公司和JERA、大阪天然氣公司共同推動事業發展，並將天然氣銷往海外。

　　附帶一提，這項自由港專案占美國液化天然氣出口量的20％，各界都期待它能成為全球推動去俄化的一張王牌。不過，2002年6月，自由港液化天然氣生產據點發生了一場火災，要到2023年春季才能恢復運作。這對急於擺脫俄羅斯的歐洲而言，無疑是一大打擊。

　　再者，日本對俄羅斯的依存度是8％。而普丁總統為推動薩哈林2號的國有化，竟在2022年6月30日簽署了一份總統令，下令要求其他股東——也就是三菱商事、三井物產，必須無償轉讓股權，掀起了一陣混亂。此外，俄羅斯針對伊藤忠商事、石油資源開發、丸紅等日商企業持股的薩哈林1號，也採取了相同的措施。有人認為這是俄羅斯對於日本加入經濟制裁的行列，所採取的報復手段。薩哈林1號、2號的液化天然氣開發案，如今山雨欲來，也成了日本依賴俄羅斯的一記警訊。所幸經過談判後，薩哈林1號、2號的股權目前都維持不變。

　　日本企業在俄羅斯還有一項大型液化天然氣專案，那就是北極液化天然氣2號（Arctic LNG - 2）專案。日本三井物產和日本能源金屬礦物資源機構

圖表10-8　日本的天然氣進口來源國（對中東依存度21％，對澳洲及東南亞國協則為64％）

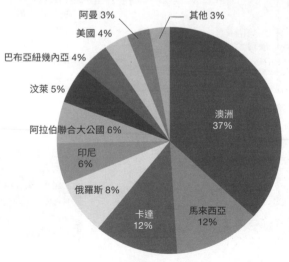

（資料來源）財務省「日本貿易統計」2018年資料

（JOGMEC）合資成立的公司，與法國、中國企業共同參與的這個專案，各界看好它可自2023年開始投產（編注：受到俄烏戰爭下的西方制裁影響，外國股東已暫停參與俄羅斯北極液化天然氣2號專案）。

日本是液化天然氣進口大國

　　放眼全球，其實日本堪稱為液化天然氣大國。從圖表10-10就可以看出，從北海道至沖繩，全國各地都有進口接收基地，就連瀨戶內海也不例外。這在全球各國當中非常罕見。一般而言，天然氣都是透過管線，從大型據點供氣給國內各地使用。不過，日本國內的天然氣管線只鋪設在「東京—新潟」和「新潟—仙台」之間，並沒有一套足以串聯日本列島各地的天然氣管線。不過相對的，日本很多港口都設有液化天然氣的接收基地。儘管打造

圖表 10-9 庫頁島外海的石油、天然氣開發專案

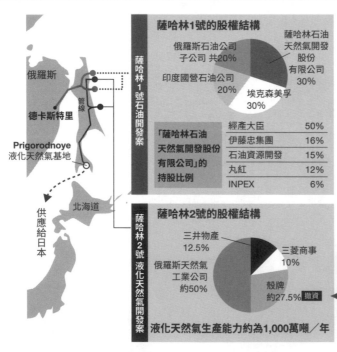

（資料來源）JOGMEC、經濟產業省
照井裕子（2022年3月2日）

圖表10-10 日本液化天然氣基地與主要管線網絡

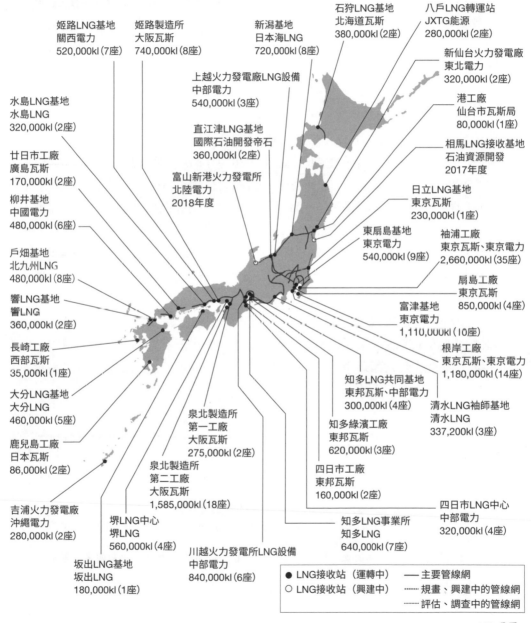

姬路LNG基地
關西電力
520,000kl（7座）

姬路製造所
大阪瓦斯
740,000kl（8座）

新潟基地
日本海LNG
720,000kl（8座）

石狩LNG基地
北海道瓦斯
380,000kl（2座）

八戶LNG轉運站
JXTG能源
280,000kl（2座）

新仙台火力發電廠
東北電力
320,000kl（2座）

上越火力發電廠LNG設備
中部電力
540,000kl（3座）

水島LNG基地
水島LNG
320,000kl（2座）

港工廠
仙台市瓦斯局
80,000kl（1座）

直江津LNG基地
國際石油開發帝石
360,000kl（2座）

相馬LNG接收基地
石油資源開發
2017年度

廿日市工廠
廣島瓦斯
170,000kl（2座）

富山新港火力發電所
北陸電力
2018年度

日立LNG基地
東京瓦斯
230,000kl（1座）

柳井基地
中國電力
480,000kl（6座）

東扇島基地
東京電力
540,000kl（9座）

袖浦工廠
東京瓦斯、東京電力
2,660,000kl（35座）

戶畑基地
北九州LNG
480,000kl（8座）

扇島工廠
東京瓦斯
850,000kl（4座）

響LNG基地
響LNG
360,000kl（2座）

富津基地
東京電力
1,110,000kl（10座）

長崎工廠
西部瓦斯
35,000kl（1座）

根岸工廠
東京瓦斯、東京電力
1,180,000kl（14座）

大分LNG基地
大分LNG
460,000kl（5座）

知多LNG共同基地
東邦瓦斯、中部電力
300,000kl（4座）

清水LNG袖師基地
清水LNG
337,200kl（3座）

鹿兒島工廠
日本瓦斯
86,000kl（2座）

泉北製造所
第一工廠
大阪瓦斯
275,000kl（2座）

知多綠濱工廠
東邦瓦斯
620,000kl（3座）

泉北製造所
第二工廠
大阪瓦斯
1,585,000kl（18座）

四日市工廠
東邦瓦斯
160,000kl（2座）

四日市LNG中心
中部電力
320,000kl（4座）

吉浦火力發電廠
沖繩電力
280,000kl（2座）

堺LNG中心
堺LNG
560,000kl（4座）

川越火力發電所LNG設備
中部電力
840,000kl（6座）

知多LNG事業所
知多LNG
640,000kl（7座）

坂出LNG基地
坂出LNG
180,000kl（1座）

● LNG接收站（運轉中）　　—— 主要管線網
○ LNG接收站（興建中）　　┈┈ 規畫、興建中的管線網
　　　　　　　　　　　　　　┈┈ 評估、調查中的管線網

* kl=公秉

（資料來源）https://www.meti.go.jp/meti_lib/report/H30FY/000716.pdf

這樣的接收基地，成本相當高昂，但日本已經妥善做好相關準備。

　　日本的液化天然氣進口業務是由捷熱能源（JERA）公司主導。它是由東京電力和中部電力公司出資成立，和這兩家企業共同經營電力及天然氣事業。在液化天然氣的進口方面，想必日後JERA所占的比重，還會持續增加。

　　不過話說回來，其實液化天然氣進口量增加的國家，並不是只有日本。從1990～2021年全球的液化天然氣交易量大幅成長。1990年時，全球的液化天然氣進口量為74.4bcm（bcm＝十億立方公尺），其中日本為53.3bcm，遙遙領先法國和西班牙，橫掃七成以上占比。2000年時韓國崛起，在全球總進口量141.3bcm當中，日本進口的80bcm，占比已跌到56.6％；到了2010年時，不只韓國，連台灣、西班牙、土耳其、印度和中國等也都急起直追，在總進口量289.2bcm當中，日本的104.2bcm，占比更降到了36％。進入2021年之後，日本被進口量劇增的中國超車，落入全球第2名，再加上印度、韓國和台灣的進口量也都有增長，於是日本的占比便成了22.4％（占總量424.2bcm當中的95bcm）。

　　至於在液化天然氣的出口方面，則是有卡達和澳洲這兩大台柱，緊追在後的是美國、俄羅斯和馬來西亞。觀察這些出口大國的出口對象，有日本、中國、韓國及台灣等東亞各國，再加上印度。這些進口國的特色，就是液化

捷熱能源（JERA）

· 總公司位在東京。
· 2015年4月，由東京電力公司和中部電力公司共同出資成立。
· 目標是要整合從燃料的上游階段、採購到發電，還有電力、天然氣的銷售等一連串的價值鏈，創造出能在全球市場爭霸的能源企業。
· 跨足電力、瓦斯、熱供應事業、能源基礎資源開發、開採、加工、銷售與運送等領域。
· 營收（2020年）2兆9,143億8,500萬日圓。
· 員工人數約4,900人。
· 淨利（2020年）1,134億7,200萬日圓。

天然氣的進口量很高。

　　受到俄烏戰爭的影響，想必後續包括高舉「去俄化」大旗的德國在內，歐洲各國將擴大進口液化天然氣；尤其已處於緊急狀況的德國，一定會提高進口占比。請各位務必記得考慮一件事：當歐洲各國擴大進口液化天然氣之後，對價格所造成的影響，勢必也會波及日本。

液化天然氣儲備

　　前面我們介紹了石油的國家儲備和民間儲備，那麼日本目前的液化天然氣儲備，狀況如何呢？事實上，目前日本尚無相關的強制儲備規範。

　　德國在2022年5月時，考量到俄羅斯出兵烏克蘭的局勢，施行了《天然氣儲備法》——也就是在烏克蘭情勢緊張，與德國高度仰賴俄羅斯產天然氣的背景因素下，德國要求國內的天然氣儲存設施營運商必須符合應達填充率規範。

　　2022年10月1日，德國政府要求填充到全年消費量的80％，11月1日則預計要提高到90％。而整個冬季就使用這些存量，所以到了2023年2月1日時，儲存量又會降到40％，這是為了度過歐洲嚴寒冬季所做的準備。德國當局就是打算要將2022年夏季當作天然氣填充期，不過這種做法，終究只是一時的權宜之計。厚植儲蓄量、儲存量方面的實力，我想應該不只是德國，更是日後歐洲各國的一項趨勢。

　　至於日本的液化天然氣，目前主要多是向澳洲等低風險國家進口。然而，政府仍要考慮萬一發生危機時的狀況，建立一套在緊急時也能因應所需的機制，例如創設業者間融通用的額度，以及擬訂在亞洲的液化天然氣安全強化措施等。

5 煤炭

接下來說明煤炭的狀況。

目前，日本的進口煤炭有7成都是來自澳洲；此外，來自印尼的進口量則占了11％。等於澳洲和印尼相加，就已突破8成。從這兩國進口，一方面它們在政治上和日本是邦交國，再加上運送距離短，咽喉點風險也低，所以在安全保障方面可以放心。儘管來自俄羅斯的進口量占11％，但一般認為這還不到需要特別留意的程度。

煤炭依存度在先進國家中偏高

日本經濟產業省於2021年所公布的《第六次能源基本計畫》當中提到，要在2030年之前，將煤炭在電力來源結構的比重，從2019年的32％調降到約19％。相較於其他先進國家，這個數值水準偏高，在「因應地球暖化問題」的層面上，確有可議之處。不過，從能源基本計畫中仍可看出：就整體能源的安全性、經濟性而言，政府認為日本還是需要煤炭。

因此，日本政府對於COP26氣候峰會上，大會主席在一開始提出的協議草案中，所使用的「加速逐步廢止（燃煤發電）」這段描述，日本並未表達支持。後來這段描述也沒有獲得高度仰賴煤炭的國家支持，修改到第三次，才調整為較和緩的「加速努力廢止」。原本就對淘汰燃煤火力發電態度消極的日本，到了這個階段，才表態支持主席提出的方案。

最後，由於印度和中國提案，要求將「廢止」這個措詞改為「減量」，引發國土恐因海面上升而面臨淹沒危機的馬紹爾群島等國強烈反彈，不過「廢止」一詞最終還是遭到刪除。然而，日本不應認為這次有印度和中國出面抗議，是日本走運，而是要扶植能走向全球趨勢前線的產業，為減少燃煤火力發電，甚至是中長期的淘汰燃煤發電預作準備。再者，政府也需要保持彈性，讓國家在遇到戰亂時仍可運用燃煤發電。

日本作為G7當中唯一一個煤炭依存度偏高的國家，在G7的會議場合，立場總是很尷尬。

圖表10-11 日本的煤炭進口來源國（自澳洲進口，不仰賴中東）

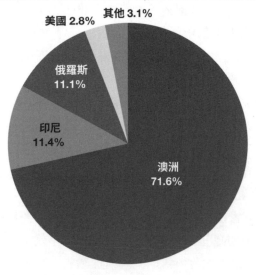

美國 2.8%
其他 3.1%
俄羅斯
11.1%
印尼
11.4%
澳洲
71.6%

（資料來源）財務省「日本貿易統計」2018年資料

日本在COP26氣候峰會中的立場

· 日本在燃煤火力發電方面的動向
大會主席所提出的草案中，使用的描述是「加速逐步廢止（燃煤發電）」。
→日本並未表達支持
高度仰賴煤炭的國家不支持這段描述。
修改到第三次，大會才將草案調整為「加速努力廢止」。原本就對淘汰燃煤火力發電
態度消極的日本，到了這個階段，才表態支持主席提出的方案。

不過，這項草案並沒有就此拍板定案。
印度和中國在草案即將通過之際，提案要求將「廢止」這個措詞改為「減量」，引發國
土恐因海面上升而面臨淹沒危機的馬紹爾群島等國強烈反彈。
最終「廢止」一詞還是沒有出現在正式文件上。

日本對於淘汰燃煤火力發電的態度非常消極。

　比方說，在2022年5月召開的「氣候、能源及環境部長會議」上，就發生這樣的案例：會中，與會者提議了幾個聯合聲明的主軸，包括「各國針對燃煤發電尚未提出環保對策，最終應逐步淘汰」、「2035年之前，要讓絕大部分的電力部門脫碳」。也就是說，各國的討論是隨即朝向「淘汰燃煤火力發電廠」的方向，一路發展下去。

　於是，德國便與各國商議「2030年去煤」的可行性。英國、法國、義大利和加拿大都表示贊成──英、法、義幾已不必仰賴煤炭，贊成此案易如反掌；加拿大對煤炭的依存度稍高，但也表態贊成。而美國國內早已提出要在2035年之前，達到電力部門脫碳的政策，故打算在將「2030年」修改為「2030年代」後，與德國妥協。

　而日本經濟產業省提出的計畫，是要在2030年將燃煤發電減至總發電的兩成。2030年還有兩成的燃煤發電，要在「2030年代」就全面汰除，難度實在太高。於是日本籲請大會，包括美國所提議的「2030年代」在內，整段文字全數刪除。結果導致各國在這場會議上，對「去煤」議題相持不下。從這個故事當中，就能很清楚地了解日本當時在G7的處境有多麼孤立。

　不過，後來由於俄烏戰爭爆發，帶頭提議「去煤」的德國也跟著態度丕

G7與日本在脫碳問題上相持不下

‧2022年5月，G7舉辦「氣候、能源及環境部長會議」。

‧會議中聯合聲明的主軸→「各國針對燃煤發電尚未提出環保對策，最終應逐步淘汰」和「2035年之前，要讓絕大部分的電力部門脫碳」。

‧討論淘汰燃煤火力發電廠。

‧德國：與各國商議「2030年去煤」的可行性。
英國、法國、義大利和加拿大都表示贊成。

‧美國：國內早已提出要在2035年之前達到電力部門脫碳，故與德國商議將用詞調整為「2030年代」。

‧日本：日本設定的方針是在2030年時，電力能源結構當中還有兩成的要仰賴燃煤發電，故籲請大會，將包括美國所提議的「2030年代」在內，整段文字刪除。

變，決定為燃煤續命，不淘汰燃煤發電。

　　圖表10-12是二氧化碳排放量的全球排行。日本排名第5，中國則是遙遙領先，獨占鰲頭。美國的碳排量相當於中國的一半，印度則相當於美國的一半。請各位依這樣的碳排量比例，記住第1、2、3名分別是中國、美國和印度。而第4名則是俄羅斯、第5名是日本，第6名則是德國。

　　附帶一提，第1名的中國和第3名的印度，煤炭在電力來源當中的比重都占了五成以上，而這也反映在它們的二氧化碳排放量的多寡上。日本的燃煤火力發電廠運轉效率極佳，因此二氧化碳排放量已經比一般燃煤發電廠節制許多。這樣的日本，將如何降低二氧化碳排放量？備受各界關注。

「碳捕存」和「碳捕捉、封存、再利用技術」

　　目前已有「碳捕存」（CCS）和「碳捕捉、封存、再利用技術」（CCUS）等回收、封存二氧化碳的技術。CCS是「Carbon-dioxide Capture and Storage」的縮寫，指的是捕捉、封存二氧化碳的技術；CCUS則是「Carbon-dioxide Capture, Utilization and Storage」的縮寫，是將分離、封存過後的二氧化碳拿來運用的技術。

圖表10-12　各國二氧化碳排放量（2018年）

排名	國名	排放量（億噸）
1	中國	95.708
2	美國	49.211
3	印度	23.078
4	俄羅斯	15.870
5	日本	10.807
6	德國	6.961
7	韓國	6.058
8	伊朗	5.796
9	加拿大	5.652
10	印尼	5.429

（資料來源）日本外務省

綜上所述，為了降低二氧化碳排放量，人類已開始將二氧化碳埋入地下。所謂的碳捕存，主要是捕捉、回收煉油廠、發電廠和化工廠所排放的二氧化碳，再將它們埋入土裡的概念。為妥善封存這些二氧化碳，需要將它們灌入很深的地底。而且用來封存的地層，上方要有蓋層，否則再怎麼灌，二氧化碳都還是會外洩到地表。因此，選擇合適的地點封存，至關重要。就這個角度而言，功成身退的油田、天然氣田，基本上都會有儲集層和蓋層，故可灌入不再使用的化石燃料地層。

澳洲的二氧化碳地下封存專案，就是CCS作業的一環，捷熱能源、東京瓦斯和INPEX公司都已表態參與，將與澳洲的桑托斯（Santos Ltd）公司合作推動本案。屆時除了會將生產液化天然氣時所產生的二氧化碳埋入地下之外，也評估將日本製造的二氧化碳海運到當地去處理。全案預計自2026年啟動，投資規模最高可達1,000億日圓。

圖表10-13 二氧化碳捕捉、封存（CCS）

・所謂的「碳捕存」，是將發電廠或化工廠等處所排出的二氧化碳，從其他氣體中分離出來捕集回收，再灌入地下深處封存的一種做法。
・要灌入、封存在有蓋層和儲集層的地下。
・「CCS」是「Carbon-dioxide Capture and Storage」的縮寫。

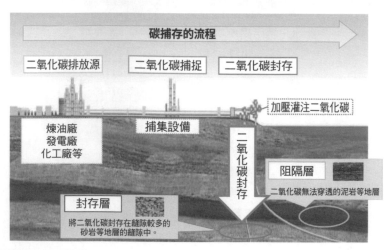

（資料來源）日本資源能源廳

6 核能發電

接著再來看看核能發電。

日本最早的一座商用核電廠，是在1966年於茨城縣東海村正式啟用。同一時期，在1954年有蘇聯的奧布寧斯克（Obninsk）核電廠，1956年有英國的科爾德霍爾（Calder Hall）核電廠、1957年則有美國的西濱堡（Shipping Port）核電廠，1961年還有西德的卡爾（Kahl）核電廠，1964年有法國的希農（Chinon）核電廠等，是個全球都在為核電廠商轉而奔走的年代。

若以10年為單位來細數日本核電廠的數量，就可發現70年代3座反應爐、80年代了21座，90年代39座，2000年代51座，到了2010年更增加到了54座。這個數量僅次於擁有104座反應爐的美國，以及59座反應爐的法國，躋身全球第3，可說是全球數一數二的核電大國。

福島第一核電廠的事故和影響

然而，日本竟發生了311大地震，以及福島第一核電廠的事故。這場發生在2011年3月的事故，堪稱是全球核能史上最嚴重的事故，是國際核能事件分級表（INES）上的第7級災變。當時核電廠被高13公尺的海嘯重創，1號機到4號機全都失去電源供應，無法冷卻核燃料。地震後隔天，先是1號機廠房爆炸，接著3、4號機廠房也陸續爆炸。1號機到3號機的反應爐內，一般認為應該是發生了爐心熔毀（meltdown）。因為這場核災，日本暫停了國內所有核電廠的運轉。

受到311大地震當中的福島第一核電廠事故影響，德國於2011年修訂核能法，宣布要在2022年底前，完成國內現有核電廠共17座核子反應爐的停機作業。結果在2021年底前已完成14座反應爐停機，還剩下3座。

德國在311大地震10週年之際，也就是2021年3月11日，公布了一份「為走向廢核的12項計畫」，企圖對其他國家也造成一些影響。計畫中包括了4項針對歐洲國內、5項針對歐洲規模，以及3項針對全球規模，合計共12項為走向廢核所擬訂的計畫。德國也宣布將在國內加速擴大使用再生能

圖表10-14　日本311大地震（福島第一核能發電廠事故）

· 2011年3月，日本311大地震所引發的海嘯，使得福島第一核電廠爆發全球核能史上最嚴重的事故。
（相當於國際核能事件分級表上的第7級災變）
· 核電廠被高13公尺的海嘯重創，1號機到4號機全都失去電源供應，無法冷卻核燃料。
地震後隔天，先是1號機廠房爆炸，接著3、4號機廠房也陸續爆炸。
· 1號機到3號機的反應爐內，一般認為應該發生爐心熔毀。

（資料來源）日本東京新聞

源，並宣示將盡速從核能、煤炭改換為風力和太陽能的政策方針。

就這樣，日本的核電廠事故對德國造成了相當大的震撼。不過，正如序章和第3章所述，在俄烏戰爭爆發後，情況又出現了極大的反轉。

此外，福島第一核電廠的事故也大大地撼動了義大利。義大利在1960年代時，設有3座核子反應爐。到了1973年爆發石油危機時，原本打算加速發展核電，卻因為車諾比核災的影響，在核災事件隔年（1987年）舉行公投，決定不再發展核電。此後，義大利就不再有任何現役或興建中的核電廠了。

然而，2008年上台執政的西爾維奧·貝魯斯柯尼（Silvio Berlusconi）政府，卻通過了一項法案要重啟核電，以兼顧電力的穩定供給和經濟效率。不過，2011年福島第一核電廠發生事故後，義大利又再次舉行公投，有94％的民眾都對重啟核電投下了反對票。因此，義大利便重新擬訂一套沒有核電的國家能源戰略。

綜上所述，日本的核災事故，對德國、義大利都造成了極大的震撼。我們當然也要以此事件為基礎，來探討日本的核電。

俄烏戰爭後的核電新趨勢

圖表10-15是日本核電的現況。

2022年2月時，日本的現役核子反應爐還有10座，分別是關西電力公

司轄下的大飯核電廠3、4號機，高濱核電廠3、4號機，美濱3號機，九州電力的川內核電廠1、2號機，玄海核電廠3、4號機，以及四國電力的伊方核電廠3號機，主要集中在西日本。此外，還有7座反應爐雖已符合最新規範標準，但目前尚未商轉的核子反應爐，包括東京電力轄下的柏崎刈羽核電廠有2座，關西電力轄下的高濱核電廠有2座，中國電力轄下的島根核電廠有一座，還有東北電力轄下的女川發電廠有1座，以及茨城的日本原電東海第二發電廠裡有1座。另外，審核中的反應爐也有10座。至於已決定除役的反應爐則有24座，在圖上都有「⊠」的標記。而目前暫時停機的反應爐，則以「■■■」標示。

　　日本在歷經311大地震之後，有必要讓全世界看到全新的核電廠營運形態，也有義務傳遞「全世界都不會再經歷同樣的核災」這個訊息。因此，除了核電設備的性能、設置地點要夠好，確保參與核電的人才更是至關重要。

圖表10-15 日本核電廠的現況（2022年2月資訊）

- ■ 重啟運轉：10座（含歲修機組）
- ■ 符合最新規範標準：7座
- ⊠ 除役：24座
- ■ 停機中（含以新基準審核中之機組）
- ⊕40 機齡超過40年

泊　北海道電力　■■■
柏崎刈羽　東京電力　■■■■■■■
志賀　北陸電力　■■
敦賀　日本原電　⊠■
東通　東北電力　■
女川　東北電力　⊠■■
美濱　關西電力　⊠⊠■
大飯　關西電力　⊠⊠■■
高濱　關西電力　⊠⊠■■
福島第一　東京電力　⊠⊠⊠⊠⊠⊠
島根　中國電力　⊠■
福島第二　東京電力　⊠⊠⊠⊠
玄海　九州電力　⊠⊠⊠■
東海・東海第二　日本原電　⊠■
川內　九州電力　■■
濱岡　中部電力　⊠⊠■■■
伊方　四國電力　⊠⊠■

（資料來源）日本經濟產業省

目前核電機組的保修人員由於高齡化等因素，未來恐將面臨人力短缺的隱憂，而大學裡的核能科系更是逐漸減少。還有，核電廠固然要為愈來愈頻繁、猛烈的天災預作準備，但在看到俄羅斯出兵烏克蘭之後，不難發現核電廠的國防、恐攻因應，也是優先順序極高的重點事項。況且時下的網路恐攻日趨複雜，高明的手法愈來愈多，核電廠也需要做好相關因應措施。

觀察全球的核電發展趨勢，就會發現在《格拉斯哥氣候協議》和俄烏戰爭的基礎之上，已經發展出了新趨勢。

首先是法國和英國，他們公布的氣候變遷因應方案都是以核電為主軸。法國是在2021年11月9日時，馬克宏總統在格拉斯哥氣候峰會前夕，宣布將以發展再生能源和重啟核電，作為法國面對氣候變遷的因應之道。到了2022年2月，法國公布了更具體的內容，就是要在2050年之前興建6座核子反應爐，並於30年之內擺脫對化石燃料的依賴，成為全球主要國家當中的先驅。法國要成為因應氣候變遷的楷模，同時也要以核電為主軸，強化能源自主，還要發展核電產業。

英國則是在2022年5月時，由時任首相的強生（Boris Johnson）公布了一份考量過俄烏戰爭情勢的氣候變遷因應對策，包括要在2030年前新建最多8座核子反應爐，還要在2050年之前將核能發電量提升到現行的三倍以上，也就是增加到最多24GW。如此一來，最多就可支應英國約25％的用電需求。

至於德國的廢核政策，則是在俄烏戰爭爆發後，選擇以「去俄化」政策為優先，於是便急轉直下，決定讓僅存的3座核子反應爐延役。這種驟然轉換的態度，引起了周邊國家的一片撻伐。

2022年8月，日本政府為克服眼前電力供需吃緊的危機，決定不只是當年度的冬天，還要在今後數年之間，確保已重啟的10座核子反應爐運轉無虞，並讓已取得設置許可的反應爐機組重啟。日本當局甚至還宣布，要將現有核電廠運用到極致，包括在確保安全無虞的前提下，讓核電廠延役等；同時研發、興建搭載全新安全機制的次世代革新爐等方針。

今後，日本要考量俄羅斯札波羅熱（Zaporizhzhia）核電廠在俄烏戰爭中遭到攻擊的國際情勢，更要從科學角度反省福島第一核電廠災變的經驗，採取相關對策，以避免重蹈覆轍。為此，日本近年來已在推動跨部會聯繫，也就

是防衛省、警察廳、國土交通省、厚生勞働省、內閣府等部會之間更密切地合作。再者，這些核災預防措施，應該像瑞典一樣公開和民眾共享資訊。

此外，若從更宏觀的觀點來思考，其實恐怖攻擊的因應之道，不只有核電廠應該研擬，其他所有電廠、輸電線、石油和天然氣方面的設施也很重要。因應之道包括：確保充足的發電量，讓萬一部分發電廠發生事故時，國家仍能勉強撐過難關；或是大手筆建置完善輸電線，也是一種因應方式。另一方面，在積極發展再生能源的歐洲，電力公司經營不善的消息，時有所聞。因此，如果日本要更積極地發展再生能源，那麼維持一個「不會對電力公司安全管理造成影響」的運作體制，至關重要。

7 再生能源

接下來要說明的是再生能源。

目前，日本的再生能源發電占比為22.32％。其中生質能占4.1％，太陽能占9.3％，水力占7.8％，風力0.9％，地熱則是0.3％。儘管煤炭、液化天然氣仍占多數，但在經濟產業省2021年公布的一份基本計畫當中，已宣布在2030年之前，要讓再生能源的發電量倍增。

接著，再看看自然能源（指從自然現象中獲得的能源，如太陽能、地熱、風力和潮汐能）在2014～2021年發電量當中的占比變化。水力的發電量大致固定，但太陽能就顯著增加，生質能也有成長。其實日本的太陽能發電量，即使放眼全球，也能名列第3。至於風力發電則是在進入2020年代後，占比才逐漸上升。後續風力發電究竟能發展到什麼地步，教人充滿期待。

躉購制度讓太陽能發電在日本成長

太陽能發電量在日本成長的背景因素，在於2021年導入的固定價格躉購制度（FIT）。這項制度，是政府強制要求電力公司必須以事先訂定的價格，收購再生能源設備所創造的電力。德國當年導入躉購制度後，運作得相當成功，也達到了政策目的，因此目前已經廢止。

圖表 10-16　日本再生能源的發電占比（2021年）

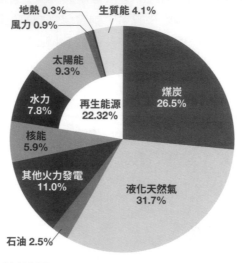

（資料來源）ISEP

從躉購到溢價補貼

· 2012年日本導入「固定價格躉購制度」。
　政府強制要求電力公司，必須以事先訂定的價格，收購再生能源設備所創造的電力。

· 2022年4月導入「溢價補貼制度」。
　不像躉購那樣以固定價格收購電力，而是當再生能源發電業者將電力銷售到批發市場時，除了原本的售價，政府還會再外加一定程度的補助款（Premium）來收購。

　　日本其實也在2022年4月導入了躉購退場後，讓溢價補貼制度（FIP）接棒登場。並不是以固定價格收購電力，而是當再生能源發電業者將電力銷售到批發市場時，除了原本的售價，政府還會再外加一定程度的補助款來收購。儘管補助不見得有固定價格躉購制度那麼優渥，但投資人可預先估算出大概能回收多少資金，可望促進業者投資再生能源事業，推升發電量。

離岸風力發電計畫

接下來，我要介紹日本離岸風力發電的導入狀況和規畫。就累計導入量而言，日本在 2018 年時，離岸風力發電量約有 20MW。若與歐洲相比，這是個非常微不足道的數字──歐洲在 2012 年的累計導入量為 5,000MW，到了 2017 年竟已達 1 萬 5,780MW，等於 5 年就成長了逾 3 倍之多。

不過，日本列島極具發展離岸風電的潛力，亦可在國內各地導入風力發電，大幅成長可期。陸域的風力發電因為要顧慮附近居民，有時設置難度較高，所以各界更是把期待都寄託在離岸風力發電上。

圖表 10-17 上的已裝機案件，已在北九州、長崎、福島和千葉等地施工。□□ □□ 框中那些規畫中的專案，雖然尚未進入環評程序，但數量堪稱百花齊放。

綜上所述，離岸風力發電應該是相當值得期待。

蓄電池的功能

接著來看看蓄電池的各種功能。蓄電池可望發揮以下這 5 大功能：一是用來儲存多於電力，二是維持電力系統穩定，三是有助防災，四是有助於削峰填谷、尖峰調節，五是新世代汽車的能源供給。

說穿了，會受氣候影響的太陽能發電和風力發電，穩定性都不夠。比方說，歐洲在 2021 年時就因為不起風，無法使用預期的風力來發電，完全達不到需要的發電量。至於太陽能發電，則是在不出太陽的夜間時段無法發電。另一方面，風勢太猛烈，或日照太強，會造成發電量多寡不均，增加輸電網的負擔。就維持電力系統穩定的層面而言，也是一個問題。因此，「儲電」應可成為解決上述這些問題的一張王牌。

目前主流的蓄電池是鋰電池，是韓國、中國很有競爭力的領域，而日本也掌握了一定程度的全球市占率。比方說，韓國的樂金化學 LG Chem、三星 SDI，或是中國的寧德時代等，競爭力都很強。不過，日本也有 TDK 和 Panasonic 還在力拼一搏。製造鋰電池需要「正極材料」和「負極材料」這兩種素材，在正極材料方面，日本有日亞化學、住友金屬礦山等企業能供料，在市場發揮長才；而在負極材料方面，昭和電工材料在全球市場握有一定程度的市占率。

圖表10-17 離岸風力發電的導入狀況與規畫（2018年）

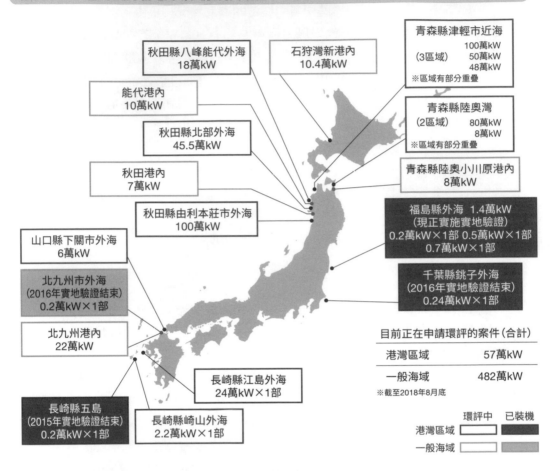

秋田縣八峰能代外海
18萬kW

石狩灣新港內
10.4萬kW

青森縣津輕市近海
（3區域）　100萬kW
　　　　　50萬kW
　　　　　48萬kW
※區域有部分重疊

能代港內
10萬kW

秋田縣北部外海
45.5萬kW

青森縣陸奧灣
（2區域）　80萬kW
　　　　　8萬kW
※區域有部分重疊

秋田港內
7萬kW

青森縣陸奧小川原港內
8萬kW

秋田縣由利本莊市外海
100萬kW

福島縣外海　1.4萬kW
（現正實施實地驗證）
0.2萬kW×1部　0.5萬kW×1部
0.7萬kW×1部

山口縣下關市外海
6萬kW

千葉縣銚子外海
（2016年實地驗證結束）
0.24萬kW×1部

北九州市外海
（2016年實地驗證結束）
0.2萬kW×1部

北九州港內
22萬kW

目前正在申請環評的案件（合計）

港灣區域	57萬kW
一般海域	482萬kW

※截至2018年8月底

長崎縣江島外海
24萬kW×1部

長崎縣五島
（2015年實地驗證結束）
0.2萬kW×1部

長崎縣崎山外海
2.2萬kW×1部

	環評中	已裝機
港灣區域		
一般海域		

風力發電累計導入量
- 歐洲　　2012年　5,000MW
　　　　　2017年　1萬5,780MW
　　　　　5年成長逾3倍
- 日本　　2018年　約20MW
（資料來源）日本資源能源廳

- 2021年12月，三菱商事在3處海域得標
① 秋田縣能代市、三種町、男鹿市近海
② 秋田縣由利本莊市近海
③ 千葉縣銚子市近海
- 日本的離岸風力發電，發展潛力可期。

*kW=瓩
*MW=千瓩

　　不過，鋰電池的電解質是液體，運用上還是有些不甚方便之處。因此，目前業界正卯足全力，加速研發將電解質化為固體的「全固態電池」，預估可在2020年代實際運用，想必屆時蓄電池必將在社會上發揮它強大的威力。此外，其實汽車大廠也在研發全固態電池，這更是日系製造商著墨甚深的領域，所以後續發展也很值得各位持續關注。

蓄電池的各種功能

蓄電池可望發揮以下這些功能：
1. 儲存剩餘電力
2. 維持電力系統穩定
3. 有助防災
4. 有助於削峰填谷、尖峰調節
5. 新世代汽車的能源供給

圖表10-18　鋰電池的全球市占率（2020年）

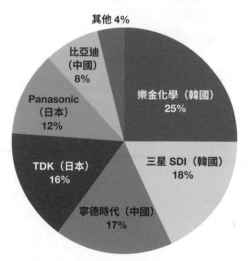

其他 4%
比亞迪（中國）8%
Panasonic（日本）12%
樂金化學（韓國）25%
三星 SDI（韓國）18%
TDK（日本）16%
寧德時代（中國）17%

目前鋰電池的電解質是液體，但也有人在研發將電解質化為固體的全固態電池。

（資料來源）Status of Rechargeable Li-ion Battery Industry 2021

鋰電池材料的全球市占率（2020年）

正極材料			負極材料		
第1名	Umicore（比利時）	8%	第1名	貝特瑞新材料（中國）	18%
第2名	日亞化學工業（日本）	7%	第2名	昭和電工材料（日本）	12%
第3名	廈門鎢業（中國）	7%	第3名	杉杉集團（中國）	5%
第4名	住友金屬礦山（日本）	7%	第4名	浦項化學科技（韓國）	9%
第5名	湖南杉杉（中國）	5%	第5名	紫宸科技（中國）	8%

（資料來源）日經 cross tech

功率半導體與因應地球暖化問題

這裡我想再說明一個概念，那就是功率半導體（power semiconductor）。運用功率半導體，可提高用電效率，減少碳排量，也就是能在因應地球暖化問題上展現它的威力。

半導體究竟是什麼呢？導體容易通電，絕緣體不通電，而半導體就是兼具這兩種特性的物質。至於功率半導體的特色，就是它的結構與一般的半導體不同，可承受大電壓、大電流。正因為它有這樣的特色，故是交流電變直流電、直流電變交流電，還有電壓升降、頻率切換，降低電力轉換耗損的重要裝置。

在運用場景方面，比方說可以用在風電、太陽光電上，當發電機組創造出的直流電要轉換為家庭、工廠等場所可使用的交流電時，或是想毫不浪費地將電力送到輸電網時，功率半導體就能派上用場了。此外，在電動車領域裡，要讓馬達從低速到高速精準運轉的驅動用變頻器，還有空調的變頻器等，都要用到功率半導體。

日本廠商在功率半導體業界表現出色，在市場上與德、美等國的業者，進行激烈廝殺。

2022年8月，日本政府為發展綠色轉型（GX），宣布多項方針，包括將加速整建電力系統、加速導入定置型蓄電池，並推動離岸風力發電等電力來源等。推動具經濟效益的再生能源，對於將咽喉點風險降到最低等國防議

功率半導體與地球暖化問題

●運用功率半導體，可提高用電效率→減少碳排量
（半導體：導體容易通電，絕緣體不通電，而半導體就是兼具這兩種特性的物質。）

●功率半導體
‧與一般的半導體不同，可承受大電壓、大電流。
‧能控制電源所供給的電力，將交流電變直流電（整流）、直流電變交流電（變頻器），還有電壓升降、頻率切換。
‧降低電力轉換耗損的重要裝置。
‧運用在風電、太陽光電：將發電機組創造出的直流電，轉換為家庭、工廠等場所可使用的交流電，亦可毫不浪費地將電力送到輸電網。
‧電動車領域裡的驅動用變頻器（馬達從低速到高速精準運轉）。
‧空調等變頻器。

●日本廠商（三菱電機、東芝、富士電機）在功率半導體研發方面，於全球市場上與德、美等國的業者，進行激烈廝殺。

題、因應地球暖化問題，以及扶植本國產業等面向，都有貢獻，倘若操作成功，甚至還有發展成「一石四鳥」的潛力。

 2021年《第六次能源基本計畫》

如何因應地球暖化問題，將左右日本今後的產業發展

接著要說明的，是2021年的《第六次能源基本計畫》。在這項計畫當中，日本提出要以「2050年達成碳中和」為目標，2030年度的溫室氣體排放量則要比2013年減少46％，甚至還要盡可能朝減少50％邁進。

而在這份計畫的一開始，日本政府便開宗明義地宣示：「包括先進國家在內，各國為追求脫碳，不只競相研發技術，更在研擬國際規範的場合上，

日本《第六次能源基本計畫》（2021年）

1. 2050年達到碳中和
   2030年度溫室氣體減排46％（與2013年度相比），甚至還要挑戰更高水準的減排50％。
2. 包括先進國家在內，各國為追求脫碳，不只競相研發技術，更在研擬國際規範的場合上，從自家產業結構等觀點出發，朝著「擬訂出對自己國家有利規範」的方向邁進。而業者也開始設法利用減碳技術，強化自己的競爭力。
   後續各國因應氣候變遷問題的作為，可能會讓當前在工業革命後所形成的產業結構，為之丕變。萬一在因應變化的過程中誤判情勢，恐有喪失產業競爭力之虞。另一方面，日本若能主導國際規範的研擬，將日本所擁有的脫碳技術推廣到全世界，尤其是用在解決亞洲國家所面對的脫碳課題上，就有可能讓這個轉變，成為催生出全新成長產業的契機。

從自家產業結構等觀點出發，朝著『擬訂出對自己國家有利規範』的方向邁進。而業者也開始設法利用減碳技術，強化自己的競爭力。（中略）後續各國因應氣候變遷問題的作為，可能會讓當前這些在工業革命後所形成的產業結構為之丕變。萬一在因應變化的過程中誤判情勢，恐有喪失產業競爭力之虞。另一方面，日本若能主導國際規範的研擬，將日本所擁有的脫碳技術推廣到全世界，尤其是用在解決亞洲國家所面對的脫碳課題上，就有可能讓這個轉變，成為催生出全新成長產業的契機。」

換言之，地球暖化問題的因應之道，將徹底顛覆國家的產業結構。如果日本的因應也慢半拍，恐將失去現有的優勢；反之，若能漂亮地度過這個變局，就能創造出引領全球的新產業。

2030年的日本發電結構

這裡我要介紹2021年這份《第六次能源基本計畫》當中，所提出的發電結構。

計畫中，日本政府設定要將原本在2019年度占18％的再生能源，在2030年度推升至36～38％，也就是要有翻倍以上的發展。以能源類型來看，太陽能要從6.7％推升到14～16％，是翻倍以上的成長；風力在2019

年度是0.7％，未來要彈升7倍以上，達到5％；地熱發電則是要從0.3％增加到1％，水力發電要從7.8％成長到11％，生質能預估要從2.6％翻倍增加，達到5％。另外，在核能方面，為了將原本在2019年度約6％的占比，拉高到20～22％，日本政府將重啟現有核電機組，並規畫在鳥取縣興建新的核子反應爐。

相較於2019年度，再生能源與核能在發電結構中的比重將大幅增加，而液化天然氣和煤炭則規畫將減少。原本在2019年度占比達37％的液化天然氣，預估到2030年度將調降至20％；煤炭則將從32％減至約19％。即使如此，在先進國家當中，日本的燃煤占比仍高出一大截。還有，儘管目前日本尚未使用氫氣、氨氣發電，不過在2030年度的規畫當中，仍預期它們將有1％的占比。

此外，日本在2019年度的總用電量為1兆240億度，別忘了計畫中還預估到2030年度時，將因節能而減少約1成的用電量，也就是9,340億度。

接下來，讓我們先來了解一下氫氣和氨氣發電。

氫氣可透過與氧氣結合來發電，亦可在燃燒後當作熱能來使用。它的特

圖表10-19　《第六次能源基本計畫》當中的發電結構

		2019年度	2030年度（極具企圖心的預估）
再生能源		18%	36～38%
	太陽能	6.7%	14～16%
	風力	0.7%	5%
	地熱	0.3%	1%
	水力	7.8%	11%
	生質能	2.6%	5%
核能		約6%	約20～22%
液化天然氣		約37%	約20%
煤炭		約32%	約19%
氫氣與氨氣		0	約1%
		1兆240億度	9,340億度（因節能而減少約1成）

（資料來源）日本經濟產業省

氫氣發電

● 氫氣可透過與氧氣結合來發電,亦可在燃燒後當作熱能來使用,且在燃燒時不會排放二氧化碳。

● 可望發展用途。
　· 發電:與火力發電的天然氣混燒。
　· 燃料電池車或燃料電池公車。

● 根據製造過程的碳排量多寡,可分為綠氫、藍氫和灰氫。

氨氣發電

● 氨氣由於具有「燃燒時不會排放二氧化碳」的特性,可能有助於降低二氧化碳排放量。

● 可望發展用途。
　· 發電領域:在工廠等處所使用,也就是工業用途;或是貨運領域等。

● 捷熱能源和石川島播磨兩家公司,於2023年在碧南火力發電廠啟動氨氣混燒實證專案。

● 若能於日本各大電力公司轄下的燃煤火力發電廠,混燒20%的氨氣,將可減少約4,000萬噸的碳排量。

色就是在燃燒時不會排放二氧化碳,故可望於燃氣火力發電時,作為混燒之用——在燃燒天然氣時混燒氫氣,可減少二氧化碳的排放量。而氫氣在燃料電池車(FCV)或燃料電池公車(FC Bus)等方面,也有運用的空間。

而在氨氣方面,由於它也具有「燃燒時不會排放二氧化碳」的特性,可能有助於降低二氧化碳排放量,可望運用在發電上,與煤炭混燒。有專家指出,氨氣有機會在工廠等處所使用,也就是所謂的工業用途;而在貨運領域,也有機會更廣泛運用。至於目前正在進行中的專案,則有捷熱能源和石川島播磨(IHI)預計在2023年時,於碧南火力發電廠啟動氨氣混燒實證專案。若能於日本各大電力公司轄下的燃煤火力發電廠,混燒20%的氨氣,就可減少約4,000萬噸的碳排量。日後面對國際社會批評日本的燃煤火力發電廠時,它有機會成為幫助日本閃避炮火攻擊的說帖。

就再生能源的選項而言,比起中東、北美、南美或歐洲,亞洲地區(包括日本)較缺乏適合設置風力和太陽能發電機組的地點。因此,我們需要搭配運用天然氣、生質能、氫氣、氨氣、CCS、CCUS、核能等所有選項。

尤其在日本,還有很多發展的瓶頸要克服。例如輸送再生能源所需的基

礎設施尚未建置完整——也就是說，日本的輸電網不像歐洲已呈網狀，而僅是成串相連。況且若要從北海道或九州這些適合發展再生能源的地區，把電力輸送到需求地點，輸電網會有很多限制，有時還會因為陽光等因素而浪費寶貴的電力。而日本東、西部的頻率不同，也是阻礙因素之一。而這些瓶頸，也是需要納入考慮的條件。

日本2030年度的「3E」戰略

　　若極具企圖心的預估成真，那麼日本在2030年度的3E，就「能源穩定供應」的層面而言，能源自給率可上升到約30％。這代表在《第五次能源基本計畫》當中設定為25％的自給率，將上調到約30％。為此，再生能源在日本發電結構當中的比重，要從18％推升到36～38％，也就是翻倍以上。可見再生能源不僅是環保問題的解方，對於提高能源自給率也有貢獻。

　　要讓這一份3E戰略成真，只在發電領域努力是不夠的。在日本的總能源消費量當中，以電力形式消費掉的能源約占27％，還有汽油等運輸交通用的燃料，在製造業現場使用的高溫熱能源，以及在家庭、辦公室用的暖氣、熱水等等。這些在社會上各領域消費的能源，除了要發展電化、節能之外，還要以脫碳為目標，推動各種努力才行。

　　再者，在因應環保方面，日本的溫室氣體減排目標當中，針對因製造能

2030年度的3E戰略

假如日本政府極具企圖心的3E戰略成真，情況預估將如下：

● 能源穩定供應（Energy security）
　能源自給率達到約30%（舊版計畫：約25%），
　再生能源對於提高能源自給率有貢獻。

● 因應環保（Environment）
　溫室氣體減排目標當中，因製造能源而產生的二氧化碳減排率
　⇒約45%（舊版計畫：25%）

● 經濟效率（Economic Efficiency）
　減輕國民負擔＋強化本國產業競爭力。

源而產生的二氧化碳減排率，預估要達到約45％。和舊版計畫當中的25％相比，增加了相當多。再生能源的比重上升，對於減排率的達成將貢獻良多。

　　至於在經濟效率方面，一旦能源成本上升，產業的國際競爭力就會滑落，還會增加民眾的負擔。因此，「落實確保能源經濟效率」也被納入了3E戰略之中。

9　電動車與日本產業界的走向

電動車對日本汽車產業帶來的影響

　　接下來看看電動車。

　　汽車產業是日本的龍頭產業，其中又以燃油車和油電混合車見長。所謂的油電混合車，就是搭配使用汽油和電力的汽車，能效表現極佳。而電動車是靠馬達驅動，所以不再需要燃油車裡搭載的內燃機和諸多零件。有人說一部車所需的零件，會因此而從3萬個降到2萬個。日本的汽車零組件產業、下游產業相當興盛，因此很憂心電動車的發展，將會對產業界造成影響。

　　另一個隱憂，是歐洲和美國加州已經拍板將自2035年起禁售油電混合車──也就是說，未來只准銷售馬達驅動的電動車，就連使用少量燃油的油電混合車都不再放行。油電混合車是日本車廠的強項，禁售實在令人擔憂。

　　此外，面對美國特斯拉、中國電動車大廠在市場上的蓬勃發展，日本該如何迎戰，也是一大課題。我衷心期盼日本政府要善用汽車產業長年累積的優勢，拿出「在『電動車』這個因應地球暖化問題的王牌領域，日本要引領全球」的積極心態來面對挑戰，而不是「如何保護日本汽車產業」的消極態度。

電動車也有碳排問題

　　電動車在各國發展上的課題，就是如何盡速在全國各地建置快速充電站，以及電動車續航里程的成長有多快。目前，後者在各國的發展進步神

電動車的發展重點

· 汽車產業（燃油車、油電車）是日本的龍頭產業。
· 電動車是靠馬達驅動，不需要燃油車裡搭載的內燃機和諸多零件。
· 歐洲、加州自2035年起禁售油電混合車。
· 特斯拉和中國的電動車製造商進展快速。

· 日本必須在全國各地建置快速充電站。
· 電動車的續航里程成長迅速。

· 必須關注廢棄電池處理、二氧化碳排放量問題。
· 電動車的電力究竟是如何產生的？可能來自燃煤發電。

速，續航里程的成長堪稱一日千里。

再者，從因應地球暖化問題的觀點來思考電動車議題時，需要整體考慮碳排量多寡。換言之，就是在生產電動車獨有（但是燃油車並不需要）的電池時，會排放多少二氧化碳？在處理廢棄電池時，又會排放多少二氧化碳？諸如此類的考量。

此外，電動車所使用的電力，究竟是從何而來？這一點也需要納入考慮。比方說，假如它使用的是來自燃煤發電廠的電力，那麼電動車的「電」，究竟算不算潔淨能源？當今社會就是連這件事都會提出質疑。

10 供應鏈的碳排放量

「供應鏈碳排放量」這個概念很重要，請各位務必牢記。它的意思是指碳排放量不是只看單一公司的表現，而是要連同關係企業、供應商、客戶和消費者在內，針對整個供應鏈的排放量進行管理。

2011年10月，「GHG溫室氣體盤查議定書倡議行動」（GHG Protocol Initiative）這個行為規範出爐。只有自家公司使用潔淨能源，那是不夠的。企業用的原料是什麼？生產原料時排放了多少二氧化碳？興建工廠時的碳排量是

圖表10-20　供應鏈的碳排放量

不是只看單一公司的表現，而是要連同關係企業、供應商、客戶和消費者在內，針對整個供應鏈的排放量進行管理（概念來自2011年10月「GHG溫室氣體盤查議定書倡議行動」）。

（資料來源）日本環境省

多少？甚至是職員、員工、勞工在通勤時，究竟排放了多少二氧化碳？這些都是我們要評估的項目。再者，企業的產品在市場上流通時，產品會如何使用？又會如何廢棄？屆時又會排放多少二氧化碳？像這樣針對整個供應鏈進行二氧化碳排放量的管理，才是今後時代要追求的方向。

11 綠色轉型與日本的 3E 戰略

綠色轉型世代

最後，我要介紹綠色轉型（Green transformation, GX）。

所謂的綠色轉型，就是在各產業的各個價值鏈當中，努力降低碳排，以促進產業結構轉型，讓社會經濟結構蛻變為全新樣貌。

因此，我認為《第六次能源基本計畫》當中提到的「精準掌握綠色轉型、數位轉型等重大變化的轉折浪潮，推動放眼未來的積極成長策略，以鼓勵民間大膽投資與創新，在維持、創造工作機會的同時，社會、經濟結構還

綠色轉型（GX）

· 精準掌握綠色轉型、數位轉型（Digital transformation，簡稱DX）等重大變化的轉折浪潮，推動放眼未來的積極成長策略，以鼓勵民間大膽投資與創新，在維持、創造工作機會的同時，社會、經濟結構還要朝因應後疫情時代的方向，進行典範轉移，是當前不可或缺的要務。

要朝因應後疫情時代的方向，進行典範轉移，是當前不可或缺的要務」，是很正確的方針。

　　各位讀者所屬的這個世代，不論將來各位在哪一家企業服務，都是走在綠色轉型的路上，是肩負綠色轉型核心的世代。就這個角度而言，說各位是「GX世代」，一點也不為過。因此，各位在2030年想以什麼形式來迎接自己的未來？認為自己在2050年會是什麼樣貌？各位在預期及思考人生之際，綠色轉型也都會如影隨形。我私心對於各位GX世代的人生，寄予厚望。

日本的3E戰略

　　前面介紹的就是日本的能源戰略。

　　日本的鄰國當中，有一再發射飛彈的北韓，還有俄羅斯和中國等國家。面對這些不盡友好的周邊國家，在地緣政治上的處境非常艱困。日本目前能源仍無法自給自足，我們應該正視這個事實，並思考因應策略。

　　看在全球各國眼中，日本沒有任何管線、輸電線與鄰國相連，是個對煤炭依存度很高的國家，但是擁有液化天然氣接收站與核電廠，基礎建設相當完善。而這樣的日本，會如何做到「確保國家主權獨立、穩定，同時又能兼顧經濟成長，因應地球暖化問題」這個難度極高的能源戰略？全球都相當關注。

　　能源若缺乏經濟效率，就會對民眾生活，或是各產業的國際競爭力造成極大衝擊，甚至連民眾的飯碗都會不保。至於在因應地球暖化問題方面，日本後續該如何降低目前已較其他先進國家突出的燃煤占比，將是一大課題。再者，儘管日本政府已規畫要在2030年之前，增加再生能源及核能的占比，

但仍需要放眼更長遠的未來，為日本認真思考一套永續的能源戰略。

　　回顧過去，日本其實是因為開發了煤炭，才得以在明治維新後成功地走向現代化。衷心期盼讀過這本書的各位讀者，一定要培養思考能力，認真思考日本該如何因應地球暖化問題、維持國家主權獨立、穩定和產業發展，進而成為成功推動綠色轉型的世界公民楷模。

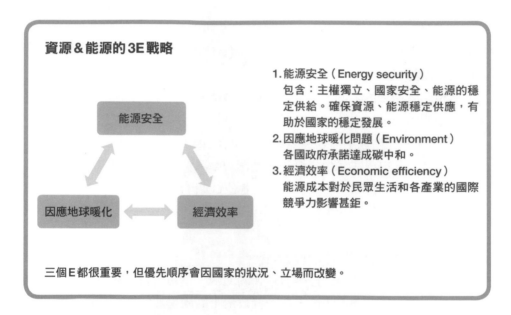

資源 & 能源的 3E 戰略

能源安全

因應地球暖化 ←→ 經濟效率

1. 能源安全（Energy security）
   包含：主權獨立、國家安全、能源的穩定供給。確保資源、能源穩定供應，有助於國家的穩定發展。
2. 因應地球暖化問題（Environment）
   各國政府承諾達成碳中和。
3. 經濟效率（Economic efficiency）
   能源成本對於民眾生活和各產業的國際競爭力影響甚鉅。

三個 E 都很重要，但優先順序會因國家的狀況、立場而改變。

推動綠色轉型、再生能源，
就是在強化國防

前面我們仔細地檢視了世界各國的能源戰略。

其中，有些國家坐擁豐富的資源、能源，有些國家則否。

有些國家的能源，幾乎全都仰賴某國，所以日日過得提心吊膽，不知何時能源會停供；也有些國家努力提升能源自給率，追求更多元的進口來源。有些國家境內有許多能源管線通過，也有些國家被刻意繞道。

甚至還有一些國家運用新技術，提高國內能源產量，讓自己從能源進口國搖身一變，成為能源出口國。

全球各國就像這樣，背負著各種不同的能源情勢。而在這當中，有些條件會變動，有些不會；有些因素可改變，有些不可改變。而在思考能源戰略、決定要打造出什麼樣的國家時，人力其實是可以改變的因素。

能源戰略是國防的基礎

美國掀起頁岩革命後，從能源進口國轉成了出口國。另一方面，中國的能源戰略也穩健地展現出了成果——他們在非洲掌握了石油權利，還透過管線，從中亞、緬甸和俄羅斯進口天然氣，更與沙烏地阿拉伯簽訂了戰略夥伴關係協議；在液化天然氣、核能發電和再生能源的發展方面，也都突飛猛進。尤其在化石燃料、再生能源方面，中國本土企業正逐漸成長茁壯。

俄烏戰爭爆發後，德國迄今在能源戰略上所犯的錯，變得昭然若揭。不過，他們如今已加足馬力，全速轉往「去俄化」的新方向。在俄國出兵烏克蘭之後的第一個冬季，也就是2022年底至2023年初，德國能否熬得過去，成為當時最受關注的焦點。所幸歐洲那年的冬天比較暖和，德國逃過一劫。2022年6月，備受期待的美國液化天然氣廠發生起火意外時，讓德國萌生了危機感，所幸疫情期間中國的能源需求衰退，幫了德國大忙……綜上所述，德國的能源戰略需要結合天候和部分天然氣廠的意外等因素來評估。

歐洲廣域輸電網在未來扮演的角色想必會愈來愈重要，這些電網讓烏克蘭免受停電之苦。歐洲各國為追求「去俄」，紛紛發展液化天然氣或核能發電，而有餘力出口液化天然氣的美國和卡達，更在此時彰顯了他們的存在感。

再者，俄國其實並不是自蘇聯時期就像現在這樣，是個資源大國。俄羅斯能成為今時今日的資源大國，是因為普丁政府所做的努力，包括在石油、

天然氣領域扶植了強韌的國營企業等作為，如今才開花結果。

　　在世界各國當中，日本的地緣政治情況相當特殊，鄰國情勢險峻，三天兩頭就有飛彈亂飛。日本需要更認真地思考能源戰略，而能源戰略也是維護和平的重要元素。

　　回首過去，日本在明治維新之後，因為煤炭產量豐富，才得以蓬勃發展。然而，在第一次世界大戰期間，全球能源主流從煤炭轉為石油，日本卻直到1937年才成立「商工省燃料局」這個政府部會，作為因應能源轉換課題的統一窗口。日本從體認現況到實際開始因應，已經過了逾20年之久，為時已晚。我覺得很遺憾，倘若當年日本有懂得思考國家能源戰略的人才，或擁有國家能源戰略的話，又怎麼會與石油進口量80%的依存對象——美國開戰？近來時有所聞的「禁運」這個字眼，用在「先進國家停止向資源大國俄羅斯進口」時的「禁運」，和用在「停止出口給缺乏資源的日本」時的「禁運」，同一個詞彙，嚴重程度完全不能等量齊觀。

　　這裡我舉了戰爭的例子，或許很難讓各位覺得切身相關，但能源戰略和我們每一個人都有關係，絕不只是政府或能源企業的事。接下來，我想說明的就是這件事。

一石三鳥的「3E」戰略目標

　　前面我們以「3E」為切入點，檢視了各國的能源戰略。

　　就當前的世界局勢而言，「3E」當中又以「能源安全保障」（Energy security）這個項目，與軍事、國家主權獨立和國防的關係最為密切，使得它的重要性備受各界關注。

　　因此，各位或許會認為：既然國家主權獨立和眼前的生活比地球環境來得更重要，那麼「因應地球暖化問題」（Environment）在全世界的重要性就會降低。

　　然而，看過本書介紹的各國能源戰略後，各位應該也明白：透過發展再生能源和節能來因應地球暖化問題，其實對於提升國家能源自給率，進而確保國家的主權獨立、穩定和國防，頗有貢獻。

　　乍看之下似乎八竿子打不著，但其實愛護地球環境的措施，如今是有助

於強化國防的。我們也發現ESG、SDGs等推動社會邁向永續的活動，其實也對維護國家主權獨立、強化國防有所助益。我希望透過本書學習能源戰略的各位讀者，將來能代表綠色轉型世代，扛起推動能源政策的重責，讓日本朝永續社會邁進。

今後，能源戰略必須在了解「因應地球暖化問題並非只為了保護地球環境，更是能強化國防」的前提下推動——我認為這件事將會愈來愈重要。這項戰略可以展現在包羅萬象的活動中，包含：個人和企業的採購、股東活動，或是在地的非營利活動等，都是其中的一環。

不過，我們還需要特別留意再生能源的經濟效率（Economic efficiency）。假如某項再生能源政策有助於強化國防，也能因應地球暖化問題，但缺乏經濟效率的，就不可能持續推動，在數量上也無法做到大量供給。儘管在再生能源的發展初期，不論機器、設備有無國產品，都要先加速度推動，但最好要能從中扶植具經濟效率的再生能源產業。如此一來，就能在有助於經濟成長、增加就業和強化國防的情況下，因應地球暖化問題（Environment），一石三鳥。

要讓這三個「E」成真，光是在發電領域耕耘還不夠——畢竟在能源總消費量當中，以電力型式消費的部分僅約27％。在推動各種低碳措施的同時，也要針對汽油等交通運輸用的燃料、在製造業現場使用的高溫熱能，以及家庭、辦公室的暖氣和熱水等社會各領域的能源消費，發展電氣化與節能。

這件事或許並不容易，但我對各位讀者這個世代所擁有的創意和行動力，寄予厚望。

舉例來說，巴西如今已從石油進口國蛻變成出口國，過程中他們成功製造出原本各國都還存疑的「不加油，只靠乙醇行駛的汽車」，還在全球尚未發展出深海石油開挖技術時，就企圖嘗試於里約外海開挖油田，並獲致成功，搖身一變為石油出口國，為巴西的能源戰略發展留下了精彩成功的成果。平時我們接觸到的報導，總是在談巴西的經濟或政治、社會局勢混亂，其實當地持續在推動踏實穩健的能源戰略，和報導中的印象截然不同。

說不定巴西正是因為即使被全世界嘲笑，仍願意持續投入研發技術，才會成功。

又比如，日本目前正投入氫能車的研發，儘管全球的主流趨勢是往電動車的方向發展，但只要持續努力，就有機會出現重大突破。

而要發展再生能源，蓄電池將是一大關鍵——因為它是讓發電量不穩定的風力和太陽能發電能夠在社會上普及的基礎，也是為輸電線降低負擔的要角，更與電動車續航距離、充電時間等息息相關。

此外，蓄電池的性能優劣，還與無人機有很深的關係，這將牽涉到國家在軍事層面上的競爭實力。綜上所述，未來在能源戰略當中，如何快速升級電池性能與充電系統，將備受關注。2019年的諾貝爾化學獎就是由（搭載於智慧型手機、電動車之上的）鋰電池發明者——吉野彰獲得。

在翻閱本書的讀者當中，想必也有不少理工背景者。我對各位今後的活躍，寄予厚望。

日本卓越的液化天然氣與核電基礎設施

放眼全球，日本在液化天然氣與核電基礎設施方面的完善程度，堪稱出類拔萃。

今後，全球的液化天然氣生產將不斷擴大，世界各地的液化天然氣接收站將會像在歐洲那樣遍地開花。雖然液化天然氣是化石燃料，歐盟卻將它列入了綠色投資的類別，因此，後續在全球能源戰略上，液化天然氣所扮演的角色想必會愈來愈吃重。日本目前已具備包括港灣、船隻在內的相關基礎設施。而且，日本是液化天然氣的先進國家，當年阿布達比和卡達的液化天然氣事業就是因為和東京電力公司、中部電力公司等日商簽約，才開始發展，可惜後來沒有續約，結束了合作關係。日本近來除了向馬來西亞、澳洲採購，也開始從美國進口液化天然氣，但我擔心日本將來可能會因歐洲國家大軍壓境（這些國家急於推動去俄化），而在液化天然氣的競爭中吃虧。

今後，液化天然氣的現貨市場將愈來愈豐富。以往液化天然氣幾乎不存在現貨市場，如今則已來到長約75％、現貨25％的占比。早期全球各地的液化天然氣專案都是簽訂25年長約。如今這些長約皆已到期，市場正朝向下一個階段發展，現貨市場逐漸擴大。而液化天然氣的期貨市場，也是在2022年4月才成立。液化天然氣先進國——日本的下一步，備受各界關注。

　歷經石油危機後，日本是全球最早開始推動核能發電的國家。如今在東京山手線的高田馬場車站，會播放「原子小金鋼」的歌曲。這與推動核電並沒有直接關係，但原子小金鋼的動畫在日本昭和時代大受歡迎，當年正是日本社會夢想著要和平運用核能，以作為一種全新未來科技的時代。

　2022年12月，日本政府提出今後持續運用核能的方針，改建原已決定除役的核電廠，甚至還決定讓核電廠在達目前使用年限的60年之後，還可延役。311大地震對全球的核電政策帶來了極大的影響，而日本的核電政策更是受到全球關注。從國際社會的角度來看，大家想知道當年日本核電廠平安度過了2007年發生在新潟縣的直下型地震（編注：指都會區正下方的淺層地震），為何卻在311大地震當中釀災？既然實際經歷了地震的日本政府決定祭出新的核電政策，就有必要向國際社會傳達這些政策的內容，況且讓日本人懂得如何向世界各國說明，也很重要。

打造「可承受斷供風險」的能源進口策略

　再者，日本政府在能源基本計畫當中，提到國家已經體認到能源政策上「3E+S」——也就是3E再加上安全性（Safety）的重要性。在能源戰略上，「安全性」的觀點絕不可少。

　尤其在俄烏戰爭爆發時，包括核電廠在內的許多電廠和輸電線，都成為俄軍鎖定的攻擊目標。到了冬天，暖氣更是攸關生死存亡的大事，且冬季會持續很長一段時日。在停電的一片漆黑當中，如果連暖氣都停掉，民眾就必須過著水深火熱的生活。所幸烏克蘭靠著與歐洲廣域輸電網串聯、成功脫俄，將災情降到了最低。日本的鄰國情勢也都相當險峻，因此政府能否確保包括核電廠在內的各項能源設施安全無虞，至關重要。

　最後，我們更不能忘記的是：對於一個國家的能源政策而言，能源外交是一大關鍵。

　國與國之間的關係有許多面向。即使在某些面向上利益衝突，若在能源領域找出共同利益，進而彼此交易，或推動共同開發案，對兩國的經濟與和平都會有貢獻。

　不論各國隸屬東、西方哪一個陣營，願意和隸屬不同陣營的鄰國，彼此

交流、共同推動天然氣開發、生產的專案，至關重要。

　　因此，即使國家需要「去中東化」，也不是讓一切合作關係都歸零；要「去俄化」，也不是全都一刀兩斷。凡是牽涉經濟效率的能源，政府都要懂得用「可承受突然停供風險」的數量辦理進口，以便維持雙方交流。這一點非常重要。

能源價格下跌的風險

　　此外，我們也必須留意能源情勢是否突然急轉直下、風向丕變。

　　前文我一直都在提醒各位，要留意戰爭或衝突導致能源價格飆漲的風險，然而，其實另一種相反的極端，也有風險。

　　能源價格有時會因為和平或全球大蕭條，而大幅下跌，導致能源開採專案虧損頻傳。1998年12月爆發的亞洲金融危機，讓油價一路跌到了每桶10美元前後。而在這樣的時代下，全球的石油公司都受到相當嚴重的影響，很難再經營下去，所以才有艾克森與美孚合併的情況發生。

　　諷刺的是，就某種層面而言，世界和平一旦成真，將可能造成資源開發專案發生經濟風險。以現況來看，目前一切都還很難說，但政府和能源企業應該擬訂能源戰略，為價格下跌的情勢預做準備。

　　在社會制度的設計上，政府也必須考慮當能源價格由於戰爭等因素而上漲時，該如何面對大發利市的企業與苦不堪言的企業；反之，當能源價格因突如其來的和平而下跌時，該如何協助慘澹經營的企業和風生水起的企業。

　　而上述這些思考，恐怕還是要回到「至少到2030年代中期之前，全球還是必須仰賴化石燃料」的現實基礎才行。

對綠色轉型世代的期盼

　　本書即將進入尾聲。我當初撰寫本書的目的，是希望接下來要在世界上大展拳腳的年輕朋友，能學習「能源戰略」這種基本觀點，以培養出面對未來所需要的能力──也就是綜觀世界、洞察世界，以及預測世界的能力。

　　能源戰略不只會左右「2030年」或「2050年」的目標，而是會大大地影響國家發展的方針，直到永恆。突如其來的戰爭、衝突，以及和平、穩定的幸福生活……都必然與能源戰略息息相關。

　期盼各位好好學習這些能源戰略，同時也想像自己該如何在無法預判未來的世界裡大顯身手。當今日本社會，就需要這樣的年輕人。

　再者，各位都是綠色轉型世代。

　綠色轉型不見得都只能往國外發展。即使是在日本國內，不論各位將來在媒體、貿易公司、金融、製造業、交通運輸、流通或服務業，甚至是公部門任職，都會必須推動綠色轉型。

　乍看之下微不足道的小事，點滴累積下來，將牽動整個國家對地球暖化問題的因應策略。我期盼學習過能源戰略的各位讀者，能成為世界公民的楷模，願意把「因應地球暖化問題」這個有助於強化國防的議題，當作分內事來處理，並在綠色轉型的新社會當中，成為大顯身手的領導者。

結語

早在2012年，東洋經濟新報社就建議我出版本書。

不過，後來因為我出任安倍總理大臣的內閣官房參與（顧問），負責資源戰略，便延後了這項出版計畫。

儘管我讓東洋經濟新報社的岡田光司先生苦等了10年，他仍願意於2022年1月，慨然允諾重啟這個出版企畫，在此致上我的謝意。後來由於俄羅斯出兵烏克蘭，導致能源方面的世界情勢為之丕變。而我自2007年起持續在早稻田大學開設的課程，內容也要全面改版換新。在眾多學生殷切期盼下，我即時備妥了這本根據最新能源情勢所寫的參考書。書中反映了我在官邸8年多的工作經驗，以及目前我擔任早稻田大學資源戰略研究所所長，所辦理的各項活動。

自從2022年2月24日爆發俄烏戰爭後，我連忙調整了新學期的授課內容，並著手備課。我每週花十幾個小時的時間，和我的研究室團隊開會3次，一起製作上課用的資料，總算趕上了開課。在此我要感謝研究生札野顯同學、小林拓矢同學、岡田真和同學，以及吉田龍真同學，還有如超人般奮力工作的兒玉裕子老師、畔蒜洋平老師。每當我們埋首工作，總是一轉眼就將近深夜12點，還被早稻田大學的警衛催促，要我們趕快回家的情景，迄今仍是我相當懷念的回憶。而石野貴子小姐更是犧牲奉獻，統整了所有的原稿。

早稻田大學資源戰略研究所的特聘研究員吉田康子（同時也是日本殼牌石油公司Shell Japan Limited董事長），以及曾任日本資源能源廳長官的日下部聰研究員，還有根本直子教授、中村好男教授，都提供了寶貴的高見。此外，日本經濟產業省的松山泰浩先生、清水幹治先生、西川和見先生，則是費心閱讀了全書原稿。在此謹致謝忱。

其他還承蒙哈佛大學、以及在資源談判過程中結交的多位海外知己老友提供寶貴建議。謹在此向參與本書撰著的每一位相關人士致謝。

　　身為作者，若能讓翻閱本書的各位讀者願意更關注全球能源局勢，進而
了解當中劇力萬鈞、浪漫又嚴峻的現實，我將感到無上的喜悅。

2022年12月 寫於卡達杜哈

平田 竹男

索引

地球觀 86

俄烏戰爭改寫的資源大國新版圖

世界能源
未來戰略地圖

世界資源エネルギー入門：主要国の基本戦略と未来地図

NATURAL
RESOURCES AND
ENERGY Basic Strategy of
Major Countries and Future

作　　者	平田竹男
譯　　者	張嘉芬

野人文化股份有限公司

社　　長	張瑩瑩
總 編 輯	蔡麗真
責任編輯	陳瑾璇
專業校對	林昌榮
行銷經理	林麗紅
行銷企畫	李映柔
封面設計	萬勝安
美術設計	洪素貞

出　　版	野人文化股份有限公司
發　　行	遠足文化事業股份有限公司 (讀書共和國出版集團)
	地址：231 新北市新店區民權路 108-2 號 9 樓
	電話：（02）2218-1417　傳真：（02）8667-1065
	電子信箱：service@bookrep.com.tw
	網址：www.bookrep.com.tw
	郵撥帳號：19504465 遠足文化事業股份有限公司
	客服專線：0800-221-029
法律顧問	華洋法律事務所　蘇文生律師
印　　製	博客斯彩藝有限公司
初版首刷	2024 年 5 月
初版二刷	2024 年 6 月

有著作權　侵害必究
特別聲明：有關本書中的言論內容，不代表本公司 / 出版集團之立場與意見，
文責由作者自行承擔
歡迎團體訂購，另有優惠，請洽業務部（02）22181417 分機 1124

國家圖書館出版品預行編目（CIP）資料

世界能源未來戰略地圖：俄烏戰爭改寫的
資源大國新版圖 / 平田竹男作；張嘉芬譯.
-- 初版. -- 新北市：野人文化股份有限公
司出版：遠足文化事業股份有限公司發行，
2024.05
　面；　公分 . -- (地球觀；86)
譯自：世界資源エネルギー入門：主要国の
基本戦略と未来地図
ISBN 978-626-7428-66-5(平裝)
ISBN 978-626-7428-65-8(PDF)
ISBN 978-626-7428-64-1(EPUB)

1.CST: 能源經濟 2.CST: 國際政治

554.68　　　　　　　　　　113005375

世界能源未來戰略地圖

野人文化　野人文化
官方網頁　讀者回函

線上讀者回函專用
QR CODE，你的寶
貴意見，將是我們
進步的最大動力。